丛书编委会

主　任：温宗军

副主任：岑　文　谢益民　周思当

编　委：张训涛　陈　芳　唐景阳　蔡贤榜

　　　　李　莹　谢晓华　何红卫

大学预科系列教材

通识教育

TONGSHIJIAOYU

暨南大学华文学院预科部 编

主　编：岑　文

编　者：（以姓氏笔画为序）

叶茜茜　成志雄　李　莹　岑　文　邱赛兰

暨南大学出版社
JINAN UNIVERSITY PRESS

中国·广州

图书在版编目（CIP）数据

通识教育／暨南大学华文学院预科部编 . —广州：暨南大学出版社，2024.3
大学预科系列教材
ISBN 978 - 7 - 5668 - 3796 - 7

Ⅰ.①通…　Ⅱ.①暨…　Ⅲ.①通识教育—高等学校—教材　Ⅳ.①G640

中国国家版本馆 CIP 数据核字（2023）第 219659 号

通识教育
TONGSHI JIAOYU

编　者：暨南大学华文学院预科部

出 版 人：阳　翼
策划编辑：李　战
责任编辑：姚晓莉
责任校对：刘舜怡　陈慧妍
责任印制：周一丹　郑玉婷

出版发行：暨南大学出版社（511434）
电　　话：总编室（8620）31105261
　　　　　营销部（8620）37331682　37331689
传　　真：（8620）31105289（办公室）　37331684（营销部）
网　　址：http：//www.jnupress.com
排　　版：广州市新晨文化发展有限公司
印　　刷：佛山市浩文彩色印刷有限公司
开　　本：787mm×1092mm　1/16
印　　张：13
字　　数：350 千
版　　次：2024 年 3 月第 1 版
印　　次：2024 年 3 月第 1 次
定　　价：58.00 元

前　言

　　暨南大学华文学院预科部，是暨南大学一个有着悠久历史的教育教学机构，长期以来承担着学校大学预科教学和研究的重任。几十年以来经过大家的不懈努力，预科部向学校及国内其他高校输送了大量合格的港澳台侨青年学生，在人才培养方面取得了极为丰硕的成果。

　　教书育人离不开教材。教材是学科知识体系和能力要求的集中体现，是编写者专业水平和学科智慧的结晶，是课程的核心教学材料，是教师"教"和学生"学"的具体依据。《大学预科系列教材》作为大学预科课程标准的规范文本，除了要符合上述特点外，还须具备一项非常重要的功能：切实贯彻和落实港澳台侨学生教育理念，将他们培养成为我们所需要的人。——编好这样的教材，其重要性不言而喻。

　　我们编写的《大学预科系列教材》，第一版出版于2000年，包括《语文》《数学》《历史》《地理》《物理》《化学》《生物》共7个科目。在使用十年后的2010年，我们又出了第二版。在第一版7个科目的基础上，第二版增加了《通识教育读本》和《英语》；原《地理》也改为《中国地理》。现在，又过去了十几年，为实现暨南大学侨校发展战略及"双一流"和高水平大学建设的宏伟目标，结合新形势下对港澳台侨学生教育的要求和各个学科发展的具体情况，我们对第二版《大学预科系列教材》进行了认真的研究和分析，对教材内容进行了必要的增、删、调整或更新。在此基础上，我们出版了这套全新的《大学预科系列教材》。

　　这套新版《大学预科系列教材》，符合港澳台侨预科学生身心发展规律和认知特点，体现了各学科的最新知识和研究成果，在理解和尊重多元文化的同时，力争突出中华优秀文化的源远流长和博大精深，彰显其强大的影响力和感召力。通过这套教材，我们希望进一步加强港澳台侨预科学生的国家、民族和文化认同教育，为维护"一国两制"和祖国统一，为"一带一路"的文化交流，为粤港澳大湾区的建设，培养具有高度政治素养、文化素养和专业基础素养的合格人才。

这套新版教材，由《语文》《高等数学基础》《英语》《通识教育》《中国历史》《中国地理》《物理》《化学》《生物》9个科目构成。原来的《数学》在新版改成《高等数学基础》，《通识教育读本》改成《通识教育》，《历史》改成《中国历史》。

这套新版教材的编写工作以预科部教师为主，暨南大学华文学院应用语言学系的部分英语教师也参与了这项工作。对大家在教材编写过程中付出的辛勤劳动，我们在此表示衷心的感谢！

由于时间仓促，书中难免存在问题，希望广大师生能对这套教材提出宝贵的意见。

温宗军

2024 年 3 月

目 录

◆ C O N T E N T S ◆

```
第二编
社会与文化
```

第三编
科技与环境

第一编
自我与个人成长

第一章 认识自己

从古代起，中外的思想家们就有了认识自我的强烈愿望，把认识自我作为认识人生的一个重大目标。早在两千多年前，古希腊人就在德尔斐的阿波罗神殿中，镌刻了这样一句人生箴言——认识你自己，这句话也被人们视为神谕。中国古代哲学家老子也说过："知人者智，自知者明。"这些都表明：认识自我是很重要的。但我们也发现，认识自我是不容易的。本章将结合生动的案例和资料，详细介绍认识自我的定义、内涵与方法。

第一节 自我意识的概念

一、什么是自我意识

自我意识是指一个人对自己各种身心状况以及自己和周围关系的一种认识，是人的意识发展的高级阶段。自我意识也是主体对其自身的意识，是主体感知到自身存在的心理历程，也是衡量个性成熟水平的标准，是整合个性各个部分的核心力量，也是推动个性发展的内部动力。自我意识是个体对自身心理、生理和社会功能状态的知觉和主观评价。

自我意识具有复杂的心理结构，是一个包含认知、情感、意志等多种心理机能的完整的多维度、多层次的心理系统，它贯穿于人的各种心理活动中，其核心内涵是一个人的人生观、价值观和世界观。健全的自我意识不但是一个人心理健康的有效保证，也是一个人完善自我、实现自我价值的重要途径。自我意识在内容上包括生理自我、社会自我以及心理自我。在人的活动中，表现为自我认识、自我体验以及自我控制。

二、自我意识的内涵

1. 自我意识的组成

自我意识从内容上分为生理自我、社会自我和心理自我三部分。

（1）生理自我。

你对自己的身材是否满意？你怎么看待自己的样貌？这些都是生理自我的认识内容。生理自我是指个体对自己身体、生理状态的认识和体验，包括一个人对自己的身高、体重、容貌、身材等方面的认识，以及对温饱感、舒适感、病痛感等方面的体验。

生理自我是人的天性使然，我们只能接受而不能改变它。青年学生尤其关注自身的生理状况，如自己的外貌是否美丽，身材是否健壮，体态是否匀称等，并从中产生强烈的自我评价意识。但由于青年时期思想发展的不确定性与不平衡性，青年学生往往伴有自卑和自信的双重心理体验。随着自我意识的成长，我们应该对生理自我有一个清晰而正确的认识，学会积极地悦纳自我和接受自我。

（2）社会自我。

你怎样认识你和父母的关系？你觉得你和周围同学、老师的关系怎样呢？同学和老师眼中的你是否与你对自己的评价一致呢？这些都与你的社会自我有关。社会自我是指个体对自己与外界客观事物之间相互关系的认识、体验和评价，包括个体在周围客观环境及各种社会关系中的角色、地位、权利、义务、责任、力量等。

从三岁到青春期以前的十三四岁，是人们接受社会影响最深的时期，也是社会自我发展的主要阶段。随着自我意识的发展，个体的社会角色感、责任感和义务感将会不断增强，每个人在社会生活中都希望得到他人的认可、理解和尊重，一旦失去了周围人们的肯定和认同，就会感到孤单、无助和失望。

（3）心理自我。

"我是谁？"我不单是一个名字，也不单是一个学生，这是一个需要我们建立了心理自我后才能回答的问题。心理自我是指个体对自己的心理活动、个性特点及心理品质的认识、体验和评价，包括对自己的知识、能力、兴趣、爱好、情绪、性格、气质等的认识和体验，它是自我意识的核心内容。

从青春期到成年大约有十年的时间，这一段时间是人们的心理自我发展的主要时期，同时，人们的自我意识也趋于成熟。此时，人们能够知觉和调整自己的心理活动及其状态，并根据自身需要与社会发展需要调控自己的心理和行为。

2. 自我意识的表现形式

自我意识是一个人对自己的认识，表现为自我认识、自我体验和自我控制。

（1）自我认识：主要涉及"我是一个怎样的人""我为什么是这样一个人"等问题。自我认识是指一个人对自己各种身心状况的认识，包括：自我感觉、自我观察、自我观念、自我分析和自我评价等。

（2）自我体验：指一个人在自我认识的基础上产生的对自己所具有的情感体验（如自尊、自卑、自负等），是个体对自我评价的结果，它强化着自我认识，决定自我控制的行动力度。它包括：自我感受、自尊、自爱、自卑、责任感、优越感等。自我体验主要涉及"我是否满意自己""我能否悦纳自己"。

（3）自我控制：指在自我认识的指导下，在自我体验的推动下，个体对自己心理活动和行为的自觉而有目的的调整，它反过来又对自我认识、自我体验起着调节作用。自我控制是指不受外界诱惑因素影响，能够自己调节和控制自己的情感冲动与行为的一种意志力强的表现。它包括：自主、自立、自强、自卫、自制、自律等。

自我认识是自我意识的核心，是自我体验、自我控制的基础，决定着自我体验的主导心境和自我控制的主要内容。自我认识、自我体验、自我控制三者是密切联系、相互影响的，三方面整合一致，便形成了完整的自我意识。（见表1-1）

表1-1　完整的自我意识

	自我认识	自我体验	自我控制
生理自我	对自己的身体、相貌、衣着、形象、风度、家属、所有物等的认识	英俊、漂亮、有吸引力、迷人、自我悦纳	追求身体的外表、物质欲望的满足、维持家庭的利益等
社会自我	对自己的声望、地位、角色、性别、义务、责任等的认识	自尊、自信、自爱、自豪、自卑、自怜、自恋	追逐名誉地位、与他人竞争、争取到他人的好感等
心理自我	对自己的智力、性格、气质、兴趣、能力、记忆、思维等的认识	有能力、聪明、优雅、敏感、迟钝、情感丰富、细腻	追求信仰、注意行为符合社会规范、要求智慧与能力的发展等

第二节　认识真实的自我

一、自我接纳

（一）自我接纳的概述

你能接纳自己的体貌吗？如自己的相貌、身高、体重等。

你能接纳自己的现状吗？如自己的家庭、学习成绩等。

你能接纳自己的情绪体验吗？包括正性情绪（开心、惊喜等）和负性情绪（焦虑、悲伤等）。

大家可能容易接纳自身的积极方面，如高挑的身材、优异的学习成绩等；而不太容易接纳自身的消极方面，如平凡的相貌、贫穷的家境、害羞的性格、抑郁的情绪等。

但自我接纳是一个人健康成长的前提。不接纳自己的人常常会有某种程度的自我否定和自我排斥。所以，我们应坦然面对自己的人生，停止苛刻地要求自己，不要无端忧虑和自责，要做到自我接纳，接纳全部的自己。

（二）什么是自我接纳

自我接纳是指个体对自身及自身特征所持有的一种积极的态度，不因自身优点而骄傲，也不因自身缺点而自卑，即能够坦然接受现实中的自我。

一个人如果能够清楚地认识自己、准确地评价自己，就能够制定现实可行的目标，进而采取有效的行动，充分发挥自己的长处，最终是会取得成功的；相反，一个人如果不能清楚地认识和评价自己，对自身的评价不稳定，时而自卑，时而自负，就会影响自身的发展。心理学研究表明：一个人如果能够接受自己，就说明他没有明显的自卑心理，能够比较客观地认识自己，心理比较平衡，他采取的自我防御越少，社会适应能力就越强。

（三）自我接纳的方法

1. 正视自己的缺点

不论认为自己有多少缺点和不足，做过多少傻事、坏事和蠢事，从现在起，都停止对自己的挑剔和责备，要学会为自己辩护，维护生命的尊严和价值。如果一个人能够正视并且接纳自己的弱点，那么我们就不会把时间浪费在自责和沮丧上，而是集中精力去发掘自己的优势或增强自身的能力，就可以少走弯路。

2. 正视自己的负性情绪

每个人或多或少都有一定的负性情绪，如不小心扭伤了脚，我们会感到疼痛；家人生病，我们会感到痛苦；当受到威胁时，我们会感觉恐惧；有人离开时，我们会感觉悲伤……如果产生了负性情绪，不要压抑、否认或掩饰它，更不要责备自己懒惰，苛求自己，而应坦然地承认并且接纳自己的负性情绪，不论它是沮丧、愤怒、焦虑还是敌意，都是生命中合情合理的部分。我们首先接纳这些情绪，然后再想办法解决它们引起的问题。

3. 无条件地接纳自己

无条件地接纳是心理咨询"以人为中心"的理论中非常重要的一点，它强调咨询师应该对来访者无条件地积极接纳。其实，在日常生活中，我们每个人也应该无条件地积极接纳自己：不管我们外表如何——美丽、平凡还是丑陋；不管我们能力如何——过人、平庸还是低人一等；不管我们性格如何——讨人喜欢还是不被人喜欢等，这些都是我们的一部分，我就是这样的一个人，我接受这样的自己，没有是非对错。

4. 自我接纳≠止步不前

自我接纳是构成健康人格的重要部分。但有些人可能会有这样的疑问：自我接纳岂不变成了故步自封？自我接纳会不会导致自暴自弃？这是很多人对自我接纳存在的一种误区。存在这种误区的原因是，中国传统的教育模式使我们善于自责，不善于接纳，习惯追究自己的不足，总是用挑剔的眼光审视自己……

其实，进取心有两种，一种是避免遭受失败，另一种是追求自我成长。不接纳自己的人，是因为对自己的能力充满了怀疑，所以很难鼓起勇气对自己提出较高的目标，即使在旁人看来，这个目标他是可以达到的。这种人的进取心更多地用在了避免失败上，导致他无法取得建设性的进展，能够做到的仅仅是避免失败。而对于接纳自我的人来说，局限于自我接纳是远远不够的，就像部分贫困的人能够接受贫困，却不能改变贫困一样，接纳自我之后，还应学会自我成长。接纳自我的人正是因为看到了自身的长处与不足，对自己有了客观的评价，才能够根据自身的实力，为自己制订出有建设性的成长计划，从而使自己一步一个脚印地迈向成功。

二、自信

（一）什么是自信

全面地认识自己、真诚地接纳自己，你就会自信。自信是在客观认清自己的现状之后仍保持昂扬斗志的一种状态。自信对发挥出自己的全部潜能非常重要。因为这会让我们相信自己的选择，相信自己可以完成任务，所以才会一直坚持，直到实现目标。自信对获得社会支持也极为关键。因为一个人只有相信自己，才能说服别人相信你。哈佛大学的教授认为，凡是有自信心的人，都表现出一种强烈的自我意识。这种自我意识使他们充满了激情、意志和战斗力，没有什么困难可以压倒他们，他们的信条就是：我要赢！我会赢！

（二）自信的方法

团体心理辅导作为一种有效的心理干预手段，可以提升我们的自信心水平。从个体心理成长方面，我们也可以尝试：

1. 发现自己的优点

利用优点轰炸等活动列举自己的优点、发现别人的优点。在学习、生活、工作中，要经常抓住机会发挥自己的优势、特长，同时注意避免或弥补自己的不足，以便在发挥优点的同时能够积累更多的成功经验。

2. 积累成功的经验

回顾自己最成功、最有收获的几件事，通过积累自己的成功经验，启发和促进当前任务的完成。

3. 积极的心理暗示

不断对自己进行正面心理强化，避免对自己进行负面心理强化。当你碰到困难时，一定不要放弃，要坚持对自己说："我可以！""我很棒！""我能做得更好！"另外，保持微笑也能给自己积极的心理暗示，增强自信心。

4. 制定恰当的目标

如果目标太高，不易达到，自信心会被破坏。但目标太低，太容易实现了，也不能提高自信心。因此恰当的目标是心理学上的"最近发展区"：通过一定的学习训练就能完成。

5. 开展体育运动和锻炼

我们的不自信可能源于对自己实力的不信任。运动就是一个很好的认识自己和挖掘自己能力的过程。有研究表明，运动员比一般人更具独立性，更客观，也更自信。长期坚持运动能够引起人性格、自我观念的积极改变。

第三节　培育健全的自我

一、自我意识健全的标准

什么是健全正确的自我意识？根据什么来评价一个人的自我意识是否健全呢？目前心理学家对于这一问题尚无统一的界定，看法不一。普遍被人们接受的自我意识健全的标准为：

（一）正确地认识自己

人不仅能认识客观世界，对周围的环境有所反应，而且还能反观自照，把自己作为认识的客体，对自己的身体、欲望、能力、情感和思想有所反应，并进行正确的认识。

（二）愉快地接纳自己

心理卫生要求一个人对自己要保持一种接纳的态度，而且是一种满意而愉快的接纳态度。也就是说，大学生对自己的一切，不但要有充分的了解和正确的认识，还要坦然地承认与欣然地接受。

（三）自觉地控制自己

人能意识到自己的本能，并能驾驭自己的本能。本能一旦被意识到，就要受意识的控制。大学生自我控制是自我心理结构中最重要的调节机制，是心理成熟的最高标准。

二、自我意识发展的常见偏差

（一）唯我独尊

案例： 2002 年某天，北京动物园熊山内突然传来狗熊"嗷嗷"的嚎叫声，警方在现场抓获了给黑熊投毒的男青年。警方审查发现，这名男青年是某知名大学的一名在校学生，他的作案动机是："我曾经从书中看到过熊的嗅觉敏感，分辨东西的能力特别强。但人们又总叫它们'笨狗熊'，所以我就想验证一下狗熊到底笨不笨。"

尽管这名学生已处于青少年晚期，且受过高等教育，但仍然没有学会从社会、他人的角度认知自己的行为及其后果，不考虑他人感受和利益，仅凭个人喜好，过分以自我为中心，做出如此残忍的事情。

以自我为中心是儿童成长过程中的一种正常的心理现象。但是，随着年龄的增长，大学生依然一切以自己的观点为中心看待问题，就不再是正常的现象了。过分以自我为中心的大学生，一切从个人利益出发，唯我独尊，总是感到自己的利益没有得到满足，自己充满委屈，但又常常不能得到别人的好感和信任，人际关系总是不和谐，容易遭受挫折。

（二）过度从众

实验： 法国自然科学家们曾经做过一个有趣的实验，他们把一群毛虫放在一个盘子的边缘，让它们一个跟着一个，头尾相连，沿着盘子排成一圈。于是，这些毛虫开始沿着盘子爬行，每一只都紧跟着自己前边的那一只，既不敢掉队，也不敢独自走新路。它们连续爬了七天七夜，最终死去，而在那个盘子中央就摆着它们喜欢吃的食物。

这些毛虫因为从众，丢掉了自己的生命。你有没有出现过类似的问题呢？比如，当大家一起讨论问题，你的观点与其他人不同时，会不会因为"随大流"而放弃原本正确的观点呢？

从众是个体在群体的影响和压力下，放弃自己的意见而采取与大多数人保持一致的自我保护行为，是一种普遍的社会心理现象。这可能与害怕孤独、缺乏自信等不良心理特征有关，也可能受到传统文化中"听话""服从"教育的影响。过度从众也是一种自我意识偏差，刚好与唯我独尊相反，可能导致部分大学生在现实生活中丧失自我、缺乏主见，遇到问题束手无策，进而影响心理健康发展。

（三）过度自信

案例： 三国时期，关羽镇守荆州。关羽出兵攻打曹操，由于关羽过于自信，认为江东都是鼠辈，不敢进攻荆州，因此没有设防，孙权乘虚而袭荆州，导致荆州失陷。这就是大意失荆州的典故。

一个人如果过度自信，就会产生自满与自负的心理。关羽的骄傲自满，不仅使他失了荆州这块宝地，也给他铺了一条走向死亡的道路。

自信是大学生的优秀品质。适度的自信，可以帮助大学生对自己的未来充满希望，有助于大学生的自我实现。但自信过度就会导致自负。过度自信的大学生，可能过高地估计自己的价值与能力，表现出很强的优越感，自命不凡、看不起别人，听不进师长的教诲和同学的意见，回避或否认自己的缺点，较难与他人达成妥协，最终会陷入孤独和郁闷。

（四）过度自卑

案例：尼克松是我们极为熟悉的美国总统，但就是这样一个大人物，却因为一个缺乏自信的错误而毁掉了自己的政治前程。1972年，尼克松竞选连任。由于他在第一个任期内政绩斐然，所以大多数政治评论家都预测尼克松将以绝对优势获得胜利。然而，尼克松本人却很自卑，他走不出过去几次失败的心理阴影，极度担心再次出现失败。在这种潜意识的驱使下，他鬼使神差地干出了后悔终生的蠢事。他指派手下的人潜入作为竞选对手总部的水门饭店，在对手的办公室里安装了窃听器。事发之后，他又连连阻止调查，推卸责任，在选举胜利后不久便被迫辞职。

通过尼克松的例子，我们就能发现，过度自卑可能导致错误的决定或严重的后果。

自卑表现为对自己的能力评价过低，看不起自己，它是由自我否定而产生的内心体验，与过度自信相反。其实，人无完人，大家或多或少都存在自卑感。但过度自卑的大学生可能过分关注自身短处，否定自己的长处或对自己的长处没有足够的认识，对自己缺乏信心，容易表现出胆怯、畏惧、怀疑，因害怕失败而放弃努力，因害怕拒绝而不敢与人交往，因害怕承担责任而不敢接受挑战，还可能伴随较多的沮丧、焦虑、抑郁等情绪。

自我暗示就是一种非常有效的对抗自卑的方法，它非常简单，却有惊人的效果。鲍德茵创立的心理暗示疗法主要有以下五大法则：

（1）要简洁有力，如"我非常自信"或者"我是自信的"！

（2）要积极乐观，如果你说"我不会自卑"，那么消极自卑将会移至你的自我意识里。所以，你应该说"我是自信的"。

（3）信念：你的句子要有可行性。即它要使自己相信，而不会令你产生相抵触的念头。

（4）观想：当你默诵或朗诵暗示的句子的时候，你要在自己的脑海里清晰地见到自己变成理想中的那个人，他的一举一动都是你所希望的。

（5）感情：当你在观想的时候，你要对自己想象的角色满怀激情，充分接受。

（五）过度拖延

拖延是一种非理性的推迟，是指尽管预见到这种行为会带来不利后果，人们仍自愿推迟开始或完成某一计划好的任务。拖延，可能是因为人们调节对任务的厌恶情绪失败，也可能是因为任务的远期奖赏受到了时间折扣。

过度拖延的危害巨大，不仅会对人们的情绪、学业表现以及社会成就等产生不利的影响，还会降低人们的主观幸福感，甚至损害人们的身心健康。

当前，大学生的拖延问题主要体现在学习上。针对大学生学习拖延的问题，可以采取团体心理干预和个体心理干预两种形式去解决。团体心理干预的重点是帮助学习者发展认知、情感和行为策略，增强其自我控制感和自我效能感，一般含有三个成分：①改善学习习惯；②提高自我效能感；③发挥群体的作用。个体心理干预主要采用认知—行为技术，通常包含四个步骤：①意识到自己的非理性信念是学习拖延的根源；②设置合理、具体、可控的目标；③承诺忍受短期的不适以达成长期的目标；④坚持不懈地执行这种抗拒拖延的方法。

第四节　拓展

一、视频：综艺《幸福实验室》第二季：网络立人设，立得住吗？

剧情简介：聚焦 Z 世代关注的幸福观问题，通过六场社交实验，建立交流场景，展现大量素人参与者的真实反映。以此为样本，与观众一起思考、共情，让观察成为实验的一部分，用积极心理学的态度去寻找身边关系中的价值与幸福。欢迎来到"幸福实验室"，让我们一起，做个实验找幸福。

二、书籍：《我坚信》（*What I Know for Sure*）

梗概：奥普拉·温弗瑞在这本书里，直面内心的敏感和脆弱，回忆往事的波澜涌动，也回望生活中那些细腻的幸福瞬间。每一个关键词，都是她一生奋斗的经验总结。她说，她每天做的事情，都是在为阅读时间做准备。她觉得最幸福、最平静的时刻，就是坐在那棵大树下阅读的时候。她希望这本书也能带给读者力量和平静。

三、电影：《心灵捕手》

梗概：麻省理工学院数学教授蓝波在系里的公告栏上写下的一道难解的数学题，被年轻的清洁工威尔解了出来。可威尔是个问题少年，成天和好朋友查克等人四处闲逛，打架滋事。蓝波为了让威尔找到自己的人生目标，不浪费他的数学天赋，请了很多心理学专家为他做辅导，但是威尔十分抗拒，专家们都束手无策。无计可施之下，蓝波求助于他大学的好友，心理学教授尚恩，希望能帮威尔打开心扉。在教授和查克的帮助下，威尔最终敞开了心扉，消除了人际隔阂，并找回了自我和爱情。

第二章　心理健康与情绪管理

第一节　心理健康

一、心理健康的含义

（一）健康的概念

世界卫生组织（WHO）对健康的界定是：健康是一种生理、心理与社会适应都臻于完满的状态，而不仅是没有疾病和摆脱虚弱的状态。因此，健康是生理健康与心理健康的统一，二者相互联系，密不可分。当人的生理产生疾病时，其心理也必然受到影响，会出现情绪低落、烦躁不安、容易发怒等现象，从而导致心理不适并出现身心疾病。反之亦然。

（二）心理健康的含义

《简明不列颠百科全书》将心理健康解释为："心理健康是指个体心理在本身及环境条件许可范围内所能达到的最佳功能状态，但不是十全十美的绝对状态。"心理健康作为健康的一个重要组成部分，它代表了一种持续的、积极的心理状态，即个体具有良好的适应力，生命充满活力，能最大限度地发挥内在的潜能。从广义上讲，它是一种持续高效且满意的心理状态；从狭义上讲，心理健康于内是知、情、意、行的统一，于外是个体人格完善协调，社会适应性良好。

（三）心理健康的标准

迄今为止，关于心理健康还没有一个统一的概念，但是国内外学者普遍认同心理健康标准具有复杂性的特点，它既有文化差异，也有个体差异。一般而言，判断个体心理健康与否，主要源于四个方面：

1. 经验性标准

经验性标准即个体根据自我的主观感受来判断自我或他人的心理健康与否。同样的生活事件，由于自我认知不同，自我体验不同，自我评价也不尽相同。如，一场暴风雨之后，有的人会感冒发烧卧床不起，有的人打个喷嚏就过去了，还有的人毫无感觉；同样考了80分，有的人会高兴得跳起来，有的人会郁闷难过好几天。

2. 社会适应性标准

社会适应性标准是以社会中大多数人的常态为参照标准，观察个体有没有适应常态从而对其心理是否健康进行判断。如，强迫洗手，究竟一天洗几次手是在正常范围内？超过几次就具有强迫行为倾向？这里就可以用社会适应性标准来判断。以社会适应性标准来判断个体心理是否健康，有时候有其可取之处，但有时也会出现偏颇。比如，社会中常将某个个体判断为"他比较内向"或者"他就是脾气大了一些"，但是如果运用医学判断标准的话，可能这些内向或脾气大的人就是抑郁发作或者躁狂发作了。

3. 统计学标准

通过对大批量个体进行测量，取得一个常模并将之作为判断标准，即为统计学标准，比如目前全国高校都会在新生入学时进行的心理测量。和身高、体重的数值一样，统计学标准的心理健康值也有上下浮动的范围（常模），在这个浮动范围之内的是正常，超出浮动范围的是超标。

4. 自身行为标准

每个人在以往生活中形成的稳定的行为模式，即正常标准。最简单的方法就是通过观察自己的饮食和睡眠质量来判断自己是否处于心理健康的状态。如，平日里吃好喝好睡好的人突然茶饭不思、辗转反侧，那就说明他遇到了问题，出现了暂时性的心理失衡和情绪波动。及时分析原因并找到解决方法则可以恢复健康状态，如果任其发展，则会发展到心理问题和心理疾病的层面。

二、预科学生常见的心理困扰

（一）迷茫与困惑

预科学生处于自我确认、自我重塑的成长阶段，在这个过程中，一些学生会出现困惑丛生、无所适从的心理状态。大多数预科学生在进入大学后，在经历了兴奋、激动和惊奇的情绪体验之后，面对"理想中的学校与现实中的学校"的落差，容易产生心理困惑，有的学生甚至产生了"厌学"心理。

（二）情绪波动与情感挫折

在学校生活中，部分预科学生可能是第一次离开家乡和父母，会感到难以适应陌生的学校和集中住宿的生活，不能及时进入学习状态，容易产生情绪波动。处于青春晚期的预科学生，还可能面临独立意识增强与独立生活能力不强的矛盾，容易出现情感挫折，可能出现较大的情绪波动。

（三）学习、升学与就业焦虑

焦虑是预科学生中常见的情绪障碍，其中学习焦虑、升学焦虑和就业焦虑尤为突出。许多学生曾经凭借优异的学业，得到师长亲友的赞许、同学们的羡慕，自信心、自豪感和优越感油然而生。然而，进入人才云集的预科后，一些学生没有了昔日的优势，不再是老师和同学关注的"焦点"，在学习压力和升学压力增大的同时也可能产生深深的失落感。受学习和升学影响的自信心和失落感相互交织，导致学生产生焦虑感。近年来，就业竞争日趋激烈，一些学生想到学习失利后可能面对的严峻就业形势，也容易出现焦虑感。

（四）人际关系失调

预科学生的感情世界十分丰富而敏感，渴望与人交往，获得友谊、尊重和理解，希望能够找到一个同甘共苦、无话不说的知己。然而，不同的地域、性格、生活习惯、兴趣爱好造成的差异和同学之间的竞争，使得一些学生对人际交往产生了戒备心理，甚至形成闭锁心理。这种渴望交往与心理闭锁的矛盾，造成一方面，在心理上他们渴望与同学们真诚、平等地进行交往，渴望获得友谊、理解和尊重；另一方面，在与人交往的过程中，却怀有多疑、戒备、封闭的心理。

三、预科学生维护心理健康的方法和途径

近年来，为了更好地维护预科学生的心理健康，开展了众多的心理健康教育工作，如心理健康教育课程、心理咨询服务、心理测试、心理治疗等，常见方法和途径如下：

（一）建立良好的生活习惯

不良的生活习惯和嗜好是诱发预科学生身心疾病的重要原因之一，如吸烟、酗酒等。特别是近年来，一些预科学生迷恋上网，经常通宵达旦地玩手机、打游戏，这不仅严重影响了身心健康，而且荒废了学业。建议预科学生有意识地参加一些高雅文明的娱乐活动，加强体育锻炼、团队活动等，用坚强的毅力建立良好的生活习惯。

（二）运用积极的方法和途径解决心理问题

（1）树立正确的世界观、人生观和价值观。正确处理个人与社会、物质生活与精神生活的关系，形成正确的自我意识，明确自己在社会、群体中的位置，从而对自身的价值和作用形成正确的认识。这样才能对周围环境的变化进行科学分析和预测，才能找到解决问题和困难的有效途径和方法，并保持良好的心理状态。

（2）掌握心理学的基本知识，学会进行自我心理调节，培养健康的情绪。建议预科学生努力学习和积累心理健康知识，积极参加文体、社团、社会实践等多种人际交往活动，勇敢面对困难、战胜挫折。

（3）积极的心理暗示。实践证明，积极的心理暗示可以增强预科学生应对挫折的能力，常见话术为：①每个人都会面临挫折；②每次挫折都有转折点；③每次挫折都会过去；④不要盯住挫折不放；⑤只要坚持，光明就在前面。

（4）建立健全心理防御机制。心理防御机制是一种心理内部的调节机制，分为积极的心理防御机制和消极的心理防御机制，积极的心理防御机制（理智、宣泄、升华、转移、幽默等）使人能够勇敢地面对挫折和失败，有助于人们战胜困难；而消极的心理防御机制（压抑、投射、反向、否认、倒退等）只能暂时缓解心理压力，带有某种欺骗性，运用不当会使人在挫折和失败面前退缩，丧失自信心，不利于心理问题的解决。

（5）充分利用心理咨询。人本主义心理学家罗杰斯认为，心理咨询是通过与个体持续、直接的接触，向其提供心理帮助并力图促使其行为态度发生变化的过程。心理咨询遵循保密性、理解与支持性、非指导性、自愿、咨询和预防相结合等基本原则，是预科学生面对学习、生活、情感、就业等问题时可信赖的重要心理支持资源。

第二节   情绪管理及挫折应对

一、常见的情绪困扰与调适

预科学生面临着来自学习、生活、人际中的各种压力，不可避免地会产生情绪困扰。情绪困扰，一般是指我们因生活事件或学习等方面的问题引起的悲伤、痛苦等消极情绪且长时间不能消除的状态。

（一）预科学生常见的情绪困扰

1. 焦虑

案例： 学生张某，一直学习优秀，班级排名前五，对自己要求严格。随着两校联招考试临近，他觉得自己没有准备充分，总担心考不好，感觉自己极度紧张，学习时出现心跳加速甚至身体颤抖的现象，经常觉得头痛和胃痛，学习效率低下，总觉得想学但学不进去。

焦虑是一种类似担忧的反应或是自尊心受到潜在威胁时产生的担忧的反应倾向，是个体主观上预料将会有某种不良后果而产生的不安感，是紧张、害怕、担忧混合的情绪体验。焦虑广泛地存在于大多数人的生活中，同时也是其他心理或情绪问题共有的因素，如抑郁症与恐惧。强烈的焦虑还可能出现身体反应，如肌肉紧张、出汗、嘴唇干裂和眩晕等，同时也会影响心理认知，如过分担心将来会发生不愉快的事情。

预科学生在学习过程中经常出现的情绪困扰是焦虑。那焦虑是否就是学习的敌人呢？心理学研究发现，焦虑程度与学习效率的关系呈"倒U形曲线"（如图2-1所示）。在适度的焦虑下，预科学生更能够集中注意力，提高学习效率，太强或者太弱的焦虑都会导致学习效率下降。

除了学习焦虑外，预科学生常见的焦虑还有：自我形象焦虑、社交焦虑和就业焦虑。无论什么形式的焦虑，都不能过度，只有适度的焦虑才能激发起我们的内在动力，成就更美好的生活。

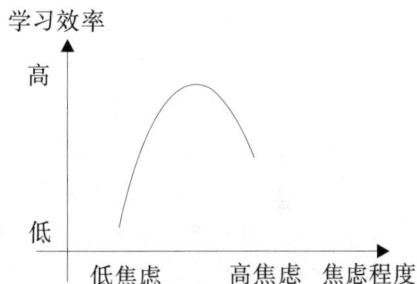

图2-1 焦虑与学习效率的关系图

2. 抑郁

案例： 女生小李，以班级第一名的成绩录取至预科A班。第一学期期末，本来踌躇满志的她在期末考试中下滑到班级第二十名。从此，她情绪一落千丈，变得郁郁寡欢，无心学习，原来爱运动、爱漂亮的她变得对一切事物都不感兴趣，经常失眠，渐渐还出现动作迟缓、思维呆滞的现象。大家都觉得她变了个人，将她送去医院，后被诊断为抑郁症。

抑郁是预科学生常见的情绪问题，是一种感觉无力对抗外界压力的消极情绪，一般表现为闷闷不乐、心情低落压抑、沮丧，觉得自己不能胜任正常的工作和学习等。当遇到学习成绩不理想、不喜欢所学专业、失恋、人际问题等负面生活事件时，有的学生便会因为承受不了而出现抑郁情绪。

人生总是起起落落，人难免感到抑郁，大部分人的抑郁情绪会随着事情的解决或者时间的流逝而减弱乃至消失，但有的同学会长期处于强烈的抑郁状态从而引发抑郁症。抑郁症最明显的症状是情绪极度低落，仿佛掉入了一个无底洞或黑洞之中，对所有活动失去兴趣，回避与人交往，而且自我评价消极，很难回忆起美好的记忆，对未来感到悲观。抑郁症也伴随着个体思维方式的转变，比如注意力不集中、记忆力衰退、思维迟缓等。与此同时，抑郁症还可能出现身体乏力、严重失眠、食欲下降、体重剧减等身体反应。

抑郁症是导致预科学生自杀的常见原因，所以请及时关心关爱身边可能处于抑郁情绪中的同学/朋友，通过自己和社会各界的力量及时帮助同学/朋友疏导情绪，保障身心健康平安。

3. 愤怒

案例：女学生王某，在某夜闯进一家银行自助区，砸碎 4 台 ATM 取款机和 2 台多媒体咨询机。当晚，王某在街头不过 500 米的直线距离内，还砸毁了 8 辆汽车的挡风玻璃和两家店铺的玻璃。

是什么原因让这个皮肤白净、身材娇小的女学生如此"愤怒"呢？新闻晚报的记者采访了王某。"我也不知道为什么要这样做，可能是想发泄情绪，不过没有找对方式。"她为自己辩解。"我是独生女，但是我爸爸妈妈不太理我，他们最在乎的是我的学习……我从学校里跑出来，想到上海静一静，但路没问到，就觉得所有人都在骗我，所以就生气了……"

愤怒是由于客观事物与人的主观愿望相违背，或因愿望无法实现时，人们内心产生的一种强烈的情绪反应。处于青少年晚期的预科学生，精力充沛、血气方刚，容易出现暴跳如雷、怒不可遏、恼羞成怒等愤怒情绪。

强烈的愤怒不只影响人们的心理健康，还会影响人们的身体健康。来自耶鲁大学的研究者对 62 名心脏病患者开展了为期 3 年的追踪研究。研究发现，愤怒的确会以特定的方式影响心电系统，从而导致猝死，研究中由愤怒所导致的心电最不稳的患者，心律失常的概率是其他人的 10 倍。

4. 嫉妒

案例：A 同学和 B 同学是好朋友，经常形影不离地一起学习和生活，并一起相约升学。后来，A 同学如愿被名牌大学录取，而 B 同学则名落孙山。B 同学内心产生巨大的失落感，强烈的嫉妒心让其极度不平衡，开始在其他同学面前说 A 同学的坏话，散布谣言说 A 同学能考上大学是通过"潜规则"才取得的。A 同学得知后，两人绝交。

嫉妒是指因他人在某些方面胜过自己所引起的不快甚至是痛苦的情绪体验。嫉妒在预科学生中普遍存在，如看到他人能力比自己强或经济条件比自己好时，内心产生些许不平。但过分的嫉妒会对人的心理健康不利，如看到别人身陷困境、失利时，内心幸灾乐祸，甚至恶语中伤，它不仅破坏人际关系的和谐，还会让嫉妒者本人也很痛苦。

5. 冷漠

案例：无论大家是在寝室打打闹闹、畅谈八卦，还是互相诉说烦恼苦闷，小陈总是置身事外，认为寝室的其他人、其他事与己无关，仿佛自己只是寝室里的一名住客。每当小陈回到寝室，把自己床位的帘子一拉，帘子外的世界便是别人的世界，除了必要的交谈，小陈和其他同学没有更多的交流，大家对小陈的世界也一无所知。"冷冰冰""清高"是大家对小陈最多的评价。

冷漠是指人对外界刺激缺乏相应的情感反应，对生活中的悲欢离合都无动于衷。如，有的预科学生对周围的人和事漠不关心，不仅对集体和同学态度冷淡，而且对自己的前途命运也漠然置之，对一切外界刺激都无动于衷。过分冷漠的人从表面上看虽然平静、冷漠，但是内心却往往有强烈的痛苦、孤寂和压抑感。人确实不能回应所有的外界刺激，但人如果过分孤独，平时被压抑的心理能量积聚过多而无法释放，一旦猛烈爆发，就会破坏心理平衡，影响身心健康。

（二）预科学生情绪调适的技巧

1. 健康的情绪标准

什么样的情绪状态是健康的呢？不生气、不悲伤就是健康吗？其实不一定，在生活中人们的七情六欲都是进化的本能，都有积极意义和消极意义。一般而言，健康的情绪是指情绪的目的性恰当、反应适度，不带有幼稚的、冲动的特征，并且符合社会规范的要求，主要包括五个方面：

（1）保持积极乐观的心态，善于关注与发现生活和学习中积极的事物，并能够充分地享受愉快，主动地创造能使自己感到快乐的生活和事业。

（2）接纳自己的情绪变化，使情绪获得适当的表现，不放纵自己，也不过于苛求自己，以平常心来面对自己情绪上的波动，尤其当负面情绪出现时，要学会坦然面对，及时调整。

（3）善于及时调整自己的不良心态，在理性认知的基础上采用多种方式及时宣泄自己的情绪，在遇到生活的挫折时能够积极地自我暗示，或使自己的情感得到升华。

（4）宽容别人增加愉快体验，尤其在对方有过失时，不去怨恨别人，更不拿别人的错误来惩罚自己。正所谓"好话一句三冬暖"，怨恨是一把双刃剑，既会伤人，更会伤己。

（5）掌握有效的情绪调适方法，如提升自我认知、进行行为调适、积极地自我暗示、转移升华和自我宣泄等。

2. 情绪调适的技巧

情绪本身并没有是非好坏之分，我们能体验到的快乐和痛苦是确确实实存在的，它本身并不是问题，真正的问题是情绪的调节方式，下面推荐四种有效的情绪调节方式。

（1）接纳情绪。

我们容易接纳积极的情绪，回避负面的情绪。但我们没有人能做到永远快乐，完全没有伤心、难过和愤怒，我们应该明白情绪具有"钟摆效应"。我们也应当感谢负面情绪，适度的负面情绪是对一些惨痛现实的心理宣泄和消化，帮助我们应对现实压力，一味回避负面情绪反而容易产生新的、更严重的心理问题。

▌课外阅读

情绪的钟摆效应

我们发现在生活中有些人随便一个笑话他就哈哈大笑，很容易高兴，我们同时也发现这种人往往也很会哭，他们的情绪摆动幅度很大。在生活中也有另一种人，他们对很多事似乎都比较"麻木"，对于同一个会使别人哈哈大笑的笑话，他可能会说："这有什么好笑的，只不过是一个笑话而已。"

当一个人在某种情绪上调减了反应的强度时，他在所有其他情绪上也会有同样的减少。也就是说，当他体验到的负面情绪减少了，他所能体验到的正面情绪也会同样地减少，就像钟摆一样，左右摇摆能够达到的最高限度是一样的。所以，当我们限制自己的负面情绪时，我们对正面情绪的体验程度也会降低，最终变为一个对任何事都提不起兴趣的冷漠的人。

（2）合理宣泄。

管理好自己的情绪，重要的是在接纳情绪的基础上进行合理宣泄，既不一味掩饰压抑自己的不满或气愤情绪，也不违背社会伦理道德或触犯法律过度宣泄。常见的合理宣泄的方式有写日记、呐喊、唱歌、运动等。

合理宣泄时需要注意，尽量不伤害攻击他人，对事不对人，因为攻击会引发攻击，造成新的困扰。

案例：A 和 B 在同一个小组，由于 A 疏忽犯了错，导致实验结果很不好，B 很气愤。

情境 1

B："你是猪吗？这也能弄错，猪都比你聪明！"（对人不对事，攻击人格）

A："你说什么？有种你再说一次啊，你以为你多了不起啊……"（防御反抗）于是，一场唇枪舌剑开始了……

情境 2

B："你在实验中犯这样的错，是因为你在做实验时开小差！"（对事不对人，批评对方的错误）

A："呃，对不起，我知道错了。"（坦诚接受指责）

于是，双方开始总结经验和教训……

（3）活动转移。

活动转移是指在处于情绪困境时，暂时将问题放下，从事所喜爱的活动以转变情绪体验的性质，从而达到调控情绪的目的。活动转移分为消极转移和积极转移。消极转移是指情绪不佳时，把情绪转向消极方面，如吸烟、酗酒、自暴自弃、网络成瘾等消极行为。积极转移是指把时间、精力从消极情绪体验中转向有利于个人未来发展的方向，如学习、休闲等。

积极转移更有利于健康生活，如听音乐、画画、练习书法、进行体育锻炼、外出旅游等文明的文娱活动。我们应该避免消极转移，特别要避免陷入烟酒毒品等物质成瘾和性瘾、网瘾、赌瘾、购物成瘾等精神成瘾。

（4）改变认知。

如果情绪困扰不严重，合理宣泄和活动转移就能解决大部分问题，毕竟情绪冲动是短暂的。但如果情绪困扰严重或者现实问题太大，宣泄和转移可能只能短暂调节，避免应激性的冲动行为，也为理性思考留出空间，但无法代替解决现实问题。

能够从根本层面解决情绪困扰的技巧是改变认知，即改变对造成情绪困扰的事件的看法和态度。在心理咨询与治疗方面，经常使用合理情绪疗法（也被称为 ABCDE 模式）来改变个人的心理认知，包括诱发事件（A）、有关的信念（B）、情绪困扰结果（C）、与不合理信念进行辩论（D）、合理情绪结果（E）这五个部分，具体步骤如下：

A. 找出异常情绪困扰的诱发事件 A（Activating Events）。

B. 分析自己对诱发事件的解释、评价和看法，即由事件 A 引起的信念 B（Beliefs）。

C. 从理性的角度去审视这些信念，探讨信念 B 与情绪困扰结果 C（Consequences）的关系。一般而言，个体可能认识到情绪困扰的发生，是由于自己存在不合理的信念。

D. 通过独立思考、合作讨论或者实践行动，与不合理信念 B 进行辩论 D（Dispute），动摇不合理信念，并发展出合理信念。

E. 随着不合理信念的消除，个人获得情绪与行为的积极转变，反过来进一步巩固合理信念，成功摆脱情绪困扰，这就达到了合理情绪的效果 E（Effects）。

课堂练习：请你像下面表 2-1 中的例子一样，尝试整理自己的情绪困扰。

表2-1 情绪困扰整理

A	B	C	D	E
别人不理睬我	（1）别人不理我，是不喜欢我 （2）每个人都应该喜欢我	不舒服，很紧张，甚至情绪低落、愤愤不平，以后回避人际关系	（1）别人不理睬我就是不喜欢我吗？ 新的合理信念：别人不理睬我不一定是不喜欢我，可能在想别的事情 （2）凭什么每个人都应该喜欢我？现实有这样的可能吗？ 新的合理信念：即使别人真的不喜欢我，也没关系，我又不是人民币	坦然面对生活中人们的各种反应
＿＿＿＿＿ （我的情绪困扰）				

课外阅读

常见不合理信念及其驳斥如表2-2所示。

表2-2 常见不合理信念及其驳斥

不合理信念的典型特征	常见的11种不合理信念	驳斥	合理信念
绝对化要求、过分概括化、糟糕至极	（1）在自己的生活环境中，每个人都绝对需要得到其他重要人物的喜爱与赞扬	这是不可能实现的。你不是人民币	一个人只要不被周围所有的人否定和排斥，就可以肯定自己是受欢迎的
	（2）一个人必须能力十足，在各方面，或至少在某方面有才能、有成就，才有价值	这是不切实际的。人无完人	人的精力是有限的，能在某些方面上有所成就，人生就是有价值的
	（3）那些邪恶可憎的人及坏人，都应该受到责骂与惩罚	这是不应该的，每个人都会犯错	人人都有可能犯错误，对犯错误的人要宽容以待
	（4）当事情不如意的时候，是很可怕，也是很悲惨的	永远成功是不可能的，得正确对待挫折	受挫是很正常的事情，并不可怕。不喜欢某事可以试着去改变，否则就接受

（续上表）

不合理信念的典型特征	常见的 11 种不合理信念	驳斥	合理信念
绝对化要求、过分概括化、糟糕至极	（5）不幸福、不快乐是外在因素造成的，个人无法控制	外在因素不是神，你才是你情绪的主人	不是外在因素而是对它的评价决定人的主观幸福感。通过改变悲观的评价态度，人可以调节自己的快乐和幸福
	（6）我们必须非常关心危险可怕的事情，而且必须时时刻刻忧虑，防止它再次发生	与其杞人忧天，不如专注当下	对危险可怕的事情要有一定的心理准备，但是不可过分忧虑
	（7）面对困难和责任很不容易，倒不如逃避比较省事	逃避是一时的延误战机，面对才能治本	逃避只是暂时摆脱情绪困扰，但不能真正解决问题。只要认真对待，困难和责任并非想象中的那么难
	（8）一个人应该依赖他人，而且依赖一个比自己更强的人	依靠有必要，但凡事依靠他人反而没得靠	每个人都是一个独立个体，别人至多只能在某方面帮助你，但不能代替你生活。安全感的获得还是得依靠自己能独立自主
	（9）过去的经验决定了现在，而且是永远无法改变的	过去成为历史，但现在和未来是崭新的一页	过去已成历史，不决定现在和将来，人通过努力是能改变现状的
	（10）我们应该关心他人的问题，也要为他人的问题感到悲伤难过	人的精力有限，过分关心他人丢了自己，既不利己也不利他	对于他人的问题，我们可以表示关心和同情，有能力时不妨伸出援手，但如果帮不上忙也不必过多牵涉或是自责
	（11）碰到的每个问题都应该有一个正确而完美的解决办法，如果找不到这种完美的解决办法，那是莫大的不幸，真是糟糕透顶	人生不是试卷，没有标准答案是常态	并不是所有问题都有正确而完美的答案，对于那些没有确定答案的问题不必穷究到底，更不必因为得不到完美答案而痛苦伤心。但求够好，不求最好

二、常见的心理压力与挫折

预科学生在承受学习、生活、人际中的各种压力的过程中，免不了要遭遇挫折。初来乍到的预科学生，以往的经历大多是顺境多而逆境少，心里一直向往着一帆风顺，但眼前的现实生活可能困难重重。

（一）压力与挫折

压力是压力源和压力反应共同构成的一种认知和行为体验过程。它是一种反应模式，当个体面对的刺激超出自身应对能力时，便会对个体心理造成负担，使个体心里不舒服、很沉重，有时还会导致身体出现不适，如胃痛、长痘等。对预科学生来说，日常的压力源主要是学习、生活、人际、恋爱、就业等。

挫折，俗称"碰钉子"，是指个体的意志行为受到无法克服的干扰或阻碍，挫折反应是预定目标不能实现时产生的一种紧张状态和情绪反应。但是，只有当挫折情境被主体感知时，个体心理才会产生挫折反应。如果出现了挫折情境，而个体没有意识到，或者虽然意识到但并不认为很严重，也就不会产生挫折反应，或者只产生轻微的挫折反应。因此，挫折反应的性质、程度主要取决于个体对挫折情境的认知。挫折可使意志薄弱者消极、妥协；也可使意志坚强者接受教训，在逆境中奋起。

挫折与压力密切相关，如果在压力环境下调适不当，则极易产生挫败感；同时，挫折也会使得个体承受的压力更大。

（二）常见的压力与挫折的类型

预科学生常见的压力来源也是预科学生常见的挫折情景，主要有以下几个方面：

1. 自然变故带来的压力与挫折

自然挫折是由个人能力所不能控制的自然因素导致的挫折，如疾病、天灾人祸、家庭重大变故等。这些变故必然给个体带来巨大的心理压力，有时甚至导致个体无法像过去那样正常生活。由于自然变故并非我们所能控制的，所以很多时候没有一个可以指责的对象，会让我们更难以接受，有的人会埋怨上天不公，也有的人会拿出巨大的勇气与此抗争。

2. 学习的压力与挫折

学习是预科学生常见的压力源。各种各样的月考、段考和升学考试，给预科学生造成了一定的心理压力。预科的学习环境不同于以往，预科学生在新的环境中学习是需要时间适应的，当出现学习适应不良现象，不习惯预科的教学方式，或者不懂得为学业生涯作规划、定目标时，预科学生就可能会遇到各种各样学习上的挫折。如，上课听不懂、数学和英语成绩不理想等。

3. 生活的压力与挫折

案例：你在预科生活中有没有听过这样的抱怨："饭堂的菜实在难以下咽，这日子实在没法过了！""我这个月没生活费了，剩下的日子怎么办呢？""寝室的人怎么这么晚才睡，我在家里家人10点前就都睡觉了，真不适应！""在家都是父母洗衣服、做家务，这里样样都得自己来，好麻烦啊！"……

预科学生常见的生活挫折包括：学校饮食不适应、同寝室同学作息时间不一致、经济上捉襟见肘等。有些学生也许是第一次住集体宿舍，与室友们生活作息要相互磨合。来自不同家庭环境的学生，消费习惯可能截然不同，内心可能会暗自比较……

4. 恋爱的压力与挫折

预科学生正值青春年华，生理发育逐渐成熟，对爱情有了憧憬与期盼。然而，爱情就像带刺的玫瑰，又美又痛。恋爱可能影响正常的生活和学习。如，单相思得不到回应、择偶观念太过理想化、恋爱不被家人理解支持、失恋导致一蹶不振等。大量个案表明，与恋爱有关的情感危机，特别是失恋危机，是预科学生常见的压力源，也是预科学生心理问题的重要诱因。

对待失恋，大多数预科学生都能理智对待，但也有部分学生会做出诽谤报复、悲观厌世等不理性举动。爱情是两个人之间的缘分，任何一方的退缩都会造成恋爱失败，不能勉强。我们要学会从恋爱挫折中学习，学会如何更好地去爱，学会更好地经营下一段感情。

5. 人际交往的压力与挫折

案例：男生张某与何某是同一个寝室的同学，两人因生活习惯不同，在生活上经常有小摩擦，某天因为一件事情两人激烈地大吵起来，还打起架来。从此，两人积怨加深，张某不时把垃圾故意藏到何某的抽屉里，而何某得知后很气愤，也不甘示弱，剪断张某的网线和电脑线。最后两人的矛盾进一步升级，辅导员不得不出面干涉和教育。

预科学生中人际关系紧张更多地表现为宿舍、同学之间的矛盾或挫折，从而引发较大的心理压力。很多学生过去都是自己独处一室，来到预科后，四人一屋，学习生活中难免发生各种矛盾，相互间又不能很好地包容和谅解，致使矛盾激化。预科是集体生活的环境，在预科里学会如何与人交往十分重要，如果缺乏与人交往的技巧，或者以自我为中心，就容易受挫。

（三）预科学生挫折承受力的提升

既然我们知道人生不能一帆风顺、挫折总是难以避免，那么，我们如何提升自己的挫折承受力，让自己在竞争激烈的社会中不会轻易被逆境打倒呢？

1. 挫折承受力的概念

挫折承受力，顾名思义是指个体应对挫折的一种耐受能力，是人们适应、抵抗、排解挫折的力。挫折承受力是维护个体心理健康的防线。挫折承受力差的个体，心理比较脆弱，几经挫折打击后，容易失去心理平衡，出现心理疾病，甚至可能会自伤或伤人。挫折承受力是后天学习来的。挫折承受力的提升，除了要依赖学校和家庭的教育外，还要依靠自身锻炼，不断增强战胜逆境的勇气和信心。

2. 提升预科学生挫折承受力的途径

（1）增强挫折认知水平。

想要提升挫折承受力，首先对挫折要有正确而积极的态度。挫折一方面对人有消极的影响，会给人带来损失、痛苦；另一方面也有积极的作用，如挫折能让个体变得成熟，增强个体的容忍力。另外，挫折虽然不可避免，但也不总是发生，即使发生也不代表自己的全部。

面对挫折的一些积极认知是："以后遇到的困难会更大，这次能稳住情绪挺过去，以后也能行。""以后工作时遇到的拒绝更多，现在受拒算得了什么？"

从小成长顺利、失败较少的人，没有足够的机会学习和积累对待挫折的经验，可能导致自尊心太强、挫折承受力偏低，难以经受挫折的打击，甚至选择极端的应对方式。相反，如果在人生早期承受适当挫折，对尽早培养挫折承受力是有利的。

（2）正确认识自我，合理调整目标。

大部分预科学生都对未来充满憧憬，希望出人头地。预科学生人生经历和社会阅历都不丰富，有时候会对自我认识不够客观，对自我评价过高或过低。有的学生对自身能力以及社会环境认识都不足，导致人生目标过高，在现实中连连"碰壁"后才重新审视自己，调整自己的目标。

那什么样的目标才是合理的呢？有人曾以"摘桃子"来作比喻，合理的目标应该是那个你跳一跳才能摘到的桃子，因为这个高度的桃子是要通过个人的努力才能摘到的，然后在不断追求这些合理的目标的过程中，自身的能力得到提高，最终能摘下最高最大的桃子。

（3）采取成熟的心理防御机制。

心理防御机制是个体为缓和焦虑、减轻痛苦的适应性倾向。在各种心理防御机制中，正视挫折、承认挫折，分析主客观原因并总结经验教训，最终采取积极行为战胜困难的反应方式，便是积极的心理防御反应，主要包括：坚持、升华、表同、补偿等等。这些心理防御机制使预科学生在遭遇挫折后，把痛苦化为前进的动力，把精力转入健康生活。

（4）争取社会的支持和心理咨询的帮助。

正所谓"众人拾柴火焰高"。当我们遭遇挫折时，除了自己努力克服困难外，还可以求助于我们的社会支持系统，如父母、老师、朋友等，通过向他们倾诉，以获得理解、支持与可行的建议。

除此之外，专业的心理咨询也是一个很好的选择。专业的心理咨询机构里的咨询师都是经过专业学习和训练的，擅长心理疏导，并会辅助受挫者找出自身成长的力量来应对生活中的困难。而且，心理咨询遵循保密原则，受挫者可放心地把难以向亲友诉说的困难和秘密说出来。

第三节 拓展

一、电影：《头脑特工队》（彼得·道格特）

莱莉因为父亲工作变动举家搬迁至旧金山，准备适应新环境时，莱莉脑中控制欢乐与忧伤的两位脑内大臣乐乐与忧忧迷失在茫茫脑海中，大脑总部只剩下掌管愤怒、害怕与厌恶的三位干部，导致本来乐观的莱莉变成了愤世嫉俗的少女。乐乐与忧忧必须尽快穿越复杂的脑海世界回到大脑总部，让莱莉重拾快乐正常的情绪。

二、书籍：《情绪心理学：从日常生活到理论》（第五版）（斯托曼）

情绪是人类生活中不可缺少的一个重要组成部分。在20世纪70年代早期，关于情绪研究的信息非常少，心理学家们也大都回避情绪方面的研究。斯托曼的《情绪心理学：从日常生活到理论》（第五版）囊括了150余种情绪理论，分别从现象学、行为学、生理学、认知、发展、社会、临床以及心理学之外的领域对有关情绪的理论进行了介绍，并尽可能纳入了更多最新的实证研究资料。不论何种理论，也不管它来自何种学科，如果不能在日常生活中得到反映和揭示，那么这一理论的有用性就值得推敲，情绪研究也是一样。作者有意识地将大量生活实例引入书中，探讨这些生活实例的理论基础，将读者带入一个生动的情绪世界。

三、课后练习：小组调研

（1）请以小组为单位，以"大学生情绪状态及常见情绪困惑"为主题进行调研，调研报告不少于 3 000 字，并于该课程结束前递交给老师。

（2）请于调研结束后填写以下问题：

①在调研过程中，小组怎样分工的，你扮演什么样的角色？

_____

_____

_____

②整个小组在调研过程中，给你什么样的感受（写出对小组调研的认知、情绪、行为)？

_____

_____

_____

③你从整个调研中收获了什么？

_____

_____

_____

第三章　安全防范

安全是社会稳定和发展的前提，是个体生存和发展的基本保障。学校是科学文化教育的场所，肩负着为社会培养和输送高素质人才的重要使命。学校的安全和稳定，关系到社会的安定和发展。因此，青年学生应自觉接受安全防范教育，掌握安全防范的知识和技能，增强自我防范能力，促进身心健康成长，成为造福社会的人才。

第一节　安全防范的内涵

安全防范，是指主体基于自身安全需要，积极采取防范措施，确保自身安全的行为过程；是主体以防范为手段、以安全为目的，并主动采取一系列措施的行为。

一、安全是个体生存和发展的基本需要，也是社会存在和发展的基本需要

美国行为学家马斯洛（A. H. Maslow，1908—1970）于1943年在《人类动机理论》中提出了著名的需要层次论。耶鲁大学的行为学家、心理学家奥尔德弗（Clayton Alderfer）对马斯洛的需要层次论进行了重组，提出了ERG理论，认为人的需要有轻重缓急不同层次，它们依次是生理需要、安全需要、社交需要、自尊需要、自我实现需要。只有在低一层次的需要得到满足后才能产生高一层次的需要，核心需要有三种：生存需要、关联需要、成长需要，其中生存需要相当于马斯洛理论的生理需要和安全需要。马斯洛、奥尔德弗等人的研究成果得到了广泛的认可，成为最著名、最经典的行为学和心理学研究理论。由此可见，安全需要对于个人生存和发展极为重要。

安全需要，也是社会存在和发展的基本需要。中国改革开放以来连续四十多年保持经济快速发展，创造了世界经济发展的奇迹，人民的生活质量得到了很大的改善和提高。在庆祝中国共产党成立100周年大会上，习近平总书记代表党和人民庄严宣告："经过全党全国各族人民持续奋斗，我们实现了第一个百年奋斗目标，在中华大地上全面建成了小康社会，历史性地解决了绝对贫困问题，正在意气风发向着全面建成社会主义现代化强国的第二个百年奋斗目标迈进。"其中的一个重要原因，就是我们有一个和平、稳定的社会发展环境。

二、安全防范是保障安全需要的有效手段

提高安全防范意识，可以使青年学生认识到一些行为的潜在危险和危害，避免可能受到

的伤害；学习安全防范知识和技能，可以帮助青年学生采取正确的措施避免灾害事故，在灾害事故发生时，能够采取正确的行动保护自己的安全；增强安全防范能力可以使青年学生在面对灾害事故时，有能力制止灾害事故的发生，采取有效行动尽可能减轻灾害事故的危害。青年学生大多缺少社会阅历，安全防范意识较弱，平常较少接触到安全防范知识，在遇到安全问题时常常会手足无措或处理失当。因此，青年学生应掌握一定的安全防范知识和技能，这对保障自身安全和促进校园安全都具有重要意义。

三、安全防范知识和技能可以通过学习与训练获得

青年学生要积极主动地、有针对性地学习安全防范知识。安全防范知识包括安全知识和防范知识两类。安全知识主要是对安全事故的经验总结及对相关法规的解释等，防范知识主要指与为预防安全事故的发生而进行的防范有关的知识。在学校里，学生需要重点掌握的安全防范知识主要有：人身安全、财物安全、卫生安全、信息安全等，如防盗窃、防抢劫、防诈骗、防交通事故、防火、防爆破、防性骚扰、防食物中毒、防心理失衡等；群体活动的安全防范知识，如国家安全、旅游安全、实习安全、社会实践安全、社交安全、择业安全等。除了学习理论知识，还要积极参加安全防范技能训练，如参加学校组织的各种消防灭火演练、紧急救助演练等活动，掌握基本的自我保护、自我救治的技能。

第二节　青年学生安全防范的具体内容

学生安全防范，是以学生为主体，以防范为手段，以满足学生自身安全需要，保障学生健康成长为目的而实施的一系列行为措施。学生安全防范的具体内容主要有以下几方面：

一、与国家安全相关的安全防范

《国家安全法》规定，国家安全工作应当坚持总体国家安全观，以人民安全为宗旨，以政治安全为根本，以经济安全为基础，以军事、文化、社会安全为保障，以促进国际安全为依托，维护各领域国家安全，构建国家安全体系，走中国特色国家安全道路。大河报曾通过网络发布"大学生国家安全意识调查问卷"，结果显示，近四成大学生不知道每年 4 月 15 日是全民国家安全教育日。当问到是否熟悉《国家安全法》时，近七成大学生表示"听说过但不熟悉"，有 7.6% 的大学生表示根本没有听说过，只有三成多的大学生偶尔关注时事政治。青年学生涉世未深，国家安全意识不强，违反国家安全的案例时有发生。国家安全，人人有责。学校应将国家安全教育融入学生日常教育活动中，开展"全民国家安全教育日"主题教育活动，宣传和学习《国家安全法》《反间谍法》《反恐怖主义法》等相关法律法规，组织观看国家安全警示案件视频，不断提高学生的国家安全保密意识、防范意识，使学生自觉履行维护国家安全、保守国家秘密的义务。如发现有危害国家安全的情况，要及时报告学校或拨打举报电话"12339"。

二、与日常生活相关的安全防范

与日常生活相关的安全防范主要是指学生对日常学习、生活中经常碰到的安全问题的防范，如防火、防盗、防骗、防抢劫、防骚扰、防意外伤害等。由于学生的生活阅历比较浅，

对一些骗局和意外情况往往缺乏正确处理的经验和能力，容易造成不应有的或者本来可以防止的损失。例如，近年来诈骗分子常常在校园附近或地铁口扮作钱包被偷者、"落难少女"、患者、行李被盗者等，利用学生的同情心骗取钱财；又如，有些学生疏于防范，将贵重物品放在书包内，并在体育场、食堂、图书馆、课室等公共场所随意放置，导致手机、书包和贵重物品被盗。

三、与社会活动相关的安全防范

与社会活动相关的安全防范主要指在勤工俭学、社交活动、社会实践、求职择业等社会活动中的安全防范。在社会活动中，学生因为对社会的复杂性和潜在的危险性估计不足，不清楚个人行为是否符合法律规定和道德规范，碰到紧急情况往往应对失当，容易失误或受到伤害。随着学校教育改革、后勤社会化以及互联网的发展，近年来学生在社会上做兼职工作、在校外住宿等情况日益普遍，教育学生在社会活动中做好安全防范的作用和意义也更加突出。

四、与学生身心健康相关的安全防范

与学生身心健康相关的安全防范主要包括舍友交往、球场竞技、课室人际、恋爱行为、防疫防护、学习压力等方面的安全防范。青年时期是学生身心成长发育的重要阶段，也是年青人走向社会的关键时期。学生要学会独自处理身体成长、心理需求的变化，以及学习、就业、经济等各方面的问题。这一时期，掌握基本的心理卫生、行为卫生知识，及时做好心理调适，提高自控力和反挫折能力，有助于学生身心的健康成长。

五、与遵纪守法相关的安全防范

国家法律是每个公民都必须严格遵守的行为规范，校纪校规是学生必须遵守的校园行为规范。国家关于学生的法律主要有《中华人民共和国未成年人保护法》《中华人民共和国预防未成年人犯罪法》《中华人民共和国义务教育法》等，还有非专门关于学生的法律如《中华人民共和国宪法》《中华人民共和国民法典》《中华人民共和国道路交通安全法》等。青年学生正处于身心发展走向成熟的时期，思想和情绪容易发生波动，行为控制能力较弱，如果法律法规意识淡薄，对校纪校规了解不深，不注意控制自己的情绪，很容易造成行为不当，甚至违法乱纪，如盗窃、斗殴、赌博、涉黄、吸毒、损坏公共财物等。无规矩不成方圆，因此，学校平时要注意加强学生的法纪法规教育，提高学生的法制意识。同时，学生也要注意提高自己的公民道德素质，树立正确的人生理想，增强自己对歪风邪气和不良思想的抵抗力。

六、与权益保护相关的安全防范

学生要增强权益保护意识，学会以法律武器维护自己的合法权益，如名誉权、消费权、知识产权等。近年来，我们经常从新闻媒体上看到，一些女大学生在社会实践和毕业求职过程中受到招聘人员的侮辱和侵犯，对此，有些人勇敢地拿起法律武器，最终惩治了恶人，但更多人却选择了沉默。学会利用法律武器维护自己的合法权益，既是保障自己安全的有效方法，也是促进国家法制建设的有效手段。

第三节　安全防范，从我做起

学生是校园的主人翁，在学校安全防范工作中同样肩负着责任和义务。因此，学校可以从以下几方面加强学生的自我防范意识与能力，推进学校安全防范工作的开展。

一、提高安全防范意识，增强学生的自我防范能力

改革开放以来，中国的经济体制改革、教育体制改革、人事制度改革等不断深化，社会在转型与发展中碰到的问题和矛盾也不断出现。特别是在网络诈骗等的影响下，安全问题日趋复杂。

学校要抓好安全教育，这是做好安全防范工作的前提，是预防各种安全事故发生，保护学生健康成长的基础，应注意以下两点：首先，要增强安全防范意识。这要求学生在入校后，充分了解并尽快适应学校生活；学校对校园内经常发生的安全问题应予以充分重视，了解其规律和特点并努力做到防患于未然。例如，每学年第一学期末和第二学期初是校内盗窃案件的高发期，要注意保管好自己的财物；夏季是流氓滋扰事件的多发期，女学生要注意增强自我保护意识；春季潮湿、秋季风高物燥，两季都是火灾高发期，要注意做好消防安全防范措施等。其次，要掌握安全防范知识，提高自我防范能力。安全问题在我们的生活中无处不在。学生平时应注意掌握安全防范知识，学会处理生活中碰到的安全问题，学会在各种紧急情况下采取正确的自我保护措施，这样在遇到安全问题时才不至于惊慌失措、处理失当。例如，近年来校园里最常发生的学生财物被盗案件主要有两类：一类是不法分子利用一些同学的善良和疏于防范之心，以老乡、师兄师姐或者交朋友为名，骗得同学的信任，盗窃同学的存款或者进入同学宿舍盗窃钱财物品；另一类是不法分子趁同学将书包放在体育场、食堂、图书馆等公共场所之际，盗窃财物。如果广大青年学生能提高安全意识，掌握常见的防盗知识，就可以防止此类事件的发生，避免财物遭受损失。所以，学生有必要主动学习一些防身技巧，提高自己应对紧急突发事件的能力。

二、增强法制观念，做一个优秀的公民

以法律来调整和规范社会行为是现代文明社会的重要特征。随着依法治国方略的确定，我国法制建设的步伐明显加快，法律体系逐步健全。作为社会未来高素质的建设者和管理者，青年学生必须增强法制观念、学习法律知识，做到遵纪守法，自觉与违法行为作斗争，并学会用法律武器来维护自己的合法权益。应做到以下三个方面：

（1）增强法制观念，自觉学习和了解法律知识。认识到严格遵守国家法律和规章制度是每个公民应尽的义务，也是每个学生的神圣职责。学生除了要学习和了解《中华人民共和国宪法》《中华人民共和国刑法》《中华人民共和国民法典》等基本法律法规之外，还应学习和了解与学习、生活紧密相关的专门法律法规，如《高等学校校园秩序管理若干规定》《普通高等学校学生安全教育及管理暂行规定》《中华人民共和国计算机信息系统安全保护条例》《中华人民共和国网络安全法》《中华人民共和国个人信息保护法》等，加强法制意识，以免误入歧途。

（2）培养社会责任感和正义感，自觉与违法犯罪分子作斗争。维护法律尊严是每个公

民应尽的义务，作为社会未来的建设者和管理者，学生应自觉抵制违法犯罪行为，与违法犯罪分子作斗争。那种认为只要违法犯罪行为没有损害到自己的利益就与己无关，对违法犯罪行为熟视无睹的态度是错误的，放纵违法犯罪行为只会助长违法犯罪分子的气焰，最终将侵害到自身的利益。因此，当遇到违法犯罪行为时，学生应该机智勇敢地与不法行为作斗争，在有效保护人身安全的同时保护自己和公共的利益不受侵害。

（3）学会用法律武器来维护自己的合法权益。学生由于社会阅历少、情绪容易激动，在自己的合法权益受到侵害时，往往喜欢以个人的方式来处理问题，而这样做的结果只会使问题激化，延误了通过法律途径维护自己合法权益的时机，也使问题的处理愈发朝着对自己不利的方向发展。所以，学生要学会控制自己的情绪，避免意气用事，学会用法律武器维护自己的合法权益，通过法律途径来处理问题。

三、积极参与学校安全管理，共同创建安全稳定的校园环境

校园安全管理是根据国家有关安全管理工作的方针、政策、法律、法规，以维护正常的教学和生活秩序，保护师生生命安全和国家财产安全为目的而开展的一系列校园安全管理工作。学校师生既是校园安全管理工作的主要力量，又是主要服务对象，只有广大青年学生积极参与校园安全管理工作，才能真正做好防微杜渐，共同构筑安全堤坝。青年学生参与学校安全管理，主要体现在以下几个方面：

（1）新生入校后学习和掌握安全防范的知识。新生入学教育包括校情校史教育、校规校纪教育、安全知识教育等内容，是学校为帮助学生了解校园生活，适应校园生活而安排的专门教育课程。在入学教育中，青年学生可以了解到自己将要经历的校园生活是怎样的，而自己又将会碰到怎样的问题等，注意做好预防各类安全事故的措施，较好地配合学校安全管理工作的开展，保障自己身心健康地成长。

（2）积极参加学校安全防范宣传教育活动和学生治安保卫组织活动。学校开展安全防范宣传教育工作的形式一般有：利用宣传栏、广播站等加强舆论宣传，组织安全知识竞赛和安全技能训练，派发安全宣传资料等。学生治安保卫组织活动，主要是通过成立学生宿舍治安联防队、学生义务消防队等，有组织地开展维护校园秩序的各项工作。以上各项工作，只有在广大学生积极参与和支持的基础上，才能真正落到实处，发挥其应有的作用。

（3）积极支持和参与安全事件的预测、监控和处理。首先，在安全管理工作中，"防范重于救灾"。学校安全管理工作要做到防止安全问题的发生，做到防患于未然，就需要学生配合学校做好深入准确的调查研究，使学校能够及时了解影响学校安全的各种因素，从而根据这些因素调整工作重点，制定管理制度，加强设施建设，预防安全事故。同时，对于容易诱发安全问题的可疑人员、重要场所、重点部位，学校也需要学生的支持和配合，采取积极的监控和预防措施，防范事故的发生。其次，事故处理是安全管理工作的重要环节。在事故发生后，需要广大学生配合学校积极组织抢救、保护好现场、维持良好的秩序，同时积极配合有关部门进行事故调查和分析，以避免类似事故的再度发生。

第四节　常见事故的预防与处理

一、交通事故的预防和处理

交通事故是近代社会发展的产物，随着社会经济的发展和道路建设的加快，其危害和影响日益严重。据统计，中国道路交通事故每年造成的损失已超过全社会纳入国家统计的非正常死亡和财产损失的总和。2021 年中国发生道路交通事故 241 043 起，造成 61 703 人死亡，250 723 人受伤。交通事故已成为人们非常关注的社会问题。因此，保障交通安全，预防交通事故，是安全防范的一项十分重要的内容。

1. 交通安全与交通规则

交通安全，是指人们在道路上进行交通活动，包括进行与交通有关的活动时，避免发生人身伤亡和财产损失。为了加强道路交通管理，维护交通秩序，保障交通安全和顺畅，我国颁布了交通法规，规范人们在交通活动中的行为。《中华人民共和国道路交通安全法》作出了一系列详细的规定，要求凡是在道路上通行的车辆和行人、乘车人以及在道路上进行与交通有关活动的人员，都必须遵守本法。规定：驾驶车辆，赶骑牲畜，必须遵守右侧通行原则。车辆行人必须各行其道。借道通行的车辆或行人，应当让本道内行驶的车辆或行人优先通行。人们在道路上进行活动，应按照交通法规的规定，安全地行车、行走，避免发生人身伤亡或财物损失。公安部统计数据显示，在发生的道路交通事故中，机动车驾驶人的违法行为是交通事故的主要原因，其中超速行驶、占道行驶、无证驾驶、酒后驾驶、疲劳驾驶等原因造成的人员伤亡比较严重。

2. 遵守交通规则，幸福平安

金玉有值，生命无价。学生在行走时要注意交通安全，遵守交通规则，防止交通事故的发生。

（1）交通标线。马路上，用漆划的各种各样颜色的线条是交通标线。道路中间长长的黄色或白色直线，叫车道中心线。它用于分隔来往车辆，使它们互不干扰。中心线两侧的白色虚线，叫车道分界线，它规定机动车在机动车道上行驶，非机动车在非机动车道上行驶。在路口四周有一条白线是停止线。红灯亮时，各种车辆应该停在这条线后。马路上像斑马纹那样的白色平行线条就是人行横道线，行人在这里过马路比较安全。

（2）隔离设施。交通隔离设施主要有行人护栏和隔离墩或绿化隔离带。行人护栏是用来保护行人安全的，防止行人横过马路走入车行道以及防止车辆驶入人行道。隔离墩或绿化隔离带是设在车行道上用来阻隔机动车与非机动车或来往车辆的，不要跨护栏和隔离墩或绿化隔离带，走进车行道，否则有被车辆撞倒的危险。

（3）交通信号灯。在十字路口，四面都悬挂着红、黄、绿三色交通信号灯，它们是不出声的"交通警"。红绿灯是国际统一的交通信号灯。

（4）人车分流，各行其道。交通道路上用交通标线规定车辆、行人各行其道。在道路上，我们可以看到各式各样的交通标志。它们用图案、符号和文字来表达特定的指向，提醒驾驶员和行人注意附近环境情况。这些标志对于安全行车非常重要，被称为"永不下岗的交通警"。警告标志是警告车辆、行人注意危险地段、减速慢行的标志。禁令标志是禁止或限制车辆、行人某种交通行为的标志。指示标志是指示车辆、行人行进的标志。指路标志是传递道路方向、地点、距离信息的标志。辅助标志是主标志下对主标志起辅助说明的标志。我们应该熟悉并爱护这些标志，不得任意损坏或在上面乱涂乱画，并且自觉遵守这些标志的规定。

（5）安全行走。遵守交通规则，增强自我保护意识。应行走在人行道上。在没有人行道的地方，应靠道路右边行走。行走时，思想要集中，不要东张西望，不能一边走一边玩耍，不能一边走路一边看书或看手机，不能三五成群并排行走，不要乱过马路，更不能追赶车辆嬉戏打闹，更不要在马路上踢球、溜冰、放风筝、做游戏等。

（6）不要在车前车后急穿马路。有人喜欢在汽车前后急穿马路，这是很危险的。驾驶员眼睛看不到的地方被称为"视线死角"。若有人在驾驶员的"视线死角"内急穿马路，就会造成车祸。所以我们横过马路前要注意左右来往的车辆，应走人行横道。

（7）掌握汽车的"内轮差"。汽车是依靠前轮来向前的，随着前轮的转动，汽车车身也逐渐改变方向。但是前后两只轮子不是走在同一条弧线上，而是有一定的距离差，这个差距称为"内轮差"。因此，我们碰到要转弯的汽车时，不能靠得太近，离得太近，很可能被后轮撞倒轧伤。

（8）注意避让转弯的车辆。我们在过马路时，除了注意来往直行的车辆外，还要注意避让转弯行驶的车辆。当看到汽车的方向灯闪亮时，人应离车辆远些。人与车身靠得太近，容易被车尾刮倒，发生伤亡事故。

（9）集体外出。集体外出时，要靠右侧行走在人行道上。自觉遵守纪律，不随便离队，不互相追逐嬉闹，不在交通拥挤的地方集队、停留，以免影响人、车通行。过马路时，应从人行横道上通过。如果队伍长、安全通过有困难，可请交通警察协助通过。

（10）让特种车辆先行。在马路上，我们经常可以看到警灯闪亮、警报呼叫的车辆，这是警车、消防车、救护车或工程车、抢险车等特种车辆，特种车辆担负着特殊紧急任务。交通法规规定：一切车辆和行人都必须让执行任务的警车、消防车、救护车和工程抢险车先行。

（11）文明乘车。当前，城乡道路上机动车、非机动车、行人混合通行，故交通事故频繁发生。为了乘车安全，我们必须增强交通法制观念，遵守乘车规定，讲究公共道德，注意交通安全，文明乘车。做到"高高兴兴上学，平平安安回家"，这是我们每个学生应尽的职责。

3. 冷静应对，保留证据，及时报告

当遇到交通事故时，不要惊慌失措，应保持头脑冷静，采取适当的应对措施。主要有：

首先，要留住肇事者和肇事车辆。如果发现肇事车辆逃逸，应记下肇事车辆的车牌、车型及车身颜色等特征。若肇事车辆是货车，应记下在车身尾部放大的喷漆的车牌号码。

其次，要保护好事故现场，双方车辆都不能移动。如果因抢救伤者移动车辆，应在停车的位置画上记号，以便交通警察（校园内是保卫部门的人员）来现场处理事故时，能准确地掌握事故车辆当时的实际位置。

此外，还要保留车辆刹车时在路面上留下的痕迹以及其他有关痕迹。这些都是调查现场所要掌握的重要证据，是分析事故原因和分清事故责任的依据。

遇到交通事故应马上拨打报警电话"122"，向交通警察部门报告（在学校内是向学校保卫部门报告）。报案时应详细说明事故发生地点、车辆损毁和人员伤亡等有关情况，以便交警（保卫部门）组织有关力量前往处理。

二、火灾事故的预防与扑救

火灾是破坏性很大的灾害事故，往往造成严重的经济损失和人员伤亡。消防工作直接关系到社会的稳定、经济的发展和人民群众生命财产的安全。我国消防工作的方针是"预防为主，防消结合"。做好学校的消防安全工作，对保护师生、员工的生命和学校的财产安全，保障学校教学、科研、办公和生活的正常进行具有非常重要的意义。

1. 校园内发生火灾的具体原因

（1）在宿舍内乱拉乱接电线，造成电线短路或因接头接触不良发热而引起火灾。

（2）不按用电规范乱接电路的保险丝，甚至用粗线或铁线代替保险丝使电路过载或有故障时保险丝不能及时熔断，造成电线发热起火。

（3）思想麻痹大意，使用电热器后忘记关闭电源便离开房间，使电热器无人监控，长时间通电发热而引起火灾。如用电热杯烧水，水烧干后没有切断电源，使电热杯发热起火。

（4）在宿舍内违反规定使用大功率电热器，如电炉等，使电线过载发热起火。

（5）在床铺上点蜡烛照明，不慎引燃被褥、蚊帐等造成火灾。

（6）乱扔未熄灭的火柴、烟头等，引燃可燃物如纸张、衣物等，引发火灾。

（7）使用汽油、酒精等易燃易爆危险品不当，引发火灾。如在实验室使用酒精灯时不慎碰翻了酒精而起火。

（8）在做化学实验时，对某些化学物质的状况了解不透彻，致使在实验过程中突然起火甚至爆炸。

（9）对长期使用的电器设备、电线等疏于安全监察及维护维修，使电器设备绝缘老化，漏电短路起火。

（10）电器设备和电路的避雷设施失效，或在可燃物旁安装或放置发热的电器等，使可燃物长时间被烘烤而起火。

（11）使用或处理电器设备不当，造成起火。

2. 火灾事故的预防

青年学生应认真学习和自觉遵守《中华人民共和国消防法》，提高消防安全意识，严格按照法律条例约束日常行为。消防工作实行"自我管理"的原则，即责任自负，安全自查，隐患自除，风险自担。

教室、图书馆、实验室和车间等场所的火灾事故预防常识如下：要严格遵守安全管理规定、操作规程及各项规章制度，使用设备仪器时应认真检查电源、管线、火源、辅助仪器设备等是否有异常情况，是否放置得当，对整个操作程序是否清楚。在教师的指导下，把各项准备工作做好后，才进行实验或其他操作。涉及使用易燃易爆危险品的实验或实习，更要注意防火安全，室内一定要保持空气流通，防止易燃易爆物质散发的气体在空气中达到爆炸所要求的浓度。进行昼夜不间断的实验时，一定要有专人值护，直至实验完成。实验、实习场地应配有足够的灭火器材，并且熟悉其放置地点和使用方法。离开实验、实习场地时，应按制度要求，关好电源、火源、气源、水源等，清理杂物和垃圾，摆放好各项物品等。实验、实习场地的通道要保持畅通无阻，不要将物品堆放在门口、走廊、过道等处。在人员密集的公共场所（如图书馆、教室）、有易燃易爆物品的实验场所，禁止吸烟。

宿舍内应张贴火灾事故预防常识，学生应严格遵守消防安全管理规定，不乱拉乱接电线；不使用"热得快"、电炉、电饭煲等大功率电器；使用电脑时不要覆盖显示器通风孔，保持显示器良好的散热功能；购买合格的多用插座，不采用多个插排串联的形式连接电路，不用纸张覆盖墙上的插座，不随意加大电路保险丝；不在宿舍内使用明火照明，不使用酒精炉，不将易燃危险品带进宿舍。发现不安全的现象要及时向管理人员或有关部门报告，尽快消除隐患。爱护宿舍内的消防设施和灭火器材，不要随意移动或挪用，掌握正确使用消防设施和器材的方法；非灭火使用消防设施，必须经过学校保卫部门的批准。宿舍无人时，应关掉电器和电源开关；充电时不要将充电器放在书籍、被褥、木制桌椅等易燃物品上，禁止无人时充电。

3. 扑灭火灾与自救方法

发生火灾时，报警与灭火应同时进行。火灾现场只有一个人时，应大声呼救，以求得帮助。如果在初期燃烧面积很小，自己完全有把握将火扑灭，应立即采用最快速、最有效的方法将火扑灭。如果发现自己难以扑灭，应当立刻报警。我国的火灾报警电话号码是"119"，报警时要沉着镇定，清楚地说明起火地点（街区、单位、楼栋名称等）、燃烧的物质和其他具体情况等。同时应将自己的姓名及联系电话告诉报警台，以便随时联系。报警后，应派人在校门口或街道路口等候，引导消防车迅速到达火灾现场。在校内发现火情，除拨打"119"之外，还要及时向学校保卫部门报告（校内发生火灾，也可以直接向保卫部门值班室报警）。

灭火时应注意先切断通向火场的电源、燃气源；灭火的同时应设法转移火场附近的易燃易爆危险品，转移不了的应设法降温冷却。

发生火灾时，如果被大火围困，应保持头脑冷静，不要慌乱，迅速选择最佳的自救方法，争取时间，逃离危险区。

发生火灾后，不要为穿衣、找钱财而耽误宝贵的逃生时间。遇到浓烟时，要尽量低身行走或爬行，千万不要直立行走，以免因吸入浓烟而窒息。衣服被烧时不要惊慌失措，赶快在地上翻滚，使火熄灭。

如果楼梯已经起火，但火势不很猛烈时，可披上用水浸湿的衣裤或被褥从楼上快速冲下。如果楼梯火势相当猛烈无法通过时，可利用绳子或将床单拧成条状连接起来，一端固定在牢固的门窗或其他重物上，然后顺着绳子或布条从窗口滑下。逃离火场时不要乘坐电梯，防止电梯的电路设备等被火烧坏而被困在电梯内。

如果火情严重，危及生命，情况十分紧迫时，若处在二楼，可以考虑从窗口跳下，跳前要先向地面抛下一些棉被等软性物品，然后用手借助窗台往下滑，尽量缩短跳落高度并保证双脚落地，以减少对颅脑和内脏的伤害。

如果各种逃生之路均被切断，应在室内采取防火堵烟措施：关闭门窗，用布条等堵住门缝、窗缝，并向门窗上浇水，以延缓火势蔓延的时间，还要用多层湿毛巾捂住口鼻，做好个人防护。同时向室外扔小东西、晃动衣物等，夜晚可向外打手电，发出求救信号。如果有室内电话或手机的，可用电话或手机与外界联系求救。

三、运动意外事故的预防与应急处理

学生积极参加体育运动有利于身体发育和健康成长，不但能锻炼身体，还能锻炼意志。但是，在参加运动时如有不慎，就会发生意外受伤事故，甚至危及生命安全。运动意外事故是比较常见的，所以，参加体育运动时，应当遵循持之以恒、循序渐进、量力而行、合理安排、全面发展的原则。

1. 运动意外事故的预防

为了防止运动损伤，应注意以下几方面的事项：

（1）做好运动前的准备活动。准备活动的内容、时间和活动量要因事、因地、因人、因需而定。

（2）做好运动后的整理活动。如果参加剧烈运动后马上停下，往往会出现头晕、眼花、恶心、呕吐等症状，有时还会暂时失去知觉（暂时性休克）。因此，剧烈运动后做些深呼吸和整理运动，是非常必要的。

（3）运动后不要喝大量白开水，更不应暴食和饮用冷饮，这样会增加心脏负担并且损害肠胃，应喝淡盐开水。

（4）患病或身体不适的学生，千万不可参加剧烈的体育活动，应向教师说明情况。月经期的女学生要避免进行大幅度的跑跳运动，也不应进行增加负压的力量性训练，以免造成经期流血过多或子宫位置改变。

2. 运动意外事故的应急处理

发生运动意外事故后，伤者如果在送医院治疗前能得到及时的应急处理，对减轻伤者的疼痛甚至挽救伤者的生命都具有重要的意义。

（1）挫伤的应急处理。挫伤是身体某部位突然受到外力作用的结果。具体表现为外部皮肤受伤，内部软组织受伤，并会产生局部的疼痛、肿胀、淤血斑或血肿。皮肤完整的四肢挫伤，一般经过反应性炎症的消散和吸收即可恢复。肢体受伤时，用冷毛巾湿敷患处，挤压包扎，防止继续出血、肿胀。对怀疑有内脏破裂的伤者，必须尽快送往医院，途中应让伤者平躺并减少震动。头部挫伤时，容易引起脑损伤和脑震荡，受伤时可能暂时失去知觉，也可能出现呕吐、头晕等症状，必须小心地安置在担架上，并抬高伤者头部，冷敷，及时送往医院抢救。

（2）扭伤的应急处理。扭伤是关节韧带或肌腱受强力压迫或碰撞造成的，也可能是动作超过关节韧带的弹力限度时的暂时性损伤。扭伤的典型症状是局部疼痛和压疼的加剧、出血和肿胀，受伤关节产生运动障碍等。扭伤后，要避免关节活动，防止关节的损伤部位继续出血，可用冷敷止血、消肿。用海绵或毛巾包裹扭伤的部位，局部降温，压迫冷敷半小时后即可除去，换上干海绵或干毛巾，用绷带固定后送医院治疗。

（3）外伤出血的应急处理。人体大量出血是非常危险的，短时间内失去人体总血量的三分之一，就会发生休克；失去总血量的一半，就会很快死亡。因此，外伤出血必须及时止血。止血方法有以下三种：

①普通止血法：小伤口出血用生理盐水冲洗局部，涂红药水加盖消毒纱布块，用绷带包扎可止血。

②指压止血法：如果身体动脉出血并且量大，在紧急情况下可采用此法：用拇指压住出血的血管上端，血管因被压而中断流血。如大腿出血时，在腹股沟中点处可触到股动脉，用拇指重压，可止住流血。

③加压包扎止血法：伤口较大且出血较多，用一般方法止血无效时，可用消毒的纱布、棉花等作软垫，直接放在伤口上紧紧包扎止血带。这种方法万不得已时才能使用。因为此法虽对大动脉止血功效较好，但容易引起肢体坏死。所以，只有在四肢大动脉血管破裂时，或采用其他方法都无效并危及生命时才能使用，并应注意以下几点：

a. 止血带应选弹性好、压力均匀的橡皮管、橡皮带、皮带或绷带；b. 上带前受伤肢体要抬高，然后包扎；c. 在运送伤者时，一定要在止血带上标上明显标志，注明包扎的时间；d. 止血后应尽快将伤者送往条件较好的医院治疗。

四、互联网诈骗的预防及应对措施

互联网的出现，大大地拓宽了人们的沟通渠道，极大地影响着人们的生活和生产方式。现在，人们每天享受着网络带来的服务和便利，如日常工作、电子商务、视频会议、银行业务、娱乐学习、购物就医、聊天交友、热点刷卡等，但网络也是一把双刃剑，网络给我们带来缤纷世界与便利的同时，风险无孔不入，信息泄露、网络诈骗、虚假信息较多，这些不良信息及其产生的社会危害，不仅影响着学生的身心健康，还威胁着学生的人身安全、财物安全。

（一）当前互联网诈骗的主要方式

（1）电子邮件诈骗。不法分子发送欺诈性电子邮件，通过中奖、顾问、对账等内容引诱用户登录某网页，填入账户名、银行卡号、密码、身份证号等重要信息，盗窃用户资金。

（2）电子商务诈骗。不法分子在知名电子商务网站以所谓"超低价""免税""双十一网购退赔""慈善义卖""法院拍卖"等名义出售商品，骗取其支付先行货款。广州反诈服务号预警提醒：凡是自称电商平台、快递公司、贷款平台客服，以质量有问题主动赔付、解除代理商身份、贷款记录影响征信为由，要求转账、贷款的都是骗子！

（3）网游交易平台诈骗。不法分子通过微信、QQ等工具或游戏交易平台、虚假比赛直播软件，不断地向网民发送诱人的信息，提示网民访问其假冒的官方网站进行确认，诱使网民交纳各种税费、运费、保证金等来实施诈骗。

（4）"六合彩"、炒股诈骗。不法分子设立虚假的"六合彩"网站、股票基金网站、"京东金融"客服、证券交易平台等，以提供内幕消息、代理炒股、只赚不赔等诱人信息骗取受害者资金。

（5）微信/QQ好友诈骗。不法分子事先与受害人加"好友"，然后进行微信、QQ等视频联系，截取对方的视频，再以朋友或同学的名义与受害人视频聊天，并以"出事""急事"等借口骗取其钱财。

（6）手机短信诈骗。不法分子利用手机短信"群发器"发出大量虚假信息，多以"中奖""招工""投资理财""征信""校园贷款"等名义诱骗他人汇款、转账等。

（7）电信诈骗。不法分子冒充司法机关、公安机关、电信部门、卫生防疫部门等，拨打受害人家庭电话或手机，骗取其身份证或银行账户信息，转走其账户内资金。有的通过各类信息诱使对方关机，以"外出事故急诊及住院费""生病急需手术费"等事由诈骗对方亲友。

（8）植入"木马"和"黑客"技术诈骗。不法分子在发送的电子邮件中或在网站中隐藏了"木马"程序，当客户在网上交易时，"木马"程序即盗取用户账号和密码；有些用户贪图方便，设置的网上银行密码较弱，也很容易被不法分子破解。

（二）青年学生容易上当受骗的原因

（1）初到校园，独自生活，惯于父母的保护，自我安全防范意识差。

（2）青年学生社会阅历少，缺乏社会生活经验，是非真假的辨别能力不强。

（3）诈骗形式和手段越来越多样，贪小便宜，安全防范措施不足，防不胜防。

（4）认为校园外的一切人和事都十分美好，不加选择地结交朋友，轻信他人。

（5）有的学生家庭遇到困难，欲求职赚钱，成事心切，急功近利，误入骗局。

（6）世界丰富而且精彩，名牌衣服、名牌包包、名牌化妆品、名牌手机及妆饰品等比比皆是，学生正值青春年少，部分学生虚荣心、攀比心严重。

（三）预防诈骗及应对措施

（1）乘坐网约车、交网友、网聊安全：请勿和网友发生借贷关系；不要轻信陌生人，要时刻保持警惕；对试图得到您私人信息的人保持警惕；交谈时注意对家庭信息保密；保持平常心，步步反思自己，请勿轻易委身于人；选择公共场所约会或乘坐网约车，要告知亲人或好友，有同伴陪同更好；控制首次约会的时间，要察言观色，坚持自己回家，防止尾随。

（2）理财、购物安全：凡接到陌生电话、短信、上网交易信息，或以熟人名义，通过微信、QQ、视频、语音等方式，要求您在网上转账、汇款的，请您务必通过其他渠道（如打电话）进一步确认、核实，以防受骗。凡在互联网上遇到关于网络购物、网络中奖、网络理财、网络炒股等可疑信息，请您做到不听、不信、不转账、不汇款并立即拨打"110"报警。

（3）电脑（手机）网络安全：要安装杀毒软件和个人防火墙，并及时升级；使用安全性比较好的浏览器和电子邮件客户端工具；不要使用来历不明的软件；对陌生邮件要杀毒后，再下载邮件中的附件；经常升级系统和更新病毒库；非必要的网站插件不要安装；要使用杀毒软件定期查杀电脑中的病毒。

（4）个人信息安全：学习《中华人民共和国反电信网络诈骗法》（2022年12月1日起施行），增强个人信息安全意识和法律知识，不要轻易将个人信息提供给无关人员；不要在社交类网站上发布火车票、高铁票、飞机票、证件照、照片、日程、行踪等；不要选择自动保存密码，离开电脑时记得退出账号；从常用应用商店下载APP等资源，防止被"钓鱼"；丢快递时要撕毁快递箱上贴有个人信息的面单；需扫二维码注册时，尽可能不使用真实个人信息；要注意有一些游戏会过度收集个人信息；个人电子邮箱、网络支付及银行卡等密码要有差异，不用连续的数字或字母、自己或父母的生日作密码；涉及财产、支付类账户的密码应采用高强度密码。

（5）心理安全：学生心理安全不仅是心理健康问题，也是生命安全的重要内容，因为心理问题不仅让人感觉到生活的苦恼，更严重的是会带来安全的事故，例如，学生的自伤与伤人事件。学生有心事、有情绪，尽量不要在网上宣泄或散播不良的言论，应找父母、老师或朋友沟通；如遇到学习焦虑、校园欺凌、恋爱受挫、同学矛盾等尽量找班主任、辅导员或到学校心理咨询中心沟通，将会得到更好的帮助或更多的协助。

思考题

1. 如何理解"安全防范，从我做起"？
2. 如何做好火灾事故的预防与扑救？
3. 如何在使用互联网时防止被不法分子诈骗？

第四章　人际交往

第一节　人际交往的概念

一、人际交往的概念及特点

（一）什么是人际交往

人际交往是指人运用语言或者非语言符号相互传递信息、交换意见、交流思想、表达情感和需要的过程。预科学生的人际关系主要有师生关系、同学关系、家庭关系、朋友关系等。

（二）预科学生人际交往的重要性

预科学生人际交往是生活中的重要方面，对人生发展具有以下重要的作用和意义：

（1）有助于提高自我认知和自我完善。只有在与他人交往的过程中，比较他人对自己的评价/态度与自己的认知，才可能真正、全面、客观地认知和完善自我，避免"自大""自卑"等负面极端心理。

（2）有助于增强信息交流与获取的意识和能力。与不同的人或群体交往，是大学生增强自我表达交流能力、获得大量书本以外新知识的一个有效途径。

（3）有助于协调人际关系，便于以后走向社会。正确处理好与不同类型人的沟通，建立融洽和谐的人际关系，将为以后迈向社会开展更复杂的人际交往做演练和准备。

（4）有助于心理保健和身心健康。在与他人交往中，可能获得他人的尊敬、信任、支持，可以与朋友分享喜乐、分担忧愁，从而满足自身的情感需要。如果缺乏正常的人际交往，可能丧失合理疏导和宣泄负面情绪的渠道，引发严重的心理问题。

二、影响人际交往的因素

在预科学生群体中，人际交往的程度或深度差别很大。有的呼朋引伴，有的形单影只；有的情同手足、形影不离，有的若即若离、饮食之交；有的仇人相见、分外眼红。这些差别是许多客观和主观因素共同影响的结果，存在着各种心理效应。

（一）非心理因素

1. 时空因素

俗话说："远亲不如近邻。"空间距离越近，人际交往的机会就越多，交往的频率就越高，就越容易形成密切的关系。预科学生进入学校后，最初的人际关系一般都是从宿舍成员和老乡开始的，最好的朋友也很可能就是室友。

但是，空间距离不是良好人际关系的决定因素。如果没有交往，空间距离再近也不会形成良好的人际关系。如，有的同学因为害羞、自卑、封闭等心理倾向，即使在寝室也很少与舍友交流与交往，这就很难建立良好的人际关系。

2. 能力

一般而言，一个才能出众或在某方面有特长的人，可能使人有一种敬佩感，喜欢与之接近，在人际交往中更有吸引力。但研究结果也表明，在一个群体中最有能力、最能出好主意的人，往往不是最受喜爱的人。这是因为，过于优秀的天才可能给同伴造成心理压力，可能会把同伴衬托得暗淡无光。

当然，人际交往技巧本身也是一种能力。如果人际交往能力不足，也可能阻碍预科学生和谐人际关系的发展。如，想关心人，但不知道从何做起；想赞美人，却怎么也开不了口或词不达意。

3. 相似与互补

俗话说："物以类聚，人以群分。"相似有着重要的意义，如相似的兴趣和价值观、相似的籍贯和文化、相似的家庭和经历，都能不同程度地促进人际吸引。成语有云："一唱一和""相得益彰"。互补也是人际交往双方的吸引力来源，因为个人的特点正好适合对方的需要，各得其所。

从表面上看，相似与互补是矛盾的，但实际上，建立在态度与价值观一致基础上的互补与相似是协同的。

（二）心理因素

1. 主体意识和归因方式

主体意识是指在人际交往过程中，交往主体对自身的存在、交往中所处的地位以及周围交往对象的意识。从指导交往行为的层面来看，可分为三个层次，如图4-1所示：

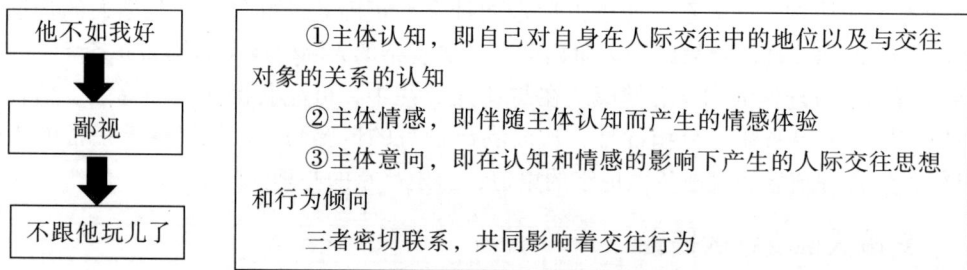

①主体认知，即自己对自身在人际交往中的地位以及与交往对象的关系的认知
②主体情感，即伴随主体认知而产生的情感体验
③主体意向，即在认知和情感的影响下产生的人际交往思想和行为倾向
三者密切联系，共同影响着交往行为

图4-1 人际交往中主体意识对行为的影响

归因方式对人际交往也起着重要的影响。归因方式是指个体对事件发生的原因习惯上倾向作出怎样的解释，具有较大的个体差异。归因方式包括内在—外在、稳定—不稳定、整体—局部，以及控制—不可控制四个维度。错误的归因可能加剧人际关系矛盾，失去重要的

朋友;正确的归因可能完善双方的自我认知,相互促进变得更好。

2. 心理效应

在人际交往的过程中,常常会发生这样的情况:开始时很欣赏对方,觉得交到这样的朋友是自己的幸运。慢慢地,这种热情会减弱,甚至逆转,觉得实际上他并不是那样完美。这是什么原因呢?我们也许能从人际交往的心理效应中找到答案。

(1) 首因效应和近因效应。

首因效应对人的印象形成起着决定性的作用,是指人们初次接触交往时,各自对交往对象的直觉观察和归因判断。在这种交往情景下,对他人所形成的印象就称为第一印象或最初印象。第一印象常常非常深刻,无论好坏,都不容易改变。第一次和陌生人见面时,应穿着打扮整齐、干净,谈吐自然、有礼有节,这样才能建立良好的第一印象。但是,我们也应当自省,择友时不能只凭第一印象,要深入全面了解。

近因效应,也称"新颖效应",是指在多种刺激一并出现的时候,印象的形成主要取决于后来出现的刺激,即交往过程中,我们对他人最近、最新的认识占了主体地位,掩盖了以往形成的对他人的评价。如,回忆多年不见的朋友,印象最深刻的是临别时的情景。因此,我们要认真对待每一次交往,要有好的开始,也要重视好的结尾,否则再好的"第一印象"也会功亏一篑。同时,我们也应当避免近因效应所导致的认知偏差,不能只看一时一事,应历史地、全面地看待人或事物。

一般而言,在双方还彼此生疏的交往初期,首因效应特别重要。而在双方彼此已经十分熟悉的交往后期,近因效应的作用更加凸显。(见图4-2)

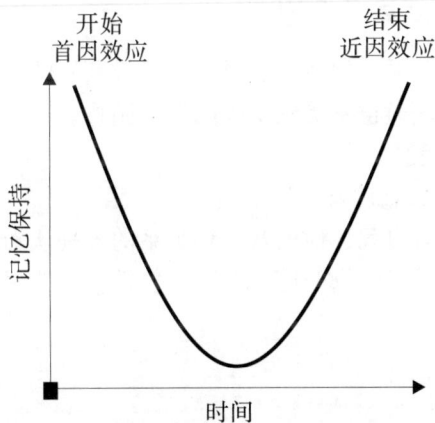

图4-2 人际关系中的首因效应与近因效应

(2) 定式效应和刻板效应。

定式效应是指以前的心理活动会对以后的心理活动形成一种准备状态或心理倾向,从而影响以后的心理活动,有时也称为"老眼光"。在人际交往中,定式效应表现在人们用一种固化的人物形象去认知他人,在与陌生人交往时特别明显,就如同给商品贴上标签方便我们认识、选择和记忆一样,这就是刻板效应。如,我们遇到广东人就觉得他不能吃辣,看到"徐齐平""叶宇翔"这些名字就认为是男孩,看到"徐嘉萱""徐嘉诗"这些名字就认为是女孩……

这些效应启示我们,为了防止人际交往中的偏见,我们要避免仅从对象的性格、地位、背景等判断人，不要戴着"有色眼镜"，穿着"印象外套"与人交往。

（3）晕轮效应。

晕轮效应是指我们在评价别人时，常喜欢从好/坏的局部印象出发，扩散出全部好/全部坏的整体印象，就像月晕（或光环）一样，从一个中心点逐渐向外扩散成一个越来越大的圆圈，也称月晕效应或光环效应。在多数情况下，晕轮效应可能来自交往对象的外貌、职衔等，导致"以偏概全""爱屋及乌"等错误。

（4）投射效应。

投射效应是指以己度人，认为自己具有某种特性、爱好或倾向等，他人也是一样的，常常认为别人理所当然地知道自己心中的想法。在人际交往中，这是一种把自己的感情、意志、特性投射到他人身上并强加于人的认知障碍。这启示我们，应当顾及他人的感受，在"己所不欲"时"勿施于人"，在"己所欲之"时也要学会"慎施于人"。

（5）刺猬效应。

刺猬需要找到合适的距离相处，才能既可以相互取暖，又不至于被刺伤，人也是如此。刺猬效应强调的就是人际交往中的"心理距离效应"。保持合适的心理距离，既可以避免防备和紧张，也可以守望相助，正所谓"疏者密之，密者疏之"。

第二节 人际交往的误区

一、人际交往的常见误区及原因

我们都想要良好的人际关系，但似乎总进入这样或那样的人际交往误区，在享受人际交往带来的丰富信息和情感收获时也感受到不少问题与困扰。

（一）人际交往的常见误区

1. 认知偏差导致的人际交往障碍

人在社会生活中形成了对自我、他人及各种关系的各种认知，有些不正确的认知可能影响人际交往。这些不正确的认知，即认知偏差，主要包括自我认知偏差和对他人的认知偏差。

（1）自我认知偏差。

案例：小王以高考总分超过分数线80分的绝对优势被大学录取了，入学后，他发现自己的分数竟然比其他同学高出很多，因此他感到十分怨愤和憋闷，认为自己太亏了，太屈才了。与此同时，一种自傲的情绪也油然而生。在与同学的交往中，他总扮演优胜者或者领导者的角色，用居高临下的口吻和态度对待同学，做任何事情，总是瞧不起别人，常常在不经意中伤害别人，造成人际冲突。不仅如此，他甚至连自己的学校都不甚满意，有时候连老师也不放在眼里。渐渐地，同学离他远去，都不愿与他交往，在离群索居的孤独中小王感到极度苦闷。

来源于自我认知方面的障碍因素很多，对人际交往起主要障碍作用的是"自卑"和"自负"两个极端。

自卑是个体由于生理或心理上的某些原因产生自我评价过低从而造成自我轻视和自我否定的情绪体验。具有强烈自卑感的人大多数比较敏感，一般表现为自我封闭、过分谨慎，为了减少挫折，不愿与人交往。

反之，过分自负的人在交往中以自我为中心，过高地估计了自己，喜欢自吹自擂、盛气凌人，处处表现出"优越感"。他们对别人要求苛刻，希望别人尊重自己，却不懂得尊重他人，固执己见，具有偏执的倾向。

（2）社会认知偏差。

社会认知主要是指对他人的认知，包括社会知觉、印象等。在生活中，我们每个人都可能不知不觉地积累了一些社会认知偏差，如刻板印象、定式效应、晕轮效应等典型现象，这对我们的人际交往活动影响不小。如，提出"百姓无粟米充饥，何不食肉糜？"的皇帝司马衷，显然对社会现实理解有偏差，并不理解买不起粟米的百姓更吃不起肉粥，与陷入饥荒的百姓无法沟通，也因此贻笑大方。

2. 情绪偏差导致的人际交往障碍

人拥有各种各样的情绪，但有些情绪容易影响人际交往关系。

（1）易怒。

愤怒是人类的基本情绪，但是失控的愤怒已经成为青年人中的热点问题。有些预科学生可能因为一句话、一个眼神就失去理智，变得心跳加速、暴跳如雷，甚至做出违法行为，过后后悔不已。易怒的大学生一是由于性格因素所致，如胆汁质的人更具有冲动、易怒的情绪特征；二是由于许多错误认识所致，如：发怒可以威慑他人、推卸责任、挽回面子、满足愿望等；三是自我评价偏高的大学生容易发怒。

（2）过分冷漠。

过分冷漠主要表现为对人怀有戒心甚至敌对情绪，既不与他人交流思想感情，又对他人的不幸冷眼旁观、无动于衷、毫无同情心。冷漠通常因曾受人欺骗、暗算或受人漠视、轻视甚至歧视所致。正是由于这些原因，使其在人际交往中戴上灰色眼镜看待人生，逐渐失去了应有的热情和同情心。因此，冷漠会成为恶性循环。

（3）过度嫉妒。

嫉妒是由于别人胜过自己而引起抵触、消极的情绪。过度嫉妒的人往往事事好胜，常想方设法压倒别人、阻止别人发展，这反过来使得身边的同学、朋友避之不及，形成不良的人际关系循环。

（二）人际冲突发生的原因

在日常生活中，人际冲突主要有两种表现形式：一是显性冲突，表现为直接用行为来对抗、侵犯、伤害对方；二是隐性冲突，表现为心理上和情感上的对抗或者不相容。人际冲突根源主要有以下几个方面：

1. 沟通障碍

沟通是一个双向交互的过程，可能会由于双方表达、沟通的技巧和策略等障碍而产生误会甚至冲突。如，有些预科学生会随意给同学起绰号"杨贵肥/光头强"、把粗鲁的口头禅挂在嘴边、用侮辱性的眼神或肢体语言看待别人等，这样的情况无论本心如何，对方都可能受到影响。当然，也有些预科学生可能过分解读他人的语言/行为，感到被欺负、敌对、迫害等，这也会让对方无所适从。

2. 生活习惯差异

预科学生们来自五湖四海，生活习惯各有差异，在相对狭小的空间内每天相处，势必需要相互尊重和包容。因生活习惯差异引起的矛盾主要集中在宿舍，如爱干净的室友与邋遢的室友，早睡早起的室友与晚睡晚起的室友等。

3. 价值观差异

价值观是指个人对客观事物（包括人、物、事）及对自己的行为结果的意义、作用、效果和重要性的总体评价。价值观指导我们该做什么、不该做什么、该怎么做……价值观不同的预科学生存在不同的人生目标和为人处世方式，相处起来可能会像刺猬那样难以忍受，也可能像珍珠和奶茶那样相得益彰，还可能会像红色和绿色那样变成新的颜色。

二、人际交往的理论

艾瑞克·伯恩提出著名的 PAC 理论（见表 4 - 1）来分析人格的结构，提出人的个性是由三种比重不同的心理状态构成，分别是 Parent（父母）、Adult（成人）、Child（儿童）。

表 4 - 1　PAC 理论

类型	定义	行为表现	言语特征
P（父母）	以权威和优越感为标志，常表现为统治、训斥、责骂等家长制作风，以教诲者自居	凭主观印象办事，独断独行，滥用权威	"你应该……" "你不能……" "你必须……"
A（成人）	注重事实根据并善于进行客观理智的分析，从过去存储的经验中估计各种可能性，然后做出决策	待人接物冷静，慎思明断，尊重别人	"我个人的想法是……"
C（儿童）	孩子似的冲动，自我纵容，言行带有明显的情绪性	遇事畏缩，感情用事，喜怒无常，不加考虑	"我不知道……" "就这样""不管"

这三种状态本身不分好坏，关键在于调整好它们在人格结构中的占比。P 状态太多，让人感觉唯我独尊、盛气凌人；P 状态太少，则会缺乏一种规矩和准则。A 状态太多，让人感觉这人太理性，缺乏情感细胞；A 状态太少，不会理智处事，易感情冲动。C 状态太多，像个"老顽童"，幼稚而缺乏理性；C 状态太少，则总是一本正经，老气横秋。这三者之间其实是互补的，如果能均衡发展就能促进整体人格和谐，有利于融洽人际关系。

人际交往实际上是不同 PAC 状态的人与人之间的交往。俗话说，"良言息得雷霆怒，耐心能解口角仇"。一般来说，当交往双方出现矛盾和争执时，适宜采用通情达理、稳重得体的 A 状态，引导对方从盛气凌人的 P 状态或意气用事的 C 状态调整到 A 状态上来，避免偏激情绪和不良态度造成的无谓争吵，缓和人际交往冲突。图 4 - 3 示范了不同 PAC 状态的人们的不同对话和不同结果。

乙1（P状态）：你这个人怎么总是这样不知道收拾，自己的东西老是东丢西放的，我又不是你的秘书，自己找去！

乙2（A状态）：在你书柜的第二层里。

甲：你有没有看见我的英语书啊？

乙3（C状态）：我帮你找找吧。

乙4（C状态）：那是你的书，我怎么会知道呢？不关我的事儿。

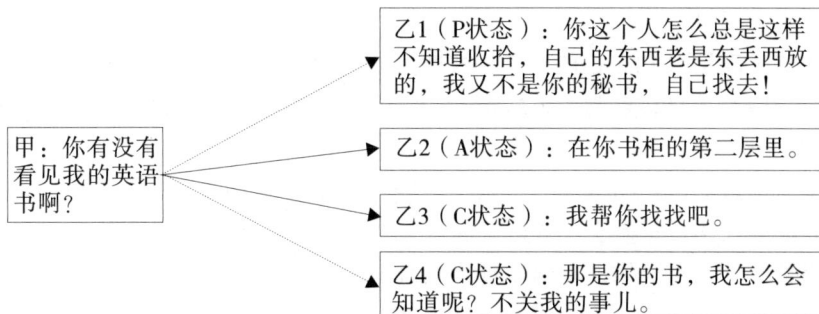

图4-3 不同 PAC 状态的人们的不同对话和不同结果

当我们清楚自身状态，以正确的态度来对待他人，尽量进行比较理想和有效的 A—A 模式的沟通，就有可能培养良好和谐的人际关系。但互补式的互动有时也能恰好地沟通。如，甲喜欢扮演家长，而乙喜欢依赖，这种 P—C 型交往也可能维持得不错，但也许会造成 P 继续独大专治而 C 不能成熟发展的结果。

第三节 人际交往的秘诀

一、人际交往的原则和技巧

预科学生可能会因为缺乏人际交往的经验、方法及相关的技巧，导致人际交往失败。如，有时我们可能忽略他人的体验与感受，不了解、不关心他人，没办法和朋友推心置腹。我们如何转变不敢、不愿、不会、不善于交往，实现敢于、善于交往呢？

（一）良好人际交往的原则

万事皆有法，预科学生的人际交往也有很多可以借鉴使用的原则。

1. 平等与尊重原则

平等原则主要指交往双方在态度和地位上的平等，并期望在各种场合中人格尊严得到尊重。坚持平等的交往原则需要正确地对自我进行评估，不要视己为卑，也不能以己为傲，不要消极回避，也不能傲慢无礼。

尊重是基于平等，反过来又是平等的一种体现。尊重要求我们对他人平等相待，充分肯定他们的人格与价值。人无完人，大家都有缺点。只有我们真心尊重别人，别人才能尊重我们。

2. 真诚和宽容原则

真诚指真实、诚恳，不虚伪，主要体现在以下几个方面：①心胸坦荡：既不阿谀奉承，也不尖酸刻薄待人。②实事求是：自己有缺点就虚心接受批评，对待朋友不偏袒，委婉指出问题。③不矫揉造作：真情实感，不虚情假意。人际交往中，我们只有以诚相待，才能达成相互信任，结成深厚友谊。

在保证基本原则和明辨是非的前提下，宽容有助于消除紧张、化解矛盾、保护关系。当我们宽容别人的小问题、小毛病，不因鸡毛蒜皮的小事整天你来我往，就能更好保持自己愉悦的心境，利人利己。

3. 交互和协作原则

人际交往需要满足双方的心理需要，彼此交互和协作，才能良性循环发展。因此，我们要避免以自我为中心、自私自利。正所谓："爱人者，人恒爱之；敬人者，人恒敬之。"

4. 信任与信用原则

信任是指对他人的信赖与依赖，不猜疑。信赖他人能消除自身的恐惧感，获得安全感和幸福感。只有建立在信任基础上的人际关系才是稳定有序、可持续发展的。

信用是指言必信、行必果，是赢取他人信任和信赖的前提条件。信用是长时间积累的信任和诚信度。信用难得易失，要爱惜自己的信用。

信任和信用是所有互动的黏合剂。如，我们在网购中可以凭借"金牌买家""芝麻分"等良好的信誉值获得购买中的便利，减少很多不必要的手续。正所谓"人无信不立、业无信不兴、国无信不强"，中国是个特别注重诚信的国家，所以将诚信列为社会主义核心价值观的重要内容。

（二）人际交往的常用技巧

在学习了人际交往原则后，预科学生还要掌握一些常用的人际交往技巧，促进社交活动。

1. 积极营造良好形象

（1）主动打招呼。

主动打招呼能够传递积极乐观的情绪，给人亲和宽容的印象，拉近心理距离。但这并不容易。我们可以尝试树立信心，不计较对方不主动打招呼，注意控制语音、语调和音量等。

（2）学会微笑。

微笑隐含着对他人的尊重和接纳，使双方心情愉悦，有利于调整自身心理状态，也能对外传递魅力和感召力。微笑可以通过日常培养和训练，但也应注意避免假笑、不分场合笑等。

（3）注意仪表仪容。

仪表仪容是第一印象的重要部分，包括容貌、体态、服装、个人卫生等，要做到整洁、美观、卫生、得体。中国向来被称为"礼仪之邦"，素有"文质彬彬，然后君子"的古训，认为穿着得体、举止有度是个人涵养的外在表现。但是，注重仪表美不应该发展为外貌焦虑，预科学生的仪容仪表应符合学生的身份和特点，切勿赶时髦、图虚荣、不加分析地盲目模仿。

2. 努力提升沟通技巧

（1）善于观察、创造交往机会。

我们通过观察别人的外表和语言来推断他的个性特征和内心想法，然后选择合适的交往方式。如，选择对方感兴趣的话题、展现双方共同的爱好。

（2）记住对方的名字。

戴尔·卡耐基说："一种既简单又最重要的获取好感的方法，就是牢记别人的姓名。"记住别人的名字，会让别人感觉你是一个注重细节、懂得尊重别人的人，是一种礼貌，也是一种感情投资。记住每一个朋友的名字是不容易的，我们可以尝试这些办法：

①多次重复姓名。认真听清姓名，介绍后要立刻重复这个姓名，交谈中尽可能用到。

②建立有意义的联想，或通过谐音帮助记忆。

③认真观察相貌，选择最突出的特征，运用想象把这个人的名字与其面部特征或者一些

特异之处进行联想记忆。

（3）注意言语表达。

案例：小李是某大学新闻系三年级学生，学习成绩优异。她想利用暑假到一家报社实习。她来到报社老总办公室说："我想到您这儿实习，您看看我能做什么？"老总一愣，心里很不舒服，于是反问道："我怎么知道你能干什么呢？"谈话到此结束，小李不欢而回。一言不当，愿望"泡汤"。

资料来源：http：//www.redlib.cn/html/466/2009/60355640.htm.

分析小李的案例，你认为小李存在哪些问题？她应该如何表达发问？

我们发现小李的话在职场中，可能有失礼貌，显得咄咄逼人。建议预科学生在非对等谈话场合中，要更加注重礼貌，学会毛遂自荐，才能赢得别人的认可。此外，语言表达还应该注重语音、语调和语速以及逻辑，不能装腔作势、阴阳怪调。如，有些同学习惯语速很快，可能影响沟通交流，从对方的角度和立场着想就要尝试放慢语速。

（4）积极倾听。

"倾听"是一种积极主动的接受过程，可以表现出对对方的耐心与尊重，是人际交往的法宝，可以尝试练习这些技巧：

①不要随意打断对方或抢话题，耐心听完别人的发言；

②保持正面的目光接触，眼神不能乱飘；

③站在对方立场适当地给予合理回应，避免偏见和不合理情绪。

（5）学会赞赏。

每个人的内心都渴望被人肯定和赞赏。既然如此，我们何不多多赞赏别人身上那些闪光的东西呢？赞美他人会使别人愉快，被赞美者的良性回报也会使我们自己感到愉快，从而形成人际关系的良性循环。在人际交往中，学会赞赏别人非常重要，但也需注意两点：

①真诚。夸奖别人要出于真心，所夸奖的内容是对方确实具有或即将具有的优良品质和特点，避免言不由衷让人感觉我们另有所图。

②夸奖的内容应被对方所在意。如，有人喜欢被称赞漂亮，有人喜欢被称赞能力强。

（6）拒绝的艺术。

拒绝是一种艺术。当别人对你有所求而我们办不到时，我们不得不拒绝他。拒绝是不容易的，我们可以尝试这些练习技巧：

①不要轻易随便地拒绝。太随便地拒绝，别人可能会认为我们并不重视他，导致我们失去友谊和机会。建议这样表达：我很愿意帮忙，但因能力不足或实际困难而做不到。

②不要无情傲慢地拒绝。表情冷漠、语气严峻的拒绝，会令人很难堪，别人可能认为我们盛气凌人、态度傲慢不恭，因此反目成仇。建议表达自己帮不上忙的难过和自责。

③要婉转地拒绝。有不得已的苦衷时最好委婉地说明和拒绝，诚恳最能打动人。

④要有代替地拒绝。如果拒绝时还能提供另外一条出路，实际上还是帮了别人，别人还是会感谢。建议这样表达：你的事我帮不上忙，但有另外一个方法也许有用……你可以试试。

3. 巧妙利用心理效应

（1）出丑效应。

出丑效应，又叫仰巴脚效应、犯错误效应，是指才能平庸者固然不会受人倾慕，而全然无缺点的人，也未必讨人喜欢。最讨人喜欢的人物是精明而带有小缺点的人。当然，出丑效应并不是让人故意出丑来哗众取宠，而是倡导人不过分追求优秀，在不慎犯错的时候能够用一颗平常心接纳自己。

（2）登门槛效应。

登门槛效应，又称得寸进尺效应，是指一个人一旦接受了他人的一个微不足道的要求，为了避免认知上的不协调，或想给他人以前后一致的印象，就有可能接受更大的要求，犹如登门槛时要一级台阶一级台阶地走向高处。如果能很好地利用这个效应，那么不仅能达到自己的要求，还能降低他人的逆反和抵触心理。

4. 其他技巧

（1）适度幽默。

案例：曾经有外国记者问周恩来总理："在中国，明明是人走的路，为什么要叫'马路'呢？"周总理不假思索地答道："我们走的是马克思主义道路，简称'马路'。"

幽默是一个人的学识、才华、智慧、灵感在语言表达中的闪现，是一种比较高级的心理防御机制。人际交往中难免会发生一些误解与矛盾，恰当地运用幽默，不仅可以化解矛盾，淡化危机，消除误解，还可以使人迅速摆脱不利局面，改变尴尬的气氛，从而掌握主动。

（2）适度自我暴露。

自我暴露是指一个人自发地、有意识地向另一个人讲心里话，坦率地表达、陈述、暴露跟自己有关的内容。自我暴露应当坚持在适当的时间、适当的地方、对适当的人。一般来说，自我暴露缩小了秘密区，扩大了开放区，向对方释放了信任的信号，可以拉近心理距离，获得好感。具体来说，自我暴露有五种特性：

①回报：当我们自我暴露时，信任信号发出，若对方也同样反应，信任得以建立。

②喜欢：我们喜欢自我暴露水平相同的人，不能过多也不能太少，这可能存在性别差异。

③社会赞同：当对方赞同我们的自我暴露时，积极循环开始了，反之则循环减少。

④非语言：在高度目光接触等非语言影响下，我们可能更加容易自我暴露，特别是女性。

⑤自我暴露的速度：自我暴露一开始应该比较缓慢，并且具有"试探"的性质，过快可能使对方产生焦虑、怀疑、防备甚至退缩，反而很难弥补。

二、防范人际交往矛盾的策略

预科学生个性鲜明、差异比较大，需要更多的人际交往技巧，防范矛盾并完善人际关系。

（一）冲突处理的普适策略

马丁·塞利格曼提出了处理人际冲突的普适策略，即 ABCDE 记录法。该策略主要介绍的方法是：在一件不愉快的事件（Adversity，简称 A）发生后，仔细思考你自己的想法（Belief，简称 B），观察这个想法带来的后果（Consequence，简称 C），然后无情地反驳（Disputation，简称 D）你的想法，观察自己成功处理悲观念头后所获得的激励（Energization，简称 E）。最后把它们记录下来。该策略的具体步骤类似于第二章提到的合理情绪疗法。

（二）冲突的其他应对之道

1. 让第三者适时介入

消除冲突的"第三者"可以是人，也可以是物，或者一件事情、一个动作、一种情感。如，甲和乙发生了冲突，但又不想断交，就不妨请共同的朋友从中说和。第三者的任务就是将双方的歉意及希望保持交往的愿望准确而真实地进行传递。当然第三者说话一定要委婉、含蓄、有艺术性，否则，会起到相反的作用。

2. 优雅地道歉和接受道歉

真诚的道歉不只是认错，还代表了对这段关系的重视和重修于好的意愿。诚恳道歉不仅能弥补关系，有时甚至能增进感情。除了说话，我们还可以用鲜花、美食、小礼物等道歉。

此外，接受道歉也有技巧。道歉通常不容易，因此接受者应承认对方的努力，促进双方的理解，比如说一声"我知道你道歉不容易""我真的佩服你说的话"，或者做一个象征性的小手势。

3. 能自嘲、打圆场、找台阶

人人都难免犯错误，而犯错之后需要至少一方主动维护关系，同时也需要一定的策略。

人际交往中学会"能自嘲、打圆场、找台阶"，既可以使大家免丢面子，轻松化解尴尬，又展示了自身的高情商和包容性，是很重要的处世技巧。如，甲和乙闹矛盾，两个人都不愿意道歉，但是甲给乙买了他喜欢的礼物，这就是甲找的台阶，乙只要收下礼物，两人就顺理成章地和好，这就是下台阶。

第四节　拓展

一、书籍视频

（一）公开课：人际关系的潜在影响

网易公开课：人际关系是美好而复杂的东西，它不但严密，而且无处不在，我们为什么处于人际网络中？本课通过"肥胖流行症"的讨论，去了解复杂人际的影响力。

（二）书籍：《非暴力沟通》（马歇尔·卢森堡）

著名的马歇尔·卢森堡博士发现了一种沟通方式，依照它来谈话和聆听，能使人们情意相通，和谐相处，这就是"非暴力沟通"。本书能治疗内心深处的隐秘伤痛，超越个人心智和情感的局限性，突破那些引发愤怒、沮丧、焦虑等负面情绪的思维方式，用不带伤害的方式化解人际冲突，使人获得和谐的生命体验。

（三）书籍：《关键对话》（科里·帕特森等）

本书将帮助你以四两拨千斤的方式，利用各种沟通技巧，解决生活中难以应对的各种难题，成就无往不利的事业，并拥有更快乐的人生。它详细剖析了人们在沟通中常见的盲点，提供了许多立竿见影的谈话、倾听、行动技巧，并辅以丰富的对话情境和轻松幽默的小故事，帮助读者以最迅速的方式掌握这些技巧。运用本书提供的技巧，不论是多么难以应对的局面，你都能够事半功倍地轻松面对。

二、课后思考

（1）预科学生人际交往的重要性表现在哪些方面？

（2）影响预科学生人际交往的因素是什么？

（3）举例说明预科学生人际交往中的常见问题，如"社恐""社牛"。

（4）如何在生活中提高自己的人际交往能力？

第五章　体育与健康

在多姿多彩的世界生活中，每个人心中的体育是很有个性的，是需要从不同角度去理解的。政治家认为，体育是政治的，因为体育可以激起一个国家民众强大的爱国热情和民族自豪感。经济学家认为，体育是商业的，因为在世界体育大国中，体育产业已成为国民经济的支柱性产业。生物学家认为，体育是本能的，因为人类作为自然界的一种物种，体育是其生命力的象征。宗教家认为，体育是神圣的，因为在人类宣称"上帝死了"，物欲粉碎了人的所有理想、信仰之后，只有体育还存在着崇高，存在着追求。诗人认为，体育是一首流动的诗，因为体育到处洋溢着激情、和谐与美。医学家认为，体育是健康的，因为体育是人类预防疾病，保持身心健康、长寿最积极、最有效的手段。当然，尚未解决温饱问题的百姓认为，体育是贵族的，因为体育不实用，没有功利性，是无聊和消磨时光的表现。

第一节　体育

根据体育发展的特点和规律，体育有狭义和广义之分。狭义的体育，是教育的组成部分，是指通过身体练习来增强体质、培养道德和意志品质的有目的、有计划的教育过程。广义的体育，是指以身体练习为手段，为了满足社会政治、经济和人类自身文明发展的需要而进行的一种有意识、有组织的社会活动，是社会文化总体的一部分。

一、体育的由来与演变

体育的产生与发展已有数千年的历史。人类从认识体育的功能到自觉地利用及发挥这些功能的效用，经历了漫长的演变过程。最初人类的体育是伴随着生产、生活和军事活动的，仅是求食图存的需要，因为人类要生存和繁衍必须具备与自然界抗争的体能和技能。诸如攀、爬、跑、跳、投和涉水等运动，都属于求生本能，这表明体育与生存需要是极为密切的自然联系。当时对体育的认识是自然的、盲目的，也是低层次的。到了奴隶社会和封建社会，尽管社会经济水平得到了一定的提高，但体育仍旧没有完全从其他社会活动中分离出来，成为具有影响力和独立性的社会活动。只从属于一个自然的演变过程，这时的体育可称为"自在的体育"。

进入资本主义社会后，人类才认识到体育对人有自身改善的特殊作用：

（1）在对人的价值和作用等方面，人们的思想观念发生了根本性变化。欧洲人文主义的启蒙思想家们主张"以人为中心"，充分肯定了人的智慧、才能，肯定人是现实生活的创造者与享受者。

（2）生产方式与生产力的不断发展，使经济得到飞速发展，极大地促进了近代科学技术理论的发展，如医学、解剖学、实验科学、血液循环理论、细胞学等与人体相关的科学。特别是拉马克的"用进废退"学说和达尔文的"生物进化论"，极大地推动了生物学、生理学、生命科学的研究与发展，人类对自身生命现象的兴趣及探求也与日俱增。

（3）在社会生产力和科学技术高速发展的推动下，体育逐渐从生产和生活过程中分离出来，成为一门相对独立的科学体系。生产力的发展、经济的繁荣，给体育的发展创造了物质条件。在此基础上，产生了检测生存能力或生产技能的竞赛，体能的发展和技能的培养是全面发展的人的递进过程，总体上它始终是在教育的范畴内，从属于教育，服务于教育，服从于教育学的发展规律，它属于一种"自为的体育"，因此有人说体育等于育体。

19世纪末20世纪初，现代奥林匹克运动的兴起，使体育开始溢出教育的范畴，特别是第二次世界大战后，随着社会经济的巨大发展，参加体育活动逐渐成为人们日常生活的重要内容，休闲体育、终身体育逐步成为社会潮流，从事体育运动完全出于自身的需要。体育突破了教育学原理，超越了教育范围，成为人类积极、健康、文明的生活方式。体育社会化、生活化的过程，已成为衡量社会进步的一项重要标志。人们不再仅仅将体育视为教育的分支，而将它定位为独立发展的社会文化现象，从而使体育进入"自觉的体育"的发展阶段。

二、体育与现代生活方式

体育在现代人类社会中蓬勃发展，成为不同人群、不同民族和不同意识形态国家都普遍接受的一种现代生活方式和社会文化现象，这背后必定有其存在和发展的客观社会原因。

1. 现代社会的劳动生产对体育的特殊需要

现代社会人类生产劳动的方式与过去相比发生了革命性的变化。现代社会的生产劳动是在高度发达的科学技术基础上进行的，劳动过程进一步社会化、自动化、电脑化，使生产劳动本身的性质和劳动力的结构都发生了巨大的变化。科学技术在生产劳动过程中的广泛应用，使人们从直接的体力劳动中解放出来，成为生产劳动过程中"自动运转"的发动者、管理者，但现代社会的生产劳动对人们的身体素质和科学知识提出了更高的要求，它要求人们具有更丰富的知识，掌握更复杂的技术，具有更充沛的精力和体力，更加灵活、准确、协调地控制整个生产过程。从这个意义上说，现代社会的生产劳动方式需要人们有更加健康的身体、更好的身体素质，以适应现代社会劳动和工作的需要。所以，体育成为现代人们生活方式中的重要内容。现代体育之所以能够成为现代人类社会生活中的一种普遍现象，归根到底，是由现代人类劳动生产方式的改变和发展带来的。

2. 体育观念的变化促进体育与现代生活方式相结合

随着社会的变迁，体育观念、体育人口、体育群体、体育产业、体育方式及体育项目也发生着变迁。现代社会与古代社会相比较，体育内容、形式、规模、水平都发生了很大的变化。体育从早期增强人类的生存能力发展到丰富和美化人们的生活、培养全面发展的人、促进劳动生产力的不断优化、建设两个文明、推进人类事业的进步等，都体现出体育观念的不断丰富和演进。所以，新体育观念的形成和提高，促使人们把"健康、幸福、自由、欢乐"这种积极奋斗着的活生生的生存状态，自然投向了人这个主体最为基础的运动——体育。体育在现代社会中，已成为人们现代生活方式中的一项重要内容，影响和改变着人们的日常生活，这是人们对体育功能及其社会作用进一步认识的结果。现代体育以其独特的形式、特殊的功能，改变了长期以来人类社会对体育的一些固有看法，使人们对体育运动产生了新的情感、新的爱好、新的理性认识，并对体育在现代社会生活中提高人们的生活水平和生活质量的特殊作用作出新的评价与判断。

3. 社会经济发展，促进体育与现代生活方式相结合

在现代社会中，经济的发展和科学技术的进步给人类的生产和生活带来舒适与方便的同时，也带来了前所未有的问题和挑战，甚至给整个人类生命带来了前所未有的危机。经济的发展和科学技术的进步，使生产劳动过程中脑力劳动大大增加，分工越来越细，体力活动减少，片面发展加剧，社会竞争更加激烈，工作压力越来越大。在人们的生活中，都市化程度越来越高，人与人之间的交流越来越少。以汽车为代表的现代代步工具的日益普及，家务劳动中的社会化、自动化和机械化程度的提高，互联网的高速发展，大幅度减少了人们的日常体力活动。加之环境污染、生态平衡被破坏，以及膳食结构中高蛋白、高脂肪食品的增加，给人类的身体健康和全面发展带来了严重的威胁和挑战。现代生产方式中科学技术的高度发达给现代人类生活带来的种种急剧变化，成为引发神经衰弱、肥胖症、心血管疾病和糖尿病等所谓现代"文明病"的主要原因，而体育锻炼正是预防和治疗这些"文明病"的有效良方。生活在现代社会中的人们，不得不寻求体育运动来消除现代科学技术给人类自身发展带来的不利影响。从这个意义上说，体育运动进入现代社会的生活方式之中，成为人们现代生活中的重要内容，是人类社会发展的必然结果，也是解决现代科学技术高度发展给人类所带来的身体危机和健康水平下降问题的唯一选择。

三、体育锻炼的基本原则

科学锻炼的原则是锻炼者必须遵循的基本准则，是人们运用各种身体练习方法，结合自然力和卫生因素，以发展身体、增进健康、增强体质、调节精神、丰富文化生活为目的的身体活动所要遵循的指导性原理。必须自觉遵循体育锻炼的基本原则，才可使体育锻炼获得最佳效果。

1. 意识性原则

意识性原则，是指体育锻炼者要有明确的锻炼目的，确信"生命在于运动"的科学道理，有"善其身者无过于体育"的思想认识，能够自觉地、积极地进行体育锻炼。毛泽东同志在《体育之研究》一文中指出："欲图体育之有效，非动其主观，促其对于体育之自觉之可。"也就是说，要想获得体育锻炼的预期效果，必须以主动、积极的态度自觉地坚持锻炼才行。体育锻炼是一个自我锻炼、自我完善的过程，需要克服自身的惰性，战胜各种困难才能达到预想的结果。那么，在体育锻炼中怎样才能做到遵守意识性原则呢？

（1）明确目的，端正动机。只有把锻炼的目的与树立正确的人生观联系起来，对人类生命活动的规律及体育锻炼在现代生活中的地位有比较深刻的认识，才能把体育锻炼变成学习、生活的自觉需要。否则，就不是自觉参与锻炼，而是被动地应付，结果适得其反。

（2）形成兴趣，调动积极性。积极参加体育锻炼的前提是目的与动机，当然兴趣也是极其重要的。心理学家认为兴趣是一切心理活动积极化的基础。对于任何一项需要用一生来从事的工作、事业或活动，兴趣爱好是一种长效的强心催化剂，它可以使人们将从事的工作、事业或活动作为一种乐趣或一种更高层次的志趣，成为可以终身自觉、自愿、主动、积极地持续进行的一种强大的动力。

（3）检验效果，提高信心。要使锻炼更具自觉性，还应经常检验锻炼效果。如定期测试身体素质、身体形态，了解某些生理机能指标和运动成绩等方面的变化及提高情况，也可通过信息反馈（如饮食、睡眠、精神状态及注意力等）来检验锻炼的效果。这样不仅可以检查锻炼方法是否得当有效，而且可以看到锻炼的成效，从而进一步增强体育锻炼的兴趣与信心，提高自觉性。

2. 循序渐进原则

循序渐进原则是指体育锻炼的内容、方法和运动的负荷等，必须根据人对事物的认识规律、动作技能形成的规律和生理机能的负荷规律，由小到大、由易到难、由简到繁、由低级到高级地逐步进行。例如，没有体育锻炼基础的人，如果一开始就参加时间长、强度大的运动训练，就会出现头晕恶心、四肢发软、呼吸困难等不适应症状，这说明身体各器官系统还不适应上述运动负荷，不仅无益于身体健康，也不利于兴趣的培养。

体育锻炼的循序渐进原则是保持体育锻炼的动机和欲望以及预防运动损伤的重要条件。需要提醒的是，提高身体素质是一个终身追求的漫长历程。那么，在体育锻炼中怎样做到遵守循序渐进原则呢？

（1）体育锻炼戒急于求成。必须根据锻炼者自身的实际情况确定运动负荷的大小，做到量力而行。

（2）运动负荷应由小到大，逐步提高。开始从事体育锻炼或中断体育锻炼后恢复锻炼时，强度宜小，时间宜短，密度应适宜。

（3）注意提高人体已经适应的运动的负荷，保持不断增强的趋势。一般应在逐步提高"量"的基础上，逐渐增大运动强度，使之适应，然后作出相应的调整。随时加强自我监督，密切注意身体机能的不良反应。

（4）锻炼开始前，应重视准备活动；锻炼结束后，更要做好放松整理活动。

（5）缺乏一定体育锻炼基础的人，或中断体育锻炼过久的人，不宜参加紧张激烈的比赛活动。

3. 全面性原则

全面性原则是指身体锻炼应全面发展身体各个部位、各个器官、各个系统的机能以及各种身体素质和活动能力，追求身心的和谐发展。对大多数锻炼者来说，进行体育锻炼并不是单纯发展某一运动能力或身体某一器官的生理功能，而是通过运动使整体功能水平得到全面、协调的发展。如果长期只从事力量训练，心肺系统的功能和耐力素质就得不到提高；反之，如果长期只从事走路锻炼，耐力单一化，机体就不能获得良好的整体效应。

那么，在体育锻炼中怎样做到遵守全面性原则呢？

（1）身心的全面发展，要从适应环境、增强抵御疾病能力，改善机体形态、提高机体功能，陶冶心情、丰富文化生活等方面着手。

（2）体育锻炼的内容、方法要尽可能考虑身体的全面发展，一般以功效较大、兴趣较浓的运动项目为主，其他项目为辅进行全面锻炼。

（3）注意全身的活动，不要限于局部。

（4）在全面锻炼的基础上，有目的、有意识地加强专业实用性的体育锻炼。

4. 持之以恒原则

持之以恒原则是指体育锻炼必须经常进行，使之成为日常生活中的重要内容。运动技术的形成和提高，人体各组织系统机能的改善，是肌肉活动反复多次强化积累的结果，因此，体育锻炼贵在坚持。同时，运动技能的形成，人体结构机能的改善，身体素质的提高，都受生物界"用进废退"规律的制约，不经常锻炼，已取得的效果也会逐渐消退。俗话说"拳不离手，曲不离口"，所揭示的就是这个道理。那么，在体育锻炼中怎样做到遵守持之以恒原则呢？

（1）根据个人能力所及，确立一个合理的、能够实现的体育锻炼目标，制订一个切实可行的锻炼计划。

（2）强化锻炼意识，把体育锻炼列为日常生活的内容，保证有一定的体育锻炼时间，逐步养成习惯，使体育锻炼成为生活的重要组成部分。

（3）体育锻炼的效果并非一劳永逸，如果锻炼间隔时间过长，效果就会不明显。因此，每次锻炼的间隔时间应合理。

上述几项原则，是互相联系、互相制约的。只有科学、有目的、全面地贯彻这些原则，才能不断增强体质、增进健康，取得预期效果。

四、个性化健康运动处方

运动处方是指医师针对个人的身体状况，采用处方的形式建议体育锻炼者练习的内容和运动的方法。其特点是因人而异，对"症"下药，它是运动促进健康的理想方式，也是运动促进健康科学性的集中体现。运动处方通常包括运动目的、运动项目、运动强度、运动时间、运动频度、注意事项，其中运动项目、运动强度、运动时间、运动频度为运动处方的四大要素，是运动处方的核心部分。

（一）运动处方的内容

1. 运动目的

由于个体情况的差异，所以运动处方的目的也有所不同。这其中有健身、娱乐、减肥和治疗等目标指向。

2. 运动项目

运动处方具有很强的个性化特征，在确定运动项目时，必须考虑运动目的、运动条件、场地器材、时间和季节等因素，并结合个人的运动兴趣和特长。

（1）健身运动。

健身运动是指正常健康者为增进健康、增强体质而从事的运动。主要使身体正常发育，身体各部分协调发展，增强人体各器官系统的机能，提高身体素质，以及身体的基本活动能力。一般采用能增强心肺功能的锻炼项目：竞走、跑步、太极拳、武术、游泳、骑自行车、划船、滑冰、舞蹈、体操及各种球类活动等。

（2）健美运动。

健美运动是为了人体的形体美而进行的运动。这类内容不仅可以增进健康，还可以培养审美能力和身体的表现能力。一般采用使肌肉发达、能增强肌肉力量的锻炼项目：艺术体操、健美体操、各种舞蹈和基本体操中的一些力量练习等。

（3）娱乐运动。

娱乐运动是为了调节精神、丰富文化生活而进行的体育活动。这类活动使人身心愉快，既锻炼了身体，也陶冶了情操。一般采用能使身心愉快的体育项目：活动性游戏、渔猎、游园、郊游、打台球、野外定向活动等。

（4）格斗运动。

格斗运动是以掌握和运用格斗的攻防技术（包括军事技术）为手段，从而达到既能强身又能自卫的目的。一般采用以身体接触为主的锻炼项目：擒拿、散手、推手、短兵、拳击、刺杀、跆拳道和摔跤等。

（5）康复运动。

康复运动亦称医疗体育，是利用人体肌肉、关节的运动，以达到防治疾病，促进身心功能恢复和发展的目的。它是根据残疾人和病人的疾病诊断、病期、功能状态、康复目标等具体条件，以运动处方的形式，选择合适的运动方法：按摩、推拿、气功、太极拳、步行、慢跑、各种保健操、矫正体操、生产操及各种球类活动等。

3. 运动强度

运动强度是指运动时的剧烈程度。运动强度以每分钟的心率来表示，一般青年学生的心率达到 120 次/分钟以上为大强度。测量运动强度的简单办法是，用运动后 10 秒钟内的脉搏数乘以 6 所得的心率数来评价运动强度。适宜运动强度范围可用靶心率来控制，即以本人最高心率70% ~85%的强度作为标准。靶心率的计算公式为：

$$靶心率 = （220 - 年龄）× （70\% ~85\%）$$

依公式计算得：20 岁的靶心率为 140 ~170 次/分钟。

$$最适宜运动心率 = 心率储血×75\% + 安静时心率$$

其中，心率储血 = 最高心率 - 安静心率 - 年龄。

4. 运动时间

运动时间指一次锻炼的持续时间。它与运动强度紧密相关，强度大，时间应稍短；强度小，时间应稍长。有氧锻炼一般在 30 分钟左右就可以达到较好的效果。

5. 运动频度

运动频度指每周的锻炼次数。有研究表示，一周运动 1 次，肌肉每次都会酸痛和疲劳，运动后 1 ~3 天身体不适，效果不蓄积；一周运动 2 次，肌肉酸痛和疲劳后，效果会蓄积，但不明显；一周运动 3 次，肌肉无酸痛和疲劳感，效果蓄积明显；一周运动 3 次以上，效果更加明显。由此可见，每周运动 3 ~4 次是最适宜的频度。

（二）运动处方的制定

制定运动处方之前，应该先进行必要的医学检查，然后根据个人的健康状况和运动能力来制订方案，在制订方案前要注意把握好以下几个原则：

1. 锻炼内容要合理搭配

（1）课外锻炼的内容与体育课的学习内容相结合。在积极开展针对"学生体质健康标准"锻炼的同时，加强复习、巩固和提高体育课所学的内容。

（2）个人兴趣与实际需要相结合。既要发展提高自己感兴趣的或擅长的项目，又要努力克服自己的弱项和不足。

（3）不同身体素质之间及身体素质练习与其他的运动有机结合。如速度与力量练习相结合，力量与耐力练习相结合；动力性与静力性相结合；大肌肉群与小肌肉群相结合；身体素质锻炼与运动技术学习相结合等，一般情况下，每次锻炼应安排一项活动性游戏（如球类活动），再配以 1 ~2 项身体素质练习为佳。当以长跑练习为主时，可配以上肢力量和腰腹力量练习，在练习中间或最后以球类活动作调节。

2. 周锻炼次数和时间的安排

根据学校特点，青年学生在制订锻炼计划时，一般以一年或一学期为一个锻炼周期，以此确定每周早操、课外活动的锻炼次数及每次锻炼的时间。

3. 运动处方的实施

确定了运动处方的构成因素后，可以对每次锻炼的三个阶段进行设计：

第一阶段，热身运动。时间一般为 10 分钟左右。热身运动使身体产热后，便于进入运动状态，避免运动损伤。

第二阶段，主要运动内容。此阶段主要控制好运动强度和运动时间。

第三阶段，整理活动。整理阶段与运动阶段实际上是连贯的，整理活动就是通过逐渐减少运动强度，让体能状态逐渐恢复到安静时的呼吸和心率水平。

第二节 健康

健康是一个动态概念，它是我们通过自己的努力创造出来的。以往由于受传统的观念和世俗文化的影响，人们往往将健康单纯理解为"无病、无残、无伤"，早在古希腊时期，医生就相信健康是身体的完全平衡。《辞海》将"健康"定义为"人体各器官系统发育良好、功能正常、体质健壮、精力充沛，并且具有健全的身心和社会适应能力的状态。通常用人体测量、体格检查、各种生理和心理指标来衡量"。在美国也有类似叙述，健康专家贝克尔认为，健康是"一个有机体或有机体的部分处于安宁状态，它的特征是机体有正常的功能及没有疾病"。然而，随着社会的发展和科学技术的进步，人们完全突破了原来的思维模式，对健康的概念有了新的认识。

世界卫生组织（WHO）将健康定义为："健康不仅是免于疾病和虚弱，而且是保持身体上、精神上和社会适应方面的完美状态。"从而明确地将人类的健康与生理的、心理的以及社会的因素联系在一起，形成了全新的生理、心理、社会的科学健康模式。1989 年，WHO进一步深化了健康的概念，认为健康应该包括躯体健康、心理健康、智力健康、社会适应良好与道德健康。WHO 曾经对人的健康标准从 10 个方面进行了概括。

（1）有足够充沛的精力，能从容不迫地应付日常生活和工作的压力而没感觉到过分紧张；

（2）处事乐观，态度积极，乐于承担责任，事无巨细，不挑剔；

（3）善于休息，睡眠良好；

（4）应变能力强，能适应环境的各种变化；

（5）能够抵抗一般性感冒和传染病；

（6）体重得当，身体均匀，站立时头、肩、臀位置协调；

（7）眼睛明亮，反应敏锐，眼睑不易发炎；

（8）牙齿清洁，无龋齿，无痛感，齿龈颜色正常，无出血现象；

（9）头发有光泽，无头屑；

（10）肌肉、皮肤富有弹性，走路感觉轻松。

一、亚健康

国际医学界认为，亚健康是指机体虽无明确的疾病，却呈现出生活能力降低、适应能力不断减退的一种生理状态，由机体各系统的生理功能和代谢功能低下所致，是介于健康与疾病之间的一种生理功能低下的状态，国外也称"第三状态"或"灰色状态"，在中医学中称为"未病"。

亚健康状态的范围很广，从预防医学、临床医学，尤其是精神及心理医学的临床实际工作中发现，处于躯体和心理不适的亚健康状态的人群是相当多的。据中国保健协会副理事长吴大真教授估算，整体人群中约有15%是健康人群，15%是非健康人群，其余70%处于亚健康状态。不过，亚健康状态是动态的，它既可能发展为第二状态——生病，也可通过心理、生活行为方式改变和体育疗法、药物疗法等恢复到第一状态——健康。因此，亚健康状态的人群也是在不断变化的。

1. 亚健康产生的原因

危害健康的行为或生活方式，是导致亚健康状态的主要原因，体现在以下几个方面：各种关系，使人思虑过度，心绪不宁，不仅会引起睡眠不良，甚至影响人体的神经体液调节和内分泌调节，进而影响机体各系统的正常生理功能。

（1）营养不全。现代人饮食往往热量过高，营养不全，加之食品中人工添加剂过多，人工饲养动物成熟期短、营养成分偏失，使人群中肥胖症增多，机体的代谢功能紊乱。

（2）环境的干扰。噪声、车辆的增多，空气污染及人口增长等因素，使很多居住在城市的人群生存空间变得狭小，从而对人体的心血管系统和神经系统产生很多不良影响，致使人们产生烦躁、郁闷等情绪。

2. 亚健康状态的表现形式

亚健康状态主要表现为人体脏器功能下降，身体和精神上感觉不适，症状可以单一出现，也可以合并或交替出现。如失眠或嗜睡、健忘、食欲不振、烦躁不安、情绪抑郁；出现泌尿系统症状、消化系统症状，免疫功能降低等。由于人们的年龄、健康状况、适应能力、免疫力、经济状况、性格类型、遗传因素等方面的不同，亚健康状态的表现形式也是不同的。目前，医学专家对亚健康的研究尚处于起步阶段，还有待进一步探索。处于如此的研究现状，最好的办法就是，通过改变自己的行为或生活方式，摆脱"亚健康"的困扰。例如，保证合理的膳食和均衡的营养；调整心理状态并保持积极、乐观的态度；及时调整生活规律，劳逸结合，保证充足睡眠；增加户外体育锻炼的时间，每天保证一定的运动量等。

二、现代生活方式对健康的影响

所谓现代生活方式，是指人类社会进入工业文明后所形成的、有别于以前社会形态的基本生活方式。现代生活方式，是现代经济基础在生活领域中的体现。从生活方式与人类健康的关系来看，现代生活方式具有以下几个基本特征：

1. 人与自然疏离

这种疏离存在于两个层面：第一个层面是人与自然的疏离，这是形式化的疏离。随着城市化的不断推进及各种工业污染的加剧，人们的生活环境发生明显的变化。各种与人的生存息息相关的自然要素，如空气、水、森林及空间正逐渐从人们的感官和生活中消失，代之而来的是林立的高楼、喧嚣的街市、混浊的气体、坚硬的地面及各种噪声，土壤、水、大气这些直接关系到人类健康的基本自然要素的质量也正急剧下降。第二个层面是人对自然性的疏离。人与自然界的疏离是一种生态性的疏离，而人与自然性的疏离则是心态性的。它主要表现为人的价值取向、生活观念受制于技术化和商业化的潮流，而使生活呈现出浓重的人文色彩。

2. 物质与精神失衡

工业文明的最大成就，就是创造了巨大的社会财富和发达的商品经济，但是伴随着物质财富奇迹般的增长和经济的繁荣，精神却呈现出萎缩和疲软的趋势。在物质与精神的天平上，现代生活发生了严重的倾斜，"信仰危机""道德滑坡""价值失落"等已经成为时代的慨叹，自私、狭隘、短视、肤浅等不健康的个性表现，在人与环境、人与社会、人与人之间蔓延。在物质重力的挤压下，人的精神生活成了感官刺激的代名词。

3. 生存竞争日益激烈

当代社会生活的急剧变化、效率意识的空前增长、大众传媒的迅猛发展和信息流量的高度膨胀，增加了现代人的生存负荷；而物质利益的分化、个人本位的突出，则使现代人际关系越来越复杂、难以把握。在这种大的生存态势下，现代人处于一种躁动不安的状态，生活注入了更多的盲目性和竞争性，紧张的精神、波动的情绪、疲惫的心灵，使现代人失去了悠然闲适的心情，生活就像一种单调的噪音，没有了节奏，没有了韵律，只是一味地喧嚣，于是"活得真累"便成了现代人的一种普遍性感受。

上述三个方面是互相联系、互相作用的，它不仅带来了一系列的生态和社会问题，也对人类自身的健康构成了威胁，导致生活方式疾病的大量出现和存在。生活方式疾病具有多种表现形式：如高热量、高蛋白、高脂肪的"三高"饮食模式，对珍味美食的贪嗜，食品添加剂的如影随形，都会不同程度地导致疾病。对感官刺激的追求、对营养的片面认识，使得现代人的食物构成和饮食习惯中出现了很多不利于健康的因素。对此，美国专栏作家兰·依萨卡曾感叹道："文明人痛快地吞进了文明病。"

生活方式疾病的另一集中表现形式是在美容和保健方面。各种美容术的兴盛，大量化妆品的使用，是现代文化影响下人们拒绝自然形态的一种表现，人们在追求外在"美"的同时，把危害健康的因素也揽到了身体上。有迹象显示，现代人的体质、体能及抵抗疾病的能力与前人相比有所退化。以车代步的生活方式、"四季如春"式的住宅以及不加节制的夜生活，使人们付出了健康的代价。有人认为，现代生活方式使人类进入了"半健康时代"。世界卫生组织的资料证实，人类的健康寿命问题，40%在于遗传和客观环境条件，其中15%为遗传因素，10%为社会因素，8%为医疗条件，7%为生活环境和地理气候条件；而60%需要自己的努力，去"建设"良好的健康生活方式。因此，从年轻时开始，就应该重视健康，选择健康文明的生活方式，懂得自我保健，让自己"不得病、晚得病、少得病"。

1992年，世界卫生组织发布的《维多利亚宣言》提出了人类健康的四大基石：合理膳食、适当运动、戒烟限酒和心理平衡。实际上，通过营养干预、运动干预、心理干预和其他生活方式的干预，这四大基石就成为对个人行为和生活方式"全方位、全周期"的健康管理，目标是创造整体健康观理论指导下的健康生活方式。正如有关专家所说，健康的生活方式是保障身体健康的基础和前提条件，是预防与控制慢性病的根本措施，是任何其他方法无法取代的。目前在全国范围内开展的全民健康生活方式行动就是提倡人人采取健康生活方式，"日行一万步，吃动两平衡，健康一辈子"，每天个人身体活动量达到一万步，膳食上少吃一两口、多动十五分钟。

综上所述，生活方式不能说明生命健康的一切，但是生活方式是对生命健康的一种最重要的说明。国内外大量的研究表明，影响人类健康的主要因素已经发生根本变化。社会的发展和生活水平的提高、生活方式的改变，给人类的健康带来了一些不良的影响，产生了一些新的生活方式疾病，或称"现代文明病""富贵病"。生活方式疾病的病原不是细菌、病毒，而是不良的生活方式，即营养不合理、吸烟、酗酒、缺少运动和心理不健康等多种因素相互作用、长期积累的结果。幸福的人生，有着相似的健康生活方式；而不幸的人生，却有着相似的"经历"——不健康的生活方式导致了不幸，不断产生疾病与痛苦。因此，养成健康、文明、科学的生活方式，加强自我保健，是预防和治疗生活方式疾病的重要手段。党的十八大以来，习近平总书记在全国各地的视察中，提出了"没有全民健康，就没有全面小康"的重要论断，提出必须把人民健康放在优先发展的战略地位，把以治病为中心转变为以人民健康为中心，树立"大健康"理念，将健康融入所有政策，努力全方位、全周期保障人民健康等一系列新思想、新要求。根据党的十八届五中全会战略部署，中共中央、国务院于2016 年 10 月 25 日印发并实施《"健康中国 2030"规划纲要》，以普及健康生活、优化健康服务、完善健康保障、建设健康环境、发展健康产业为重点，推进健康中国建设，提高人民健康水平，为实现"两个一百年"奋斗目标和中华民族伟大复兴的中国梦提供坚实健康基础。

三、NEW START——"新起点"健康生活方式

当今社会，与生活方式密切相关的疾病已构成了威胁人们健康的主要问题，在以农业型生产为主的国家和社会里，生产力水平低，物质生活极度贫乏，人们的健康主要受传染病、寄生虫病等疾病和营养缺乏症的危害；而在以工业型生产为主的国家和社会里，生产力水平高，物质生活富裕，人们的健康则主要受心血管疾病、恶性肿瘤、遗传性疾病等疾病和营养过剩的威胁。这就是"穷有穷病，富有富病"。在这两类不同的条件下，疾病的发生，虽然受各种因素的影响，但有一个共同的因素就是人们缺乏必要的卫生保健知识，以及生活方式不健康、不科学。

"NEW START"在美国十分流行。NEW START——"新起点"是健康八大基本要素英文的第一个字母：N——Nutrition，E——Exercise，W——Water，S——Sunlight，T——Temperance，A——Air，R——Rest，T——Trust。理解 NEW START 的内涵将会帮助人们培养健康的生活方式，并将影响其一生。内容如下：

（1）N 代表营养：营养摄取是人体从外界摄取食物，经过消化、吸收和代谢，利用食物中所含的身体所需要的物质以维持生命活动的整个过程。因此，对人的健康起决定作用的往往是膳食营养因素。合理的膳食营养，对人一生的健康都起着重要作用。

（2）E 代表体育运动：长期实践证明，健康长寿的秘诀是"生命在于运动"。体育运动作为人类生命运动的一种高级行为方式，使生命运动成为一种自由自觉的活动。体育运动可使人精力旺盛、体魄强健，使人获得生生不息的活力，为其奠定生命全面发展的基础。

（3）W 代表水：水是一切生物生活上所必需的物质，人体重量的 57%60% 是水。水是构成人体细胞、组织液、血浆等的重要物质。它可以帮助机体消化食物，吸收营养，排泄废物，参与调节体内酸碱平衡和体温，并在各器官之间起润滑作用。

（4）S 代表阳光：通过户外运动，接受适量的阳光照射，能增强人的体质及抵御传染病的能力，促进体内维生素 D 的合成，维持正常的钙磷代谢和骨骼的生长发育。对于婴幼儿

和孕妇来说，阳光照射更显必需。

（5）T代表节制：科技本身并不足以为生命筑起一道坚实可靠的保护网，要真正切实有效地保护生命，必须从日常生活的点点滴滴做起。只有健康的生活方式，才能确保人类健康，即"起居有常，不妄作劳和四气神调"。

起居有常，主要是指日常生活的各个方面要有一定的规律，合乎自然界和人体的生理常度。

不妄作劳，就是要劳逸适度。劳和逸之间具有一种相互对立、相互协调的辩证关系，两者都是人体的生理需要。人们在生活中，必须有劳有逸，既不能过度劳累，也不能过度安逸。

四气神调，是指人们为了顺应自然界春、夏、秋、冬的时令变化，主动采取各种调整形神的方法，与自然界保持协调一致，保持身心健康而达到长寿的目的。

（6）A代表空气：空气是人类赖以生存的物质。人在生命活动过程中，需要吸入足够的氧气、新鲜空气，以振奋精神、消除疲劳、提高学习和工作效率，同时，足量的空气还可以改善睡眠、增强呼吸功能、提高基础代谢。在体育运动中，体内气体交换充分，要摄取更多的氧分以供给运动中机体的能量消耗。鉴于此，一定要选择在空气新鲜的环境中进行运动。

（7）R代表休息：疲劳是由于活动过度使工作能力及身体机能暂时降低的现象。在紧张的学习和工作之余，可选择适当的休息措施和手段，如选择适合自己的体育运动、社交活动，听音乐、看电影、看电视、看小说等，这些积极的休息方法是消除疲劳的有效手段，不但可以缓解大脑疲劳，而且可以放松紧张的心情，减轻心中的压力。当然，通过高质量的睡眠减少身体的能量消耗，也可加快身体机能的恢复。反之，人体长期疲劳的积累必定会影响身心健康。

（8）T代表信念：信念是战胜自我的力量，人只要有信念，有所追求，什么艰苦都能忍受，什么环境都能适应。当我们想退缩不前时，信念是最好的老师，是最好的开导者。当我们处于事业巅峰或败于他人脚下时，信念是我们最好的清醒剂，是最好的动机。

第三节　体育与健康教育

2021年9月3日，教育部发布第八次全国学生体质与健康调研结果。调研工作显示：我国学生体质健康达标优良率逐渐上升，学生身高、体重、胸围等形态发育指标持续向好，学生肺活量水平全面上升，中小学生柔韧、力量、速度、耐力等素质出现好转，体育教学质量不断优化和提升。但堪忧的是全国学生体质健康达标优良率只有23.8%；发现学生视力不良和近视率偏高、学生超重肥胖率上升、学生握力水平有所下降、大学生身体素质下滑等一些学生体质与健康状况亟待解决的问题。2021年7月国家卫健委召开新闻发布会，公布了2020年我国儿童青少年总体近视率为52.7%，较2019年上升2.5个百分点。其中6岁儿童为14.3%，小学生为35.6%，初中生为71.1%，高中生为80.5%。另外，青年学生在面临升学、就业压力以及在处理人际关系等方面出现了不少心理缺陷，各种心理疾病持续上升。值得我们关注的是，青少年体质下降、肥胖率、视力不良率在5年间持续上升，已经成为青年学生体质和健康的最大问题。为此，加强学校体育与健康教育的结合已刻不容缓。

1999 年，第三次全国教育工作会议通过了《关于深化教育改革全面推进素质教育的决定》。该决定指出，"健康体魄是青少年为祖国和人民服务的基本前提，是中华民族旺盛生命力的体现。学校教育要树立健康第一的指导思想，切实加强体育工作"，着重指出了学校"终身体育"的教育思想。2002 年，教育部颁布实施《全国普通高等学校体育课程教学指导纲要》，再次提出了注重学生身体、心理和社会适应能力培养的三维健康教育观念。为此，培养健康和具有竞争力的高素质人才是社会赋予学校的责任，学校体育同样承载着增强学生体质、培养竞争意识、树立现代健康观的教育重任。2021 年教育部为贯彻落实《健康中国行动（2019—2030 年）》《关于全面加强和改进新时代学校体育工作的意见》等文件精神，确保 2030 年《国家学生体质健康标准》达到规定要求，印发了《关于进一步加强中小学生体质健康管理工作的通知》，明确要着力保障学生每天校内、校外各 1 小时体育活动时间；要让每位学生掌握 1~2 项运动技能。要求中小学校加强对学生体质健康重要性的宣传，要通过体育与健康课程、大课间、课外体育锻炼、体育竞赛、班团队活动、家校协同联动等多种形式加强教育引导，让家长和中小学生科学认识体质健康的影响因素，了解运动在增强体质、促进健康、预防肥胖与近视、锤炼意志、健全人格等方面的重要作用，提高学生体育与健康素养，增强体质健康管理的意识和能力。

第四节　体育锻炼对青年学生全面发展的促进作用

青年学生的全面发展应是包括德、智、体、美诸多方面的综合发展。学校教育应当面向全体学生，通过科学教育途径，充分发挥学生的天赋，重视培养学生的创新精神和实践能力。注重学生个性差异，提高学生的各种素质水平，使学生得到全面发展。

一、体育锻炼是培养学生良好思想行为、道德品质和塑造完美个性的重要手段

德育是学校教育的首要任务，对学生进行品德教育，既是德育的任务，也是体育的任务。教育家蔡元培曾经说过"完全人格，首在体育"，而清华学子也认为"无体育不清华"。学校体育教育应用其自身的学科优势不失时机地对学生进行思想品德教育，从而培养学生良好的道德品质。

（1）体育锻炼以其丰富的活动内容吸引了广大青年。而青年学生在这一阶段可塑性很强，青年时期也是学生人生观、世界观形成的关键时刻。通过体育活动进行思想品德教育，更适应青年学生的年龄特征，特别是结合不同运动项目特点的要求，能较全面地对学生的思想品德和个性进行培养。如田径运动可以培养学生勇敢顽强的拼搏精神和坚韧不拔的意志品质，具有突出的教育作用；集体性非常强的篮球、足球等球类项目，对培养学生良好的组织纪律性、集体主义精神和机智灵活的应变能力有显著的作用；体操、武术等项目有利于培养学生的爱国主义精神及沉着、果断和自制能力。

（2）学校的体育活动大多是集体的实践活动。学生在各种共同协作、相互配合的集体活动中，会表现出各种思想和行为。在一节体育课中，教师要求学生爱护体育器械、场地，以及同学之间要互帮互助等，本身就含有道德教育的成分，有助于培养学生乐于助人的优良品质，使学生学会正确处理个人与集体、自由与约束之间的关系。上体育课时，教师采用的比赛、评比和奖励优胜者的办法，有助于培养学生积极向上的竞争意识和勇于开拓的精神。

个人、小组或班集体的竞赛、评比能激励学生力争上游的竞争精神，让学生意识到每一个人的努力都会直接影响到整个班集体的荣誉和成绩，同时激发学生努力锻炼身体、增强体质的愿望。我们还应该看到，由于大多数体育活动伴有对抗性和竞争性，难免会出现粗暴的行为和语言，如故意伤害对方、个人英雄主义和违反体育道德等不利于学生全面健康发展的行为，这就需要体育教师在实施体育教学过程中进行引导和教育。大量事实证明，体育锻炼是培养和发展学生优秀道德品质、良好的行为习惯及完美个性的重要手段。

二、体育锻炼对学生智力水平的提高及促进作用

近年来，让学生从德、智、体等各方面协调发展的教育思想日渐贯彻到整个教育工作当中，特别是当前的素质教育理念更加明确了教育要全面发展的指导思想，所以，教育工作者必须切实转变教育观念，确立正确的育人观。而今许多事实也证明，体育活动对于学生的学习成绩和学习效率的提高是有较强的促进作用的。它主要表现在以下方面：

（1）体育锻炼能促进人体的生长发育和机能的发展。这其中包括智育的物质基础——大脑和整个神经系统的生长发育。要使个人潜在的智力或神经活动能力得到充分的发展，只有大脑皮层反应灵活性和工作能力提高，加上脑细胞被激活后，才可以保证积极思维、良好记忆的发展，同时，注意的指向性、集中性也可以得到最大的发展。这些是学生学习科学文化知识所必须具备的生理和心理品质，而这需要通过体育锻炼才可以做到。

（2）经常参加体育锻炼，不仅使锻炼者的注意、记忆、反应、思维和想象等能力得到提高，还可以使其情绪稳定、性格开朗、疲劳感下降等。当学生长时间在封闭的教室进行学习时，会引起一系列的神经和心理紧张，甚至产生厌学情绪。而体育教师可以针对学生的这些问题安排活动，从而增强学生呼吸系统、心血管系统的机能，充分向人体各组织、器官和系统供应能量，改善大脑供氧状况，这样可以很快消除学生的疲劳感，提高大脑的各种能力。当然，还应当清楚地认识到，体育对于智力的发展的确具有不可低估的促进作用，但如果体育活动占用的时间大大超过学习时间，则会产生身体疲劳，从而影响学习，这是体育活动的不利影响，这会对青年学生的全面发展形成一种障碍。所以，学校要合理地安排学生的课外体育活动时间，注重体育锻炼的实效性，把体育活动作为提高学习效率的催化剂。

三、体育锻炼对增强学生的审美意识和促进心理健康的积极影响

（1）体育包括丰富的美学教育内容，特别是人体的形态美和动作美的教育。一个人必须有了强健的身体才能去谈美，离开健康去谈美，那是不可思议的。但如果只有健康而没有美，健康也会失去光彩。只有体育与美育的完美结合才能培养健美的人。而学校教育中的体育，也是为了使学生成为健美一体、全面发展的合格人才而努力的。在引导学生进行体育锻炼的教学过程中，不仅要求学生增强体质、促进身体的正常发育，还应该培养学生的形体美、姿态美，使他们逐步形成健壮的体格、端正的身体姿态、敏捷矫健的动作、落落大方的风度，让学生体验到体育带来的终身快乐和幸福。由于体育课教学内容繁多，在给青少年进行体育教育的同时，应当注意选择那些具有形象美的项目，如艺术体操、健美操、器械体操、武术等，培养学生在感知美、鉴赏美、表现美和创造美等方面的能力，再加上体育教师自身健壮的体形，标准、优美的示范动作，生动形象的语言讲解及组织学生观看高水平的体育比赛等，这无形中便给了学生一种美的感受，进行了美的教育。

（2）体育锻炼既是身体活动，又是心理活动和社会活动。它不仅有利于身体健康，而

且对青少年个体的心理健康具有促进作用，主要表现在以下方面：①体育锻炼可以改善学生的情绪状态。青少年学生在名目繁多的考试和各科作业的压力下会产生各种焦虑反应、忧郁压抑的不良情绪，体育锻炼可以转移学生因此产生的不愉快情绪和过激行为。②体育锻炼能帮助学生树立良好的自尊自立概念，有资料显示：肌肉力量与身体自尊、情绪稳定性、外向性格和自信心成正比，不断加强力量训练会使学生的自信心显著增强。③体育运动能预防和治疗心理疾病。体育锻炼被公认为一种心理治疗方法。美国的一项调查显示，1 750 名心理医生中，80%的人认为体育锻炼是治疗抑郁症的有效手段之一；60%的人认为应将体育锻炼作为一种治疗方法来消除焦虑症。在青年学生中，不少人因学习和其他方面的挫折而引起焦虑症和抑郁症，通过体育锻炼可以减缓或消除这些心理疾病。

思考题

1. 如何在体育锻炼中遵守意识性原则呢？
2. 简述体育锻炼对青年学生全面发展的促进作用。
3. 运动处方是什么？有何特点？

第六章　学业生涯规划

第一节　学业生涯规划的概念

升学是预科学生的人生大事，如果对此认识不足、规划不好，就会严重阻碍预科学生人生梦想的实现。除了升学，预科学生如何选择就业、复读、转学等其他人生路呢？不同的人生目标将指导我们选择不同的时间分配和利用方式，这就属于学业生涯规划的范畴。

一、生涯发展

生涯，是由"职业"一词拓展而来的，包括人生经历、生活道路和职业、专业、事业等含义。生涯理论在发展早期注重人职匹配，在发展中期引领人们完成生涯发展的阶段性任务，在发展后期支持人们更积极主动地与环境互动，人们开始充分意识到生涯发展是一个主观自我与外部环境不断摩擦、相互适应且自主设计的过程。

生涯发展过程中具有里程碑意义的主要理论如表 6 - 1 所示：

表 6 - 1　生涯发展主要理论

理论	代表人物	时期	主要介绍
特质因素论	帕森斯	1909	生涯发展理论从帕森斯的"三步法"开始起源，帕森斯的"三步法"开启了生涯发展理论的先河，给生涯决策呈现了一个完整的概念化的框架并对生涯指导提供了最早期的发展方向
类型论	霍兰德	1959	1973 年，霍兰德正式提出职业选择的人格中心理论的理论架构，将人类的职业兴趣归为以下六类：实际型、传统型、研究型、企业型、艺术型、社会型
心理动力论	鲍丁、纳切曼和西格尔	1963	鲍丁、纳切曼和西格尔将精神分析观点引入生涯发展，注重对个人动机、个人需要等个人主观因素的分析研究。心理动力论特别强调个人心理动力与生涯早期经验对未来职业选择及适应的影响

（续上表）

理论	代表人物	时期	主要介绍
生命全期理论	舒伯	1963 1981 1984 1990	舒伯认为生涯是生活中各种事件的演进方向与历程，统合了个人一生中各种职业与生活的角色。舒伯的生涯发展理论体现在生涯彩虹图中，彩虹图不仅包含生涯广度、生命空间等论点，同时强调自我概念的建构贯穿人的一生。他将生涯发展分为五个阶段，分别是成长、探索、建立、维持和衰退

二、学业规划

最早，学业规划在美国被称为"生涯教育"，在日本被称为"进路教育"。日本的进路教育旨在帮助学生理性规划未来，在为学生提供就业辅导和升学指导的同时，为学生提供选择未来生涯道路的咨询和指引。中国的研究者张恒亮在《学业规划》一书中提出了以求学决策与学业管理为两大要素的学业规划理论体系。他认为大学生的学业规划即大学生在大学学习生活期间，根据自身的实际现状，包括自身性格能力、所学专业的发展前景、社会需要、家庭资源等信息，对大学期间的学业目标及实现的途径进行综合分析，结合学校已有的学业资源对相应途径进行设计和规划，并针对大学学习生活实际对规划进行评估和管理，以促进其学业发展。

预科学生也需要分析自身学业目标和人生目标，根据自身的实际情况，结合已有的各种资源，对在校学习生活进行长期、中期、短期规划，实现过程评估和管理，促进学业发展和人生发展。

三、基于生涯发展理论的学业生涯规划

基于生涯发展理论，预科学生的学业生涯规划应该包含以下四个方面：学业规划认知、学业规划抉择、学业规划行为、学业规划评估与修订。

（1）学业规划认知。

学业规划认知是指个体通过对自身的性格、兴趣、能力和综合素质等内部因素的认知，综合对社会环境、所处的学习环境、学校相关资源等外部因素的考虑，结合自己的学习经验，形成自身学业规划的意识，进一步加强自我认知和周围环境认知。

对预科学生而言，学业规划认知不仅表现为对学业规划的基本了解，以及对学业规划课程与指导的相应诉求，还体现在预科学生对自我的认知和对自身内部因素的了解。

①学业规划意识：一年的预科学习时间转瞬即逝，若没有目标清晰的学业规划，预科学生容易进入迷茫与困惑的状态，虚度时光，感觉还没熟悉就要结束。

②自我认知：生涯发展理论的核心概念为自我概念。预科学生可以借助人格量表、自我意识量表、职业兴趣测验等科学方法，对自己的兴趣、性格、素质特性和综合能力等进行初步的全面认识。同时，还可以从个人成长经历和社会实践中分析自我，了解自己的能力、行为风格和价值观，合理评估自己。除此之外，周围相处的同学、教师、家人等对自己的个人评价也能帮助我们更加清楚地了解自己。

③环境认知：学业规划要充分了解自己所处的外部环境，评估环境中对自己学业发展的有利因素和不利因素，分析环境条件的特点和发展变化情况，把握环境因素的优势与限制。

（2）学业规划抉择。

个人选择学业目标时，应先仔细探索周围环境和个人自身特质，将自己的个人意愿与现实条件有机结合起来，不应局限于专业学习上，还应涉及个人的价值观念、综合能力和个人素质拓展等方面。然后再逐步将自己的目标具体化、阶段化，做到学业目标符合实际，是可执行且可实现的。

（3）学业规划行为。

明确了切实可行的学业目标后，需要有实际的执行行动以保证目标的实现。首先，考虑并选择能够完成学业目标的各种途径。其次，制订执行计划表。

（4）学业规划评估与修订。

①成效的评估：为了确保计划内容的适切性与有效性，可以以一年、一学期、一个月等为周期，对学业规划的内容进行检查评估。

②规划的修订：根据执行成效及自我认知的提升，我们可以对学业规划适当地进行调整。

第二节　学业生涯规划书的制订

在了解了学业生涯规划的概念和重要性后，我们应该马上开始进行自己的学业生涯规划，以实现我们的人生梦想。预科学生的学业生涯规划如何进行？让我们来看一个范例。

预科学业生涯规划书
目　录

第一部分　引言

第二部分　自我认识与分析

　　1. 成长经历与总结

　　2. 个人兴趣、价值观、性格分析

　　　　（1）个人兴趣。

　　　　（2）价值观。

　　　　（3）性格。

　　3. 自我认识小结

第三部分　环境认识与分析

　　1. 家庭环境分析

　　2. 学校环境分析

　　3. 社会环境分析

　　4. 环境分析小结

第四部分　学业目标认识与分析

　　1. 我的学业目标

　　2. 学业目标认知与定位

　　3. 学习环境分析

　　4. 实现学业目标的 SWOT 分析

第五部分　学业规划与自我管理
　　1. 发展差距认识
　　2. 计划与实施
　　　　（1）短期计划（2023 年 9 月至 2024 年 1 月）。
　　　　（2）中期计划（2023 年 9 月至 2024 年 9 月）。
　　　　（3）长期计划（2023 年 9 月至 2024 年 11 月）。
第六部分　备选方案
第七部分　评估修正
　　1. 评估修正时间
　　2. 评估修正依据及内容
第八部分　结束语

第三节　学业生涯发展的难点

一、学习心理问题及调适

在预科学业生涯中，学生可能会出现一些心理困扰，下面将具体分析并给出合理建议。

（一）学习动机不足

你有没有过这些想法："数学为什么这么难？""我又不出国，英语学了有什么用？""这节课听不懂，不如回寝室睡觉""我很想上学，但这门课这么难，我就是不想学了""我本来打算每次考试进步一点，但是我觉得同学们比我进步更快，我绝望了"……这些都是学习动机不足的表现。

（1）动机的定义和分类。

动机是由目标或对象引导、激发和维持个体活动的一种内在心理过程或内部动力，可分为内部动机与外部动机。

①内部动机：指预科学生根据自身的意志、兴趣、爱好而产生的学习动机，如为了自己的美好未来而努力学习。

②外部动机：这与内部动机相反，是由奖金、父母等外部因素引发的动机。

外部动机的效果通常是短暂的，引起的是被动学习。但内部动机和外部动机结合，能发挥出更积极的效果。如，小叶自己爱学习，父母又用压岁钱奖励他，那他就会更努力学习。

（2）动机缺失的原因。

导致预科学生学习动机缺乏的原因是多方面的。内部动机缺失的主要原因包括对学习科目缺乏兴趣、学习动机不明确、不能正确对待学习中的挫折、不恰当的归因等。外部动机缺失的主要原因包括家庭环境不良、不喜欢学校，以及"包租公"光荣等社会功利思想。

（3）学习动机的调适。

①明确学习动机：发自内心地接受自己的学业目标，才能激发出内部学习动机。

②合理解决动机冲突：面对两个同样有吸引力（考高分、睡懒觉）或者同样没有兴趣（写作业、被老师催作业）的任务，我们的条件只能选择一个，那么就必须学会管理自己的

欲望和情绪，分清轻重缓急，理清做事的思路，同时提高效率，才能做出合理选择。

③调整动机强度：心理学家耶克斯和多德森的研究表明，动机强度与学习效率的关系是一条倒 U 形曲线（见图 6-1），中等强度的动机最有利于学习。

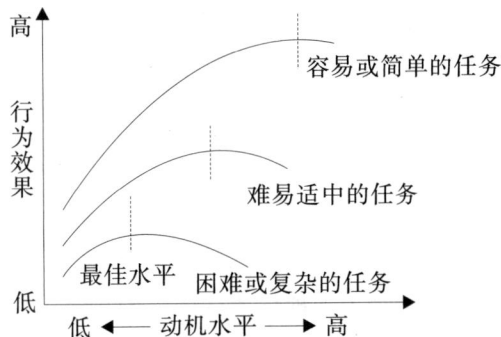

图 6-1 耶克斯-多德森定律

④目标管理：现实总是比设想更复杂，我们需要学会及时根据执行成效及自我认知的提升，合理调整学业目标。

（二）学习焦虑太强

你有没有被这些问题困扰，坐立不安：我的学习成绩太不理想，我比别人差很多，我如果不能升学就没戏了，我不可能达到父母老师的期待……这些都是学习焦虑太强的表现。

（1）学习焦虑。

学习焦虑，是学生在学习过程中常见的一种心理现象，它是学生感到来自现实的或预想的学习情境对自己的自尊心构成威胁而产生的某种担忧的心理反应倾向。学习焦虑的表现有：

①心理：忧虑、紧张、恐惧、易怒、情绪抑郁、思维迟钝、记忆力减退等；

②生理：肌肉紧张、呼吸急促、心率加快、头晕、多汗、睡眠不良、食欲不振等；

③行动：坐立不安、慌乱、注意力不集中等。

预科学生在学习上难免有不懂的地方，可能会感到不同程度的紧张和焦虑。一般而言，适度的焦虑对人的学习不仅是有益的，而且是必需的。研究表明，焦虑与学习效率之间也是一条倒 U 形曲线，中等强度的焦虑最有利于学习。但是太过焦虑就可能带来一系列的身体和心理问题。

（2）产生学习焦虑的原因。

预科学生产生学习焦虑的重要原因是理想与现实的冲突。预科学生由于社会阅历不足，容易对学业和个人发展产生急功近利的思想，对学习缺乏耐心。例如在英语学习中，有的同学坚持每天练听力，但在一个月后发现自己的听力水平并没有显著提高，于是就产生了学习焦虑，对学习失去了信心和兴趣。

此外，学习焦虑的产生也包括主观原因和客观原因。主观原因是指学生个体的个性特点。研究表明，有些同学似乎"天生"就比较敏感，对失败的承受能力较差，容易出现学习焦虑。客观原因是指由于家庭、学校的期待和社会环境的压力较大，班级里、全市、全国有很多优秀学生都想升学，学习竞争非常激烈。

（3）学习焦虑的调适方法。

①制定合理的目标：有条不紊、循序渐进的学业目标能够有效缓解焦虑感。

②正视失败：有些同学自信心不足，缺乏正确的自我认识，认为自我的价值只有通过学习成绩才能体现，害怕学习失败，因此焦虑。鼓励同学们享受适度挫折，积极提升逆商。

③掌握科学的学习方法：正确了解学习的内涵，善于从生活中学习，"人生处处皆学问，人人皆可为师长"，感受学习的乐趣并进行科学学习，提高学习效率。

④合理宣泄焦虑情绪：学习压力太大时，预科学生应该注意放松，利用合理方式宣泄自己的不良情绪。如，经常参加文体活动，向信赖的同学、老师倾诉，借助心理咨询服务缓解等。

（三）考试焦虑太强

在考试前夕，你有没有过这些经历：感到坐立不安、连续失眠；期盼考试取消；即使准备再久也没有信心；极度害怕考试结果不理想；进入考场后大脑一片空白……这些都是考试焦虑的表现。

（1）考试焦虑的表现和危害。

考试焦虑可分为考前过度焦虑和考中过度焦虑。考前过度焦虑是对考试过于紧张，担心自己考试失败的高度忧虑。考中过度焦虑又称为怯场。适当的考试焦虑有利于考试发挥，但是过度的考试焦虑就会降低考试效率，使"应考能力"下降，甚至会使身心健康受损。

（2）产生考试焦虑的原因。

考试焦虑形成的原因是多方面的，主要包括：

①成就动机过强：过度看重考试结果，害怕自己不能超过他人，害怕被父母、老师指责，担心考试不能通过会影响前途等。

②自信心不足：有些同学担心自己能力不如别人，智力比别人差，复习不如别人仔细，因此害怕考试。习得性无助也是造成学生自信心不足，考试焦虑的一个原因。

（3）考试焦虑的调适方法。

对于考试焦虑，自我调节是一种极为有效而且也是最根本的方法，它包括以下几个步骤：

①正确评价考试：试想成绩最差会是什么后果，最好的成绩又能为自己带来什么？分析自己有没有把考试成绩看得过重，有没有放大自己的不足，以及可以从哪些方面来避免考试成绩不理想，做到"从最坏处着眼，从最好处努力"。

②做好应试准备：在知识准备上认真复习、多次模考、熟悉考试。在心理准备上建立信心、积极调节情绪。在应试技巧上多了解考试信息、有意识地训练应试技能。

③做好考场调适：在考场上如果出现怯场，可放下笔，做几次深呼吸，有意识地按从上到下的顺序使身体各部位的肌肉放松，逐步达到平心静气，从而将注意力和兴奋点集中到应试上。另外，在考完一门科目后，不要过分关注考过题目的对错，应将考过的课程暂时抛开，全力准备后面的考试。

④寻求心理咨询与治疗的专业帮助。

第四节 拓展

一、视频：电影《风雨哈佛路》

剧情简介：影片介绍了一位生长在纽约的女孩莉丝（Liz）经历人生的艰辛和辛酸，凭借自己的努力，最终走进了最高学府的经历。在她的人生里面，勇往直前地奋斗是永恒主题。

二、书籍：《你的降落伞是什么颜色？（学生版）》

梗概：《你的降落伞是什么颜色？（学生版）》是一本关于你、你的未来和你的梦想的书。追求梦想的过程就像侦探寻找线索一样，线索收集得越多，人生的目标和梦想就会越清晰。在书中，影响了全世界数百万人的"职场导师"鲍利斯将用他的"魔法棒"引领你发现自己的兴趣与技能，选择喜欢的大学专业，制定理想的职业目标，最重要的是，找到属于你的人生梦想和未来。

思考题

1. 概述预科学生常见的学业心理问题及表现。
2. 预科学生学业生涯规划的步骤有哪些？
3. 如何理解能力的内涵？
4. 结合预科学生实际，试述能力、兴趣与学业目标的关系。
5. 综合说明调节预科学生学习困扰的方式。

第二编
社会与文化

第七章 道德与法律

　　人才成长的规律表明，做一名社会期待的合格人才，需要具有优秀的道德品质和素养，然而这样的道德品质和素养非个人天生所固有，它是人在成长过程中道德发展的必然结果。实践证明，道德发展是人才成长的重要环节。唯有在错综复杂的社会实践中磨炼自己，加强自身道德修养，才能更好地促进自己的道德发展。

　　从字义上看，英文中的道德（moral）一词是从拉丁文（mores）演变而来的，含有风尚、习俗等意思，加以引申也有法则、规范的意思。从中文字源上看，"道"与"德"最初是分开使用的，"道者，路也"，表示行人之路，后引申为事物运动变化的规则、规律和做人的道理；"德"原本表示"正道而行，直目无邪"的意思。从周代开始，"德"字演变为既要外得于义理，还要内得于己的意思，即"德者，得也"。道德二字连用始于先秦，一般理解为调节人们之间以及个人与社会之间关系的行为规范。

　　道德作为调节人与人、人与社会关系的非强制性的规范，具有自律性、渗透性等特点，不仅对社会发展起着重要作用，也为市场经济的健康发展提供了保障。法律是国家制定或认可并由国家强制力保证实施的社会规范，其目的是规范各种社会关系。没有规矩不成方圆，如果国家没有必要的法律，就不可能维护社会秩序的稳定和有序。法律不同于道德，法律规范的实施不是建立在个人自觉自愿的遵守上，而是每个人都必须严格遵守，否则就要承担相应的法律责任，就有可能受到惩罚，因为法律的实施是以一个国家的强制力为后盾的。从行为规范的意义上来理解道德，很难将其与法律区分开来。实际上，作为规范的道德与作为规范的法律有一个重要的区别：法律作为一种行为准则，是以国家机器为后盾并采取强制性的手段来推行的；而道德的规范没有专门的强制机关来推行，它仅靠约定俗成的规则、社会舆论等外在力量和内心信念、内在良知等内在力量来推动，而这些力量都是非强制性的，所以道德就是调节人与人、人与社会关系的非强制性的规范。

　　本章主要从公民道德、校园道德、网络道德三方面阐述道德与法律的关系。

第一节　公民道德与法律

　　一般认为，"公民"的概念可追溯到古希腊，指具有政治和人身自由，有管理自身事务与财产自主性的阶层。在古希腊各城邦中，雅典最重视公民。公元前682年雅典建立共和政体以后，就明确规定国家的最高立法权来自"公民大会"。公民的概念，历经多年的发展，在法律、政治和伦理等不同的学科中被赋予了不同的特定内涵。因此，在不同的时代、不同的国家，人们对公民内涵的理解也是不一样的。在中国，学者们认为，公民是一个与私民、臣民对应的概念。1979年上海辞书出版社出版的《辞海》把公民定义为"指具有一个国家的国籍，并根据该国的宪法和法律规定，享有权利并承担义务的人"。其内涵包括三层含义：第一，公民是指社会人、政治人，他是以社会和国家的成员身份存在的。第二，公民表达了个人与国家之间的一种特定法律关系，并具有相应的权利和义务。第三，公民不仅是一个政治概念，而且是一个历史概念、文化概念。所以，从本质上说，公民是一个社会人及政治人，是以社会和国家的成员身份存在的，其处世原则依赖于他与社会的契约，即具有相应的公民权利和义务。公民所必须具备的各种素质中，有些是与道德相关的，体现了公民概念的道德内涵。

公民道德是以公民的本质特征为基础和核心而建立起来的道德体系。核心在于把公民在公共生活领域内的行为准则内化为公民意识，成为其自主行为的一部分。所以，公民道德并不属于私人道德的范畴，而是公民在参与社会活动、公共生活时表现出来的公共性要求。公民道德教育的目的就是培养社会需要的好公民。一个好公民，不仅是一个具备良好道德品质的人，而且是一个具备公民素质和美德的人。一个具备公民道德的人，在私人领域是一个好人，在公共领域是一个好公民。由于传统道德教育目标理想化和泛政治化，教育对象个体化，教育内容教条化，教育手段强制化，这样培养出来的社会成员普遍缺乏基本规范，缺少公共准则，缺乏民主精神，即缺乏公民精神。

一、公民道德与法律的关系

古代"法"与"律"二字是分开使用的，据我国第一部字书——东汉时期许慎所著的《说文解字》记载，古代的"法"被写为"灋"，刑也。"平之如水，从水；廌所以触不直者，去之，从去。"可见，法的本意是公平、公正、正直。春秋战国时期，商鞅变法中"改法为律"，由此至清朝，中国历代封建王朝的基本法典大多以"律"命名。《说文解字》对"律"的解释为"律，均布也"，均布即以调钟，"度钟之大小清浊"。之后才逐渐被引申为法规、规范。总的来说，"法"强调的是公平与平等，而"律"强调法律规范在使用上的普遍性和必行性。将"法"和"律"连在一起成为"法律"，在古代文献中出现得极少，主要是现代的用法。清朝末年，出现了"律""法""法律"三词并用的局面，自此，"法律"才逐渐被普遍使用。

所谓法律，是指国家制定或认可并由国家强制力保证实施的，以规定人们权利和义务为内容，通过对人们行为的作用来调整社会关系的一种社会规范体系。法律体现着统治阶级的意志，它对社会关系的调节，主要是以国家机器（警察、法庭、监狱等）为后盾，靠法律制裁这种强制手段起作用的。道德则是诉诸人们内心的道德信念，通过教育的手段，形成广泛的道德舆论及良好的道德环境，来增强人们的道德责任感，提高社会成员的道德觉悟。

法律和道德都是规范人们行为的重要手段，但二者又有着各自的特点和作用。法律对道德教育的支持是在道德教育过程中，通过法律所包含的精神、规范、制度、环境、文化等内容，对人们的行为产生规范、引导、确认、限制或保障作用，以培养人们的道德意识和道德责任感，建立与社会经济相适应、与法律相配套的社会道德体系。道德的约束毕竟是一种软约束，没有法律手段作后盾，道德的作用常常会由于缺乏必要的强制力量而显得软弱无力。而且"人性"中总是有"自利"的因子，有"好声色"的欲望，对没有自觉性的人和明知故犯的人，道德是无能为力的，所以，必须强化法律对道德教育的支持作用。作为学生，要正确对待公民道德与法律的关系，既要认识到守法是公民道德要求的基本内容之一，又要认识到公民道德和法律是相辅相成、紧密联系的。

在对公民进行道德教育的同时要加强法制教育，强调遵守法律的重要性，强化公民遵纪守法的意识。法制和纪律教育的最终目的就是要明确法律和政治制度的合理性与权威性，这是法制和纪律教育的核心。与此同时，法制和纪律教育也对人们的日常行为作出了规范。学校也同样把这些限制民主自由的法规传授给学生，并作为公民教育的重要内容。

二、守法是合格公民的基本要求

1. 守法是一项基本的公民义务

法律不是出自立法者手笔的一纸呆板的文字，守法也不仅仅是公民与国家之间的一种契约，它关乎人们的日常言行、饮食起居；它告诉人们如何为人处世、如何生活工作，因此，它是人类文明生活的指南针。如果说，法律反映了人类对于自身幸福生活的深切渴望，那么守法则寄托着公民对于理想生活状态的永恒憧憬。古罗马的查士丁尼说："法的法则是，诚实生活，不犯他人，各得其所。"

为实现公民对于美好生活的理想，每一个公民都应当认真对待自己和他人的权利。只有认真对待自己和他人权利的人，才能称为公民，也只有认真对待自己和他人权利的人才能真正懂得义务的价值和神圣，才能自觉自愿地守法。因此，公民守法意味着自觉地履行法律义务和承担法律责任，同时也意味着认真行使法律权利和提出法律请求。

2. 守法是一项优良的公民品格

运行、执行和遵守法律是实现法治理想的基本途径和基本要求。对于公民来说，守法是其应有的基本品格。被称为"公民"者，必然具有法律的属性，而这种属性的实质就是公民必须"守法"。

"法律是道德的最低限度。"因此，守法也是公民道德的内在需求，不守法的公民便不是有德行的公民。在任何国家和任何社会形态中，法律与占统治地位的道德原则在本质上是一致的，统治阶级的法律意识和道德观念之间是互相渗透的，统治阶级通常把本阶级的道德赋予法律效力，把自己的道德标准确定为法律规范。

3. 守法是一项崇高的公民精神

守法精神是构建现代公民精神的核心内容。现代公民精神的实质在于强调公民的主体性、主动性和自觉性。只有公民出自内心地自觉守法，才能够成为法治社会中公民精神的核心要素。因为法律的本质特点就在于：如果公民违反法律义务且拒绝承担法律责任，那么国家就会动用军队、警察、法庭和监狱等暴力工具，强制要求公民遵守法律和承担责任。守法应是基于公民意识的自愿行为，而非慑于暴力强制的被迫行为；守法应是基于公民对于法律作为社会生活规则的深切理解和内心认同，基于公民对于自我的尊重，对于他人的尊重，对于社会和国家的尊重。因此，守法的自觉是公民具有道德意识的心理印证。只有在守法成为公民的生活习惯，成为公民精神的有机部分之后，法治才有可能成为公民的一种现实需求。

第二节 校园道德与法律

一直以来，校园都是社会道德建设的一个重要而特殊的阵地。高校校园，人才荟萃，文化气氛浓厚，青年学生们更是胸怀壮志，意气风发，这是良好道德生根发芽的理想土壤。高校作为进行系统道德教育的重要阵地和主渠道，在社会道德建设中担负着义不容辞的责任。近几年来，中国高校在校园道德建设方面作了许多有益的探索，校园精神文明环境大有改观。

一所学校培养什么素质的人，取决于学校的文化氛围。良好的校园文化具有强大的凝聚力和吸引力，能较好地调节和激励师生员工的思想行为，较好地培养和激发师生员工的群体意识和集体精神，较好地促进师生员工的自我约束、自我管理和自我完善。高校的道德建设，要积极探索新形势下校园道德建设的特点和规律，积极营造"崇尚先进、健康向上"的校园文化和道德氛围。加强校园精神文化建设是校园文化建设的核心。校园精神文化体现着校园文化的方向和实质，是校园文化的灵魂。校园精神文化建设包括思想品德教育、校风建设、思维方式和情感方式的培养。思想道德教育可以帮助和引导被教育者接受一定的道德价值取向，并将其转化为个人的内在自觉，最终建立起健康文明、自律自求的机制。学校应通过各种文化活动，以启迪、熏陶、感化和塑造等方式弘扬校园文化精神，把主导性价值观潜移默化地融入学生的思想观念。道德教育在校园精神文化建设中发挥着独特的作用。

校园道德主要包括学习道德、恋爱道德、校园生活道德等。

一、学习道德

学生作为当今社会中的特殊公民，学习是他们成长和发展过程中的一项十分重要、相对独立而又比较特殊的社会任务。学习道德就是指在学习活动中产生的，以是否遵守学习纪律为评价标准，并依靠人们内心观念和社会舆论维系、调节学习行为的各种心理意识和行为规范的总和。

1. 正确的学习目的

学习目的受制于学习的价值观念，而学习的价值观念又受到学习道德观的影响，因此，正确的学习目的观对于良好学习道德的形成至关重要。就学习而言，顾炎武认为"君子谓学，以明道也，以救世也"，把学习的目的限定于报效国家、促进社会发展。但在现代社会中，除此之外，还要考虑个人自我价值的实现，包括学习主体发挥个人潜能，不断提高自身素养，完善自我品性等。

2. 正确的学习态度

正确的学习态度会确保人们采取符合学习道德的行为，对自己"学而不厌"，对他人"诲人不倦"，还包括"实事求是"的学习作风。在任何学习过程中，都必须坚持"知之为知之，不知为不知"的老实态度，不要不懂装懂，这是学习必备的基本道德之一。对待学习的态度还涉及对老师、对同学的态度，"尊师之礼，敬友之道，互助之由"是学习者的重要修养。

3. 良好的学习习惯

学习习惯是在正确的学习目的、学习态度的指导下，在长期的学习活动中养成的，是一个人学习道德的外在体现。每个人的学习习惯不同，它涉及很多方面，主要有预习、复习、听课、思考、课堂参与、完成作业方式、学习时间安排、读书及遵守纪律的习惯等。良好的学习习惯的养成对学习效果有重要作用，因为它一旦养成，其学习行为就能按照自动化的程序依次进行，既有利于提高学习效果，又有助于形成良好的学习道德。

4. 严明的学习纪律

学习是一个开放的行为，但在一定环境和空间里，特别是在现代群体学习的形式下，学习纪律的约束是维持高效率学习和保证学习计划顺利进行的重要手段之一，遵守学习纪律是学习过程中必不可少的素养。同时，学习纪律也是学生学习行为的依据和评价标准。学习主体只有在具备遵守学习纪律的意识下，才会避免违规学习行为的发生，减少学习上不道德的现象，消除考试舞弊的现象。同时，在学习中要严格遵守科学道德和学术规范，防止弄虚作假、剽窃他人成果等行为的发生。

二、恋爱道德

爱情是人类特有的现象，是人的高度文明的体现。现代社会中，爱情是男女双方基于一定客观现实基础和共同的生活理想，在各自内心形成的最真挚的彼此倾慕、互相爱悦，并渴望对方成为自己终身伴侣的最强烈持久、纯洁专一的感情。爱情具有平等互爱、专一排他性、强烈持久性和纯洁严肃性等特征。恋爱的过程往往影响双方当事人的人格再造，影响当事人未来的婚姻关系和家庭生活。

1. 以培养爱情为目的

男女任何一方在一定的客观现实基础上选择恋爱对象时，都要注重对方的内在美，把对方的道德、情操和是否与自己有共同的生活理想放在首位。以寻找爱情、培养爱情为目的，这是恋爱中道德性的显著标志。古希腊哲学家柏拉图早就认识到："为着道德而去眷恋一个情人，总是一件美好的事情。"恋爱中起主导作用的应当是人的精神世界和道德面貌。

2. 尊重对方的人格

恋爱过程是建立和培养爱情的过程，男女双方应彼此尊重对方的情感，遵守恋爱自由的道德准则。这种尊重正如弗洛姆在《爱的艺术》一书中所说的，"尊重只能伫立在自由的基础上……强权统治绝不会成就爱"。每个人都有爱和被爱的权利，有选择各自爱人的权利。当事人在确立恋爱关系时，必须处于自愿、彼此相爱的状态。男女双方的恋爱关系一旦确定，就要共同承担这一关系所包含的各种义务，以及随着这种关系而必然产生的其他义务。恋爱虽然包含了婚姻意识的萌发，但恋爱毕竟只是为缔结婚姻而进行准备的阶段，男女双方对于对方都有互相忠诚和互相接受考察的义务，而没有阻拦对方中断恋爱关系的权利。

3. 讲求文明的交往方式

男女双方在确定了恋爱关系后，无疑要通过较多的交往来培养爱情。恋爱双方的交往，持之以度，不应有轻率和放荡的行为，特别是要保持文明的交往方式。马克思指出："真正的爱情是表现在恋人对他的偶像采取含蓄、谦恭甚至羞涩的态度，而绝不是表现在随意流露热情和过早的亲昵。"有着高尚情趣和道德品质的青年，在恋爱过程中应该懂得追求志趣和理想的一致与和谐。

4. 树立健康文明的性观念

对于大学生来说，绝大部分学生已经达到性成熟时期。学生只有具备良好的性道德观念，才能正确对待有关性的各种行为，保证自己在心理、生理和社会各方面均能健康成长，并正确对待和处理恋爱、婚姻。为了保证顺利完成学业，健康圆满地走向社会，必须具备文明的性道德观念。只有具备健康文明的性道德观念，才能使自己的恋爱及以后的家庭沿着健康的方向发展。

三、校园生活道德

在校园日常生活中培养学生的道德品质，就是要从点滴做起，把道德教育渗透到学生日常生活的各个环节中，加强道德行为规范，经过实践的反复强化，锻炼道德意志，形成良好的道德习惯。

1. 注重群体生活行为实践

集体主义精神只有在集体活动的实践中才能得到培养。青年学生生活在群体之中，群体生活是其道德实践的主要场所。在班级群体和宿舍群体的建设中，要适时利用各种机会，努力培养关心人、理解人、帮助人的集体主义精神，使同学们感受到互相关心、互相帮助给同学带来的温暖和快乐。在集体中通过适当的把握和引导，可在班级群体和宿舍群体中形成充满友爱和互助的风气，使同学们充满爱心和责任心。

2. 注重文化活动行为实践

健康向上的文化、科技、文艺、体育等社团活动，文明整洁的校园环境，都会对学生的道德修养产生潜移默化的影响。在一项项具体的文化活动中，陶冶情操、提高修养，不知不觉地提高了青年学生的文明素质。例如，通过开展文明宿舍评比、班级壁报评比、劳动教育等各项学生活动，和美化校园活动，来激发学生的内在道德感，使青年学生感到在文明校园内作出如随地吐痰、在公众场合吸烟等不文明之举是不正确的。开展文明校园文化活动是抵制种种低级、庸俗，甚至腐朽的东西进入校园的最有效的方式。

3. 注重社会活动行为实践

道德实践广泛地渗透于社会实践活动之中。开展以爱国主义教育和弘扬中华优秀传统文化为主题的社会实践活动，引导学生正确认识社会，学习社会上的优秀榜样，培养学生树立正确的人生观、价值观、社会观。通过实践活动，使学生在复杂的社会环境中，分清是非，崇尚真善美，摒弃假丑恶，充分发挥"自我教育、自我管理"的作用。参与社会实践活动，从生活小事做起，培养良好习惯，使学生更充分地了解中华民族文化和当代中国的国情，增强学生的文化认同、民族认同、国家认同。

4. 注重日常生活行为实践

道德问题渗透到社会生活的方方面面，道德发展也体现在社会生活的时时处处，一个人的一言一行、一举一动，可以说都是心灵的写照和修养的反映。因此，人人要从自身做起，做到"勿以善小而不为，勿以恶小而为之"。在日常生活中，要以身作则，自我约束，始终坚持自己的道德信念，遵守道德规范，不做不道德的事情。

5. 建立和谐的角色关系

人们处在社会中的不同位置，必然有不同角色的道德义务。正确处理各种义务之间的关系，是人们自觉履行道德义务的一个重要方面。但是，在履行义务的实际过程中，各种义务之间也往往存在着一定程度的矛盾，这就要求大家要正确处理各种不同的义务要求，尽可能使它们协调起来，共同服务于建设和谐社会、和谐校园的需要。

四、校园道德与法律的关系

1. 加强学生的法律意识

法律是一种具有国家强制力的社会规范，它不仅告诉人们可以做什么，不可以做什么，而且告诉人们应该做什么、不应该做什么及会产生什么样的后果。在这一意义上，法律不仅赋予公民权利和自由，也是公民生活的基本规范。在校园生活中，学生同样要以法律为基本准则。因此，知法守法是每个学生应当具备的基本素养。只有不断培养和强化自身的法律意识，才能不断增强自身的法制观念，提高法律素质。

法律意识是公民理解、尊重、执行和维护法律规范的重要保证，公民遵纪守法的行为不会自然产生，而是在一定的法制观念、法律意识的指导下实现的，具备了法律意识，就能做到不仅不犯法，而且能积极维护法律的尊严。首先，应培养学生依法办事的思想观念，不仅要遵纪守法，而且要监督法律的执行，坚决同一切违法犯罪行为作斗争，使法治得以真正实现。其次，应培养学生宪法和法律具有最高权威的观念。树立法律权威，即尊重宪法和法律的权威。任何个人和机关、组织都没有超越于法律之上的权力，都必须依法办事，坚决反对"权大于法""人情大于法"的法律虚无主义观念。通过法律观念的培养，使学生认识到自己在国家生活中所处的地位，无条件地服从和遵守国家的宪法和法律。再次，也是最重要的一点，应培养学生权利义务相一致的观念。法律最主要的精神即强调权利与义务的统一性。公民要正确对待权利与义务的关系，既要依法行使法律赋予公民的权利，也要履行法律赋予公民的义务，让学生形成正确的公民意识，以法律为武器，捍卫自己的正当权利，在享有个人所拥有的权利时，不忘尊重和承认他人的合法权益，不忘履行对国家、对社会、对他人的义务。同时，应杜绝一切不劳而获的错误思想，培养只有付出才有收获的良好观念。另外，应培养学生法律与自由统一的观念。法律从各个方面规定了公民的权利和义务，人们在法律规定的范围内，有着极为广阔的自由活动天地。公民在行使自己的权利时要慎重考虑自己的言论、行为的社会效果，不得损害国家、集体的利益和其他公民的合法权益。学生应树立与民主和法制密切联系的自由观，珍惜和维护安定团结的局面。最后，应培养学生公民在法律面前人人平等的观念。公民在法律面前人人平等，主要指公民不分性别、民族、种族、职业等一律平等地享有法律规定的权利，平等地承担法律规定的义务。不管是什么人，只要是犯了法，都要依法追究其责任。公民在适用法律上一律平等，不允许任何人享有特权。

2. 校园道德教育和法制宣传教育相结合

法律与道德是相互依存、相互补充的，因此，法制教育的基础应该是道德教育。在校园道德教育中，应加强学生日常行为规范的管理，从而带动校园文明建设，在平时的教学活动中，也要营造良好的育人氛围。所以在坚持不懈地开展法律教育的同时，也要加强对学生的道德教育，使学生懂得怎么做人，为进行法制教育打下坚实的基础，从而促进法制教育工作的开展。

学校可以通过宣传、教育，增强学生的权利意识和责任意识，不断培养和强化自身的法律意识。校园道德建设既要靠教育，也要靠法律和规章制度，注重管理育人。因此，学校可以通过对学校规章制度的修订和完善，如制定"学生文明守则""文明宿舍道德规范"，进行严格管理，培养学生的文明行为。

第三节　网络道德与法律

高校是计算机互联网普及最广泛的社区，网络正在极大地改变着高校师生的生活方式、学习方式、交往方式、娱乐方式甚至是语言习惯，对广大师生的学习、工作、生活和思想观念产生着深刻的影响。青年学生思想活跃，求新意识较强，喜欢接受新事物、新潮流，善于通过多种方式特别是网络获取新信息。

一、网络道德

所谓网络道德，是指以善恶为标准，通过社会舆论、内心信念和传统习惯来评价人们的上网行为，调节网络时空中人与人之间以及个人与社会之间关系的行为规范。从其功能来分析，这种规范就是通过引导和约束网络上人和人之间的行为，达到保障网络有序运行的目的。网络道德规范是人们在网络中应当遵循的行为准则的总和。网络道德是时代的产物，与信息网络相适应。网络道德是人与人、人与人群关系的行为法则，它是一定社会背景下人们的行为规范，赋予人们在动机或行为上的是非善恶判断标准。

网络道德作为一种实践精神，是人们对网络持有的意识态度、网上行为规范、评价选择等构成的价值体系，是一种用来正确处理、调节网络社会关系和秩序的准则。网络道德的目的是按照善的法则创造性地完善社会关系和自身，网络道德除了规范人们的网络行为之外，还有提升和发展自己内在精神的需要。

随着信息网络技术的发展，互联网作为传播的新媒体，已成为青年学生获取和交流信息的重要渠道。网络信息资源的丰富和交流的便捷，深得青年学生的关注和喜爱。然而由于种种原因，网络也成为一些不法分子散布谣言、歪理邪说乃至传播色情信息的工具。

网络上获取知识的方便、快捷、全面的特点，给青年学生求知带来了极大的方便。从某种程度上来说，网络不只为学生打开了知识世界的一扇窗，而且为他们创造了另一个求知的广阔空间。但是一些不健康的网站屡禁不止，因此要加强网络道德的培养，用好网络这把"双刃剑"。

二、加强网络道德规范以及法律规定

全国青少年网络文明公约

要善于网上学习　　不浏览不良信息
要诚实友好交流　　不侮辱欺诈他人
要增强自护意识　　不随意约会网友
要维护网络安全　　不破坏网络秩序
要有益身心健康　　不沉溺虚拟时空

1. 维护网络安全

计算机网络虽无国界之分，但网民却有国别之分。单纯从网络技术的层面来看，网络确实没有国界之分，只要连接计算机网络，地球上任何一个角落的人不论国别、种族、性别就

能进行交流。但网络技术不能脱离一定的阶级属性而存在，否则网络有可能成为危害国家安全、泄露国家秘密、损坏国家利益的"自由天堂"。维护国家网络的安全是每个网民应遵守的基本原则。

2. 遵守法律规定

网络道德首先要求遵守网络的法律法规。2016年11月7日，第十二届全国人民代表大会常务委员会第二十四次会议通过了《中华人民共和国网络安全法》，自2017年6月1日起施行。《中华人民共和国网络安全法》，是为了保障网络安全，维护网络空间主权和国家安全、社会公共利益，保护公民、法人和其他组织的合法权益，促进经济社会信息化健康发展，制定的法规。《中华人民共和国网络安全法》明确规定：任何个人和组织使用网络应当遵守宪法法律，遵守公共秩序，尊重社会公德，不得危害网络安全，不得利用网络从事危害国家安全、荣誉和利益，煽动颠覆国家政权、推翻社会主义制度，煽动分裂国家、破坏国家统一，宣扬恐怖主义、极端主义，宣扬民族仇恨、民族歧视，传播暴力、淫秽色情信息，编造、传播虚假信息扰乱经济秩序和社会秩序，以及侵害他人名誉、隐私、知识产权和其他合法权益等活动。

3. 尊重他人利益

尊重他人利益就是要求网络主体要有尊重他人权利的意识，要认识到不论网络如何虚拟化，网络的主体都是人，这就要求网络主体之间应彼此尊重，不能把对方看成是可以被随意操纵的纯粹的"数字化"的符号。从这一角度出发，网上的个人隐私和个人信息是不能任意复制、粘贴和散布的，不能随意侵犯和伤害他人，否则就容易涉及侵犯他人隐私，甚至违法。尊重他人的权利，不设置影响网络信息交流的障碍，是网民道德的基本规范和行为准则。为此，每个人都不应该在网络上制造病毒，传播不良的、虚假的信息和不健康的内容，发布不负责任的言论，损坏他人的网络自由和利益。

4. 做到友善互利

网络的迅速发展，为人们互相交流感情、传递信息提供了广阔的空间。需要指出的是，在网络上不存在高低贵贱之分，每个网民均应具备良好的网络道德，做到平等公正、互惠互利，避免不必要的纷争，保护他人的网络权益。

思考题

1. 学生在成才的过程中，如何加强个人的法律意识？
2. 在校园内如何遵守法律，如何加强校园道德素养？
3. 如何在网络世界里做一个守法的人？

第八章　个人、家庭及社会

第一节　成长中的个人

每个人从小到大都要经历一个成长的过程，这个过程是一个不断发展的动态过程。一个人这一辈子可以不成功，但是不会不成长。

那么对于一个青年人来说，什么是一个人的成长？中国儒家思想讲求修身、齐家、治国、平天下。而西方哲学家罗素则认为，人的成长要遇到三个方面的矛盾：一是人与自然环境的矛盾；二是人与社会，也就是人与人的矛盾；三是人与自己的矛盾。人的成长过程实际上就是不断地寻找自己人生坐标的过程。人从小到大，视野不断开阔、知识不断丰富、经验不断积累，从而越来越深刻地认识自己，同时也在认识周围世界，这就是人的成长过程。人的成长路径不同，人生追求也千差万别，无论成功与否，人的最终归宿大致是相同的。而区别就在于每个人所走过的道路不同，每个人对自己人生的了解程度和自己内心的真实体验是不可复制的。人的成长就是不断突破自己的小环境，进入一个更广阔的世界的过程。这种突破，不仅指突破物理空间的界限，也指突破心灵空间的界限。

要了解一个青年人是如何成长的，应首先了解人在青年时期的成长过程中身心发展的特点。

一、青年初期身心发展的特点

青年初期是指从十四五岁到十八九岁这一时期。当这一时期结束的时候，即 19 岁的时候，青年的身心各方面已经达到相当成熟的水平。从 19 岁到 25 岁为青年晚期，由于这个时期的个体已开始进入就业、成家等成人生活阶段，所以又称此阶段为成人初期。

青年初期的特点主要体现在以下三个方面：

第一，在身体形态方面，青年初期个体的各项形态指标先后出现增长速度减慢、年增长值减少的趋势。在体内器官的成熟和机能方面，此时个体的心脏机能加强，肺活量增大，肺的发育进入成熟阶段。

第二，这一阶段，青年比少年更关心国家大事，对政治问题逐渐感兴趣，开始认真思考社会问题。他们希望参与社会生活，力图了解社会，个体社会化的速度加快了。

第三，开始考虑如何选择未来的学业和生活道路。青年初期是个体与未来发生关系最长的时期，他们对未来充满向往也具有最广阔的发展空间。进入青年初期，意味着很快就要结束中学生活，将要面临择业或继续求学等问题的选择。这种向往发展与未来的特性，使他们特别关心社会的发展和个人的前途，并开始设计自己的人生。

青年初期的心理特点主要表现为：

1. 在认知方面

青年初期，个体一般处于高中学习阶段，这阶段的学习内容更加复杂、深刻，生活更加丰富多彩。这种巨大的变化对青年的认知发展提出了更高的要求。新的需要与原有的认知结构之间的矛盾成为内在动力，推动着青年认知的发展。逻辑思维的成熟是这个年龄阶段在认识能力上的最显著的特点，此时，个体的抽象逻辑思维明显占优势，并向理论性抽象逻辑思维发展，辩证思维基本形成。

2. 在个性发展方面

进入青年初期以后，青年的个性虽然还有发生变化的可能性，但与其认知发展的情况一致。青年初期学生的各种个性品质已趋于稳定和成熟。

（1）自我意识高度发展。青年初期正是一个人必须明确自己个性的主要特征，并开始考虑自己人生道路的时候。一切问题都是以自我为中心展开的，也是以解决好自我这个问题为目的的。这种需求使得青年初期的学生的自我意识获得了高度发展，这对他们形成稳定的人格特征、价值观等均具有十分重要的作用。

（2）自我概念相对稳定。青年初期个体已经具有了相对稳定的自我概念。自我概念的性质主要受以下几方面因素的影响：第一，生理因素，身体外观形态上的特点影响青年自我概念的积极程度；第二，认知水平，具有较高认知水平的青年，往往具有更适当、更稳定的自我概念；第三，父母的自我概念倾向，将对青年的自我概念有影响，其影响是同方向的；第四，个人成功及失败的经验，也将影响自我概念的发展。

（3）自我评价渐趋成熟。自我评价是指主体对自己的思想、愿望、行为和人格特点的判断和评价，它是自我认识中最重要的指标。个体自我评价的能力到高中阶段才渐趋成熟，自我评价的水平可以从评价的独立性、评价的概括性、评价的广泛性、评价的稳定性等方面来判定。

二、认清自我，明确目标，追求成长

一个人的身心发展是有特点和规律的，我们的成长会经历很多阶段，不同的阶段能够胜任不同的事情。所以，知道自己处于什么样的阶段，可以让我们对自己应该做的事情、适合做的事情、可以扮演的角色，以及自己的前途都有比较明确而客观的判断，不至于陷入迷惘，分散自己的注意力。一个没有目标、没有方向、不知道路在何方的人，他的成长将是非常缓慢，甚至是停滞或萎缩的，正如有人说的"没有方向，什么风都是逆风"。

因此，我们应该认清自我，明确目标，找到方向，踏上正确的征途，勇往直前，在积累中追求突破，在突破中成长壮大。

美国成功学家、教育学家柯维把人生的成长分为三个层次，分别是依赖、独立、互赖。

（1）依赖：着眼点在"你"。你照顾我，你为我的成败得失负责，事情若有差错，我便怪罪于你。

（2）独立：着眼于"我"。我可以自立，我为自己负责，我可以自由选择。

（3）互赖：从"我们"的观念出发。我们可以自主、合作、集思广益，共同开创美好的人生。

第一个层次的人依赖心重，靠他人来实现愿望；第二个层次的人独立自主，自己打天下；第三个层次的人，他们群策群力以求获得成功。

在依赖阶段，如果生理上无法自立，如身体有残疾，便需要他人的帮助；情感上不能独立，其价值观和安全感建立在他人的评价上，一旦无法取悦他人，个人便失去价值；知识上无法独立，就要依赖他人代为思考，解决生活中的大小问题。相反，在独立阶段，生理独立的人可以畅所欲为；心智独立的人可以有自己的思想，具有抽象思考、创造分析、组织与表达的能力；情感独立的人能够肯定自我，不在乎外界的毁誉。

由此可见，独立比依赖成熟得多，只有拥有真正独立的人格，才能事事操之在我，不受制于人。这种境界的确值得追求。不过，独立还不是个人成长的最高境界，只重独立并不适合与人息息相关的现代生活。一个人如果缺乏互赖观念，难以与他人相处共事，充其量只能是独善其身，无法成为出色的领袖或团队的一分子，也不会有美满的家庭、婚姻与团队生活。由此可见，个人无法离群索居，想独自一人追求圆满人生，是不可能的。

互赖是成熟和进步的标志。生理上互赖的人，可以自给自足，但也懂得互助合作能发挥更大的作用；情感上互赖的人，完全肯定自己的价值，但也承认需要被爱、关怀及付出；知识上互赖的人，能取人所长，补己之短。

总而言之，互赖的人能够与人分享内心真正的感受，做有意义的交流，也能共享他人的心得。必须强调的是，唯有独立的人才能达到互赖的境界，依赖的人还不具备足够的条件。因此，只有真正的独立才是培养良好互赖关系的基础。

然而，对于个人的成长而言，什么才是最重要的呢？每个人的侧重点可能不同，但有三个方面是最基本的：人与外部世界、人与人、人与自己。对于人的成长，如果寻找坐标的话，应该去寻找以下三个坐标：一是时代的坐标；二是与他人比较，你的比较优势是什么；三是自己内心的坐标。

第二节　成长中的家庭

一、家庭的含义和类型

家庭是由婚姻、血缘或收养关系所组成的社会组织的基本单位。家庭有广义和狭义之分，狭义的家庭是指一夫一妻制构成的社会组织单元；广义的家庭则泛指人类进化的不同阶段中的各种家庭利益集团即家族。人们常把家庭称为社会的细胞。家庭是构成社会的基本单位，是由夫妻关系和子女关系结成的最小的社会生产和生活的共同体。若干个血缘关系较近的家庭，谓之家族。

随着社会的进化逐步由较低阶段向较高阶段发展，社会学家将人类传统的家庭模式分为三类：

（1）核心家庭：由夫妻及其未成年子女组成。

（2）主干家庭：由夫妻、夫妻的父母或者直系长辈及未成年子女组成。

（3）扩大家庭：由核心家庭或主干家庭加上其他旁系亲属组成。

这是对传统家庭的理解，现代的家庭模式已经远远超出上述简单的三分法，并正向更加多元化的方向发展。

非传统家庭模式如下：

（1）单亲家庭：由单身父亲或母亲及其未成年子女组成的家庭。

（2）单身家庭：人们到了结婚的年龄不结婚或离婚以后不再婚而一个人生活的家庭。

（3）重组家庭：夫妻一方再婚或者双方再婚组成的家庭。

（4）丁克家庭：双倍收入、有生育能力但不要孩子，享受浪漫自由人生的家庭。

（5）空巢家庭：只有老两口生活的家庭。

二、家庭在个人成长中的重要作用

家庭是一个人在其中生活最长久的社会组织。人的一生中，绝大部分时间是在家庭中度过的。因此，人的社会化始终与家庭有密切关系。

家庭在个人的成长过程中起着重要作用。

家庭的重要作用之一是养育儿童。这是由于婴儿很脆弱，更加需要成人的——尤其是母亲的——照顾。而且由于不同文化的影响，男孩与女孩具有不同的性格，成长过程中需要一个同性的成年人与之建立密切的联系，作为成年角色的模范。在同一个居住体中，成年男女的存在提供了这样的条件。但是养育儿童并不是家庭存在的唯一原因。从理论上讲，成群的孩子可以由成对经过训练的男女专家来抚养，而目前出现的同性婚姻也给传统的家庭模式带来了冲击。

家庭的重要作用之二是扶养老人。在中国传统文化中，子女对父母的赡养被视为一种道德义务。一是回报父母的养育之恩：父母从我们出生开始就为我们提供了温暖和保护，给予了无私的爱和无尽的关怀。子女赡养父母是回报他们养育之恩的重要方式，体现了对父母的感激和尊重。二是传承家庭价值观：赡养父母不仅是一项经济责任，更是传承家庭价值观念的重要途径。通过赡养父母，子女可以向下一代传递孝敬父母的重要价值观，培养家庭凝聚力和亲情。三是照顾父母的身心健康：随着年龄的增长，父母的身体健康可能会衰退，他们需要更多的照顾和关怀。子女的赡养可以提供必要的生活和医疗支持，保障父母的身心福祉。四是体现社会责任和人文关怀：赡养父母不仅是个人责任，也是社会责任和人文关怀的表现。一个关爱父母的社会能够培养出更加和谐与善良的人际关系，形成社会道德的良性循环。五是培养自身品德与家庭价值观：赡养父母是一种对个人品德和家庭价值观的培养。通过承担赡养责任，子女可以学会关心他人、体验付出的喜悦，并形成积极向上的人生态度。

家庭的重要作用之三是影响人的社会化。家庭是人的第一生活环境。一个人生下来之后便置身于家庭环境之中。社会通过家庭对个人发展施加影响。通过这种影响使一个自然人转化为一个能适应特定社会文化、参与社会生活、履行一定角色行为的社会人，这就是社会化过程。人的社会化过程始于家庭，但延至家庭之外，因为社会化作为学习和传递一定社会文化的过程，仅在家庭中是不能完成的。社会化的内容相当广泛，概括起来主要有如下几个方面：①基本生活技能的掌握；②社会规范的接受；③生活目标的确立；④社会角色的养成。

父母是子女的第一任老师，是他们的榜样。当子女还没有进入正规学校接受教育之前，父母就要担当起抚养者和教育者的角色，在人生的关键时期，教育子女树立正确的人生观、价值观。

家庭中父母的关系会对个人产生巨大的影响。一项研究结果显示：父母经常吵架对孩子造成的不良影响大于父母离婚对孩子的影响。原因是父母是孩子最亲近的人，孩子长期目睹父母争吵，父母间相互敌对、贬低对方，都会使孩子产生不安全感、不信任感以及怀疑、困惑等消极情绪，很可能造成孩子人际关系障碍，难以与他人建立信任关系，影响孩子一生的幸福。为人父母不仅要处理好彼此之间的关系，还要为孩子创造一个良好的家庭环境，促进其健康成长。良好的家庭环境主要表现在以下几个方面：

一是尊重和信任。家庭成员之间（特别是夫妻之间、父母与孩子之间）是互相尊重、互相信任的关系，而不是控制与被控制的关系，大家都有发言权，大家都应互相尊重和认同。每个人都有权选择自己的生活方式，任何人都无权决定他人应该做什么，大家要彼此信任，不要互相猜疑。家庭中不刻意树立某个人的权威，每个家庭成员都有尊严，也会自觉维护他人的自尊。

二是对自己的行为负责。这包括两个含义：一方面个人要为自己所做的事负责，不推卸、逃避责任，敢于承担责任；另一方面不为他人做的事情承担责任，尤其是为配偶和子女。这样做表面上看似不通人情，实际上对培养他们的责任感大有益处，会促进他们的独立成长和自我完善。

三是宽容的心态。宽容是种美德。世间万物从不同的角度看会得到不同的结论，更何况是在家庭中。家庭是情多理少的地方，所以说如果不是什么原则性、大是大非的问题（这些问题并非太多），就没有必要分出孰是孰非。

四是论事不论人。家中琐碎的事繁多，故发生矛盾在所难免，怎么办？原则有二：第一是不逃避，勇敢面对；第二是就事论事。如果家人在某事上有冲突，那就不要带着个人情绪或成见，本着开放的态度对待周围的人和事，才能真正做到论事不论人。

五是真心赞赏别人。每个人的内心都渴望被人欣赏、接纳。善于称赞、表扬他人的人是最受欢迎的。尤其是发自内心的赞赏，在给他人带去快乐的同时，也给自己带来融洽的人际氛围。

六是善于表达自己。要学会清楚明晰地表达自己的需求，不要让他人去猜测、揣摩你的意思。只有清晰地表明自己的立场，他人才有可能理解你、支持你。在家庭里，要注重培养大家的语言表达能力，这不仅有利于家庭的人际沟通，更有助于培养家人的社会交往能力。

七是真实的自我。第一，要有自知之明，了解自己的长处和短处。第二，从内心深处接纳真实的、现实中的我。接受自我的人，是自信的人。不要为迎合他人而改变自己，因为那样做会压抑自己的本性，长久下去会迷失自我，势必影响心理健康。不要刻意去改变他人，那是劳而无功的，我们所能做的只能是用自己的行动去影响别人。

三、问题家庭对青少年成长的影响

所谓问题家庭，主要是指在家庭结构、家庭气氛、家长教育方式和教育态度、家长本人修养与作风等方面存在着严重缺陷的家庭。过去，我们一般将违法犯罪青少年的家庭描述为溺爱型、粗暴型、贫困型等。但随着社会发展，家庭结构和功能发生了很大变化，以往的归类并不能完全涵盖或解释青少年违法犯罪的家庭原因，如许多家庭收入状况良好、父母文化程度较高而孩子却最终走上了犯罪道路，这与以往的论述并不相符。但事实表明，问题家庭确实与青少年违法犯罪有着极其密切的关系。

1. 家庭残缺对青少年违法犯罪的影响

在家庭关系中，夫妻关系、父母与子女的关系，都是家庭的重要组成部分，而夫妻关系是家庭存在的基础。一旦由于各种原因失去夫妻的一方或双方时，便意味着家庭结构的完整性遭到破坏，形成残缺家庭。残缺家庭的表现形式有：①由于离婚、配偶一方死亡而造成的单亲家庭；②由于婚外情、分居、配偶一方出走等问题形成的"隐性"的残缺家庭；③由于种种原因，造成孩子由祖父母、外祖父母抚养的"隔代"家庭。残缺家庭对青少年的成长有许多不利影响。例如，由于父母离异致使子女失去家庭的温暖，感情受到严重创伤，导致性格变异，心理压抑，甚至离家出走，过早进入社会，加之发育尚未成熟，认识水平低，辨别是非能力差，以致误入歧途，走上违法犯罪道路。

2. 家庭教育失当对青少年违法犯罪的影响

家庭教育失当有以下几种类型：①自由放任型。父母不履行教育孩子的义务，对孩子听之任之，不管不问，放任自流。这种家庭教育方式容易使家庭成员之间关系冷漠、疏远、互不关心，使孩子形成扭曲的心态，性格内向、怪癖、冷漠、自私。一旦受外界刺激，便容易产生偏激行为而导致违法犯罪。②娇纵溺爱型。父母以孩子为中心，视其为掌上明珠，一味满足孩子在物质、精神、生活等方面的任何需求，造成"亲情过剩"，久而久之，则使孩子养成骄横、任性、贪图享乐、唯我独尊等不良习性，一旦恶性膨胀，遇到外界的诱因，便导致违法犯罪。③粗暴生硬型。家庭对孩子的期望值过高，但缺乏科学、正确的教育方式。当孩子达不到自己的期望时，往往"恨铁不成钢"，采用粗暴方式对待孩子，深信"不打不成材"。这种教育方法，使孩子身心遭到创伤，容易产生变态心理。

3. 不良的家庭环境对青少年违法犯罪的影响

家庭环境一般包括生活条件、家庭结构、家庭关系、家庭行为等因素。家庭环境是一个人生活和成长的首要环境，家庭环境直接决定和影响着孩子的健康成长和发展。因此，良好的家庭环境，会孕育孩子健全的人格，给孩子的健康成长提供一个良好的必要的条件。而不良的家庭环境则会导致孩子的人格向变态的方向发展，往往是造成孩子违法犯罪的主要客观因素。不良的家庭环境主要表现为：

（1）家庭关系的对抗性。家庭关系的对抗性是指家庭成员之间相互指责、相互攻击的对立情绪。这种情况主要发生在父母离婚前或父母脾气暴躁、文化程度较低的家庭。这种家庭经常充斥着吵骂、指责、揭短、斯打，孩子没有快乐、享受不到父母的爱和家庭的温馨，孩子为逃避这种不祥和的家庭气氛，极易离家出走，流落街头，一旦受到不良因素的影响，就会走上犯罪的道路。

（2）家长行为有失风范。主要指家长文化素质、道德水准低下，行为不检点、不文明或具有不良嗜好，甚至有违法犯罪记录。父母是孩子的第一任老师，他们的一言一行、思想水平、道德水准、生活作风都对孩子起着直接的示范作用。如果父母本身道德品质败坏，常常会诱发孩子产生不良行为，形成不健康心理，而且年龄越小，其个性受父母的影响越大。

四、充分发挥家庭在个人成长中的作用

1. 正确进行家庭教育

古人云："养不教，父之过。"正确的家庭教育是人健康成长的必要条件。只养不教，是父母的失职；教之不善，是父母的罪过。马克思曾经有言："家长的行业就是教育子女。"家庭教育，主要是对孩子的思想品德、不良行为的教育和纠正。第一，要引导孩子从小树立正确的世界观、人生观、价值观，进行爱国主义教育，做一个对社会有用的人。第二，要对孩子进行法制教育，让孩子从小懂得什么事可以做，什么行为是违法犯罪行为，做一个学法、守法、遵法的人。第三，要引导孩子从小树立责任感，在家，懂得孝顺父母，关心他

人；在社会，懂得对工作负责，爱岗敬业，乐于奉献；建立家庭，懂得爱护配偶与孩子，做一个人格健全的人。第四，要引导孩子从小树立健康的人格，进行情感、奉献、责任、关心、宽容、感恩等优秀品德的教育。教育最重要的任务是培养具有全面文明素养的人，让孩子学会做人、学会做事、学会求知，让孩子懂得尊重和善待生命，懂得遵守规则和秩序，懂得对自己的行为负责。

2. 模范地影响子女

家庭教育的质量，很大程度上取决于家长的素质。家长自身的文化素质、道德修养不高，行为不端，都会为青少年提供错误的行为参照模式，影响青少年的健康成长。在家庭里，父母应当努力完成"三大主体角色"，即成为合格父母、合格教师和合格主人。为了孩子而无私奉献的父母，是合格父母。父母还应是合格老师，不仅能够教导孩子树立正确的道德价值观，并且能够以身作则，成为孩子的第一道德榜样。父母还应是合格主人，对整个国家及家庭所有成员的生活与未来持有强烈的责任感，从而引导他们走向正确的人生方向。

3. 强化家庭管理

青少年优良品德的形成，良好行为方式的培养，不仅需要父母正确的引导、教育，更需要家长严格、科学的管理。大量调查表明，青少年的不良行为有很大一部分是在缺乏家庭管理，特别是缺乏正确家庭管理的情况下形成的。从预防青少年不良行为的角度讲，家庭管理应当采取多种管教方式。常见的方式有：①鼓励。当孩子表现好时，应及时给予表扬，必要时送一些小礼物以奖励他们，并鼓励他们在今后的学习、生活中继续努力。②交谈。父母应与自己的孩子"打成一片"，做孩子的朋友，而不能人为地制造地位不平等的障碍。③权威。恩威并施对孩子奉行的价值观念会产生重大的影响，父母要不断提高自身的素质，才能正确回答和解决孩子提出的各种问题以及正确管理自己的家庭，要有使孩子信服的能力。④限制。对孩子的不良行为要进行管制约束，为他们的健康成长提供良好的环境。⑤纠正和制止。对孩子的任何越轨行为要及时制止和有效地进行纠正，晓之以理、动之以情、明之以害，不能姑息迁就，包庇护短，更不能纵容。

4. 营造充满温馨、友爱的亲情家庭

提倡平等、民主、和睦、友爱的家庭关系，注重家庭的亲密度。父母要互敬互爱，互谅互让，保持恩爱的夫妻关系。父母与长辈之间要互相尊重，与邻里之间要和平共处，互相帮助。父母对孩子要平等对待，多一份体贴，少一些训斥；多一份爱护，少一些冷漠；多一份理解，少一些专横；做孩子的良师益友。

家庭是预防青少年违法犯罪的第一道防线，也是社会安宁稳定的桥头堡。因此，必须重视问题家庭，注意从各个方面积极改善问题家庭，为青少年的健康成长营造幸福的港湾。

第三节　个人社会化

一、社会化的定义

社会化是在特定的社会与文化环境中，个体形成适应于该社会与文化的人格，掌握该社会所公认的行为方式。作为一个过程，它伴随人的一生。

社会化的目的在于让每个人尽可能地成长为社会需要的人，而社会化的人是健康的个

体，不仅能够适应外界环境，而且能够积极地支配环境，从而达到个人的自我实现与社会和谐发展的有机统一。

当今世界交流沟通日益频繁密切，社会的多元化趋势日趋加强。作为个体，如何选择特定的社会和文化环境，选择怎样的特定社会和文化环境作为自己社会化的方向和目标，就显得非常重要。

二、个人社会化的主要内容

1. 政治社会化

政治社会化指个体形成某一特定社会所要求的政治信仰、态度和行为的过程。它体现在如何对待政治制度、政治生活方式、政策及个体政治观念的发展等问题上。在不同的社会制度和阶级中，个体政治社会化有不同的内容和方向。

2. 民族社会化

民族社会化指热爱和忠于所属民族的优良传统、风尚、风俗，但这并不是盲目排外或把自己所属民族凌驾于其他民族之上。中华民族的民族社会化水平是很高的，即使是长期侨居在国外的华人，仍然能够保持和发扬中华民族的优良传统。

3. 法律社会化

法律社会化指个体形成某一特定社会要求的法律观念和遵守法律的行为的过程。在不同的社会制度和阶级中，个体法律社会化的内容和方向不同。美国的塔普等人对丹麦、希腊、意大利、印度、日本、美国等六个国家的四、六和八三个年级5 000名学生所进行的研究发现，被试的法律推理有三种水平：①习俗前水平。特点是因害怕惩罚而遵守法律，不明白必须遵守法律的道理。这是一种比较低级的水平。②习俗水平。特点是以社会需要控制管理才能使其有秩序和存在下去的习俗的认识，去理解为什么要制定法律。这是一种中等水平。③后习俗水平。特点是能通过抽象的法律概念来证明法律存在的合理性，懂得为什么要遵守法律的道理。塔普等人的研究对象后来从四、六和八年级学生扩大到成人和学前期幼儿。研究的结果认为，这六个国家的儿童和成人，绝大多数只达到中等水平，能达到后习俗水平者极少。中国政府从1985年开始在全体公民中普及法律常识，这一措施有助于推进公民的法律社会化进程。

4. 道德社会化

道德社会化指个体形成某一特定社会的道德标准和与之相符的行为的过程。在不同的社会制度和阶级中，道德社会化有不同的内容和方向。美国的科尔伯格于1966—1976年用他设计的九种"两难困境"进行的研究表明，个体道德社会化的发展有阶段性。

5. 性别角色社会化

性别角色社会化指个体形成社会对不同性别的期望、规范和与之相符的行为的过程。社会、民族、文化、风俗不同，对男女性别就会有不同的期望和规范。男女心理上的差别是社会造成的。美国的罗森克兰茨等人1968年作了一项研究，要求被试（青年学生）举出所有的描述普通男人和普通女人的形容词，其结果反映出在美国青年学生中存在着很深的男优于女的性别角色偏见。

6. 职业社会化

职业社会化指个体按社会需要选择职业、掌握从事某种职业的知识和技能，以及从事某种职业后进行知识、技能更新的再训练的过程。

7. 性的社会化

性的社会化指个体形成符合某一特定社会要求的性观念和性行为的过程。在中国，性的社会化内容包括性的解剖生理知识、性的心理卫生知识、性疾病的防治知识、计划生育、性道德、性犯罪的预防等方面。

三、互联网络的发展对青年学生社会化的影响

在现代社会，网络的迅速发展和广泛应用对青年学生的社会生活方式、互动方式产生着深刻的影响，并以一种新的社会化环境，对青年学生的社会化产生双面的影响。

1. 积极影响

（1）网络形成的"网络群体"环境创造了新的社会关系，拓展了青年学生社会化的范围。

青年学生要实现社会化，必须置身于一定的社会关系和社会交往中，以满足各种社会需要。网络通过全方位、多层次的信息传输为青年学生提供了更方便、范围更大的社会交往机会，使青年学生的社会性得到空前的延伸和发展。一方面，网络空间的出现使青年学生的交往克服了时空障碍，青年学生在网上可以将自己融入"无限"的网络群体，社会接触面更为广泛。交往活动跨越了年龄、地域和时间等的限制，不同年龄、不同地域，甚至不同国籍的人可以在网络空间一起学习和娱乐，网络把世界连接成一个前所未有的"地球村"，交往的空间获得了前所未有的拓展。另一方面，网络的虚拟特性，使青年学生的网上交往无须考虑自己或对方的社会地位、文化程度、经济收入、年龄差异等现实生活中无法回避的因素，不必顾虑世俗的偏见和利益冲突，这就减少了现实世界人际交往中的种种顾虑和面对面交往难以避免的尴尬，更容易相互信任，实现心灵的完全自我袒露，从而将交往提升到较高的层次，避免了现实世界的危机和压力，缓解了各种矛盾的爆发。由此可见，网络技术开拓了新的社会交往环境并创造了新的社会关系，拓展了青年学生社会化的范围。

（2）网络形成的"信息共享"促进青年学生更好地参与社会生活。

传统的教育决定了青年学生只能在所处的社会群体或社会组织中通过学习社会文化积累社会知识，发展和形成自己的个性来完成个人的社会化过程。因此，其个性倾向、个性心理特征及行为方式受所处环境及文化的制约，具有明显的地域性特征。网络为信息共享提供了以往难以想象的可能性，它构建出跨地域、跨时间、跨民族等最广泛的全球信息传媒，以先进的电子技术手段向全球成员传播各民族优秀文化遗产、当地先进科学技术及社会所倡导的价值观和行为规范，使社会成员都有机会共享各民族优秀文化和当代科技成果。青年学生可以通过网络学习文化知识，了解社会公认的行为规范和价值体系，并从中掌握相应的专业技能和生活技能，获得丰富的社会生活经验，实现社会化的过程，更好地参与社会生活。

（3）网络形成的"虚拟现实"环境，为青年学生在现实中成功实现角色扮演提供了实践机会。

青年学生社会化的最终目标就是使青年学生成长为符合社会要求的社会成员，在社会生活中担负起一定的社会角色。因此，青年学生作为角色扮演者必须加强角色学习和角色整合，通过更多的角色实践使自己在今后的现实生活中减少角色失控现象的发生，更好地胜任自己的角色。由于个人文化状况、价值观念及生活环境的差异，对同一社会角色的理解也有较大的差异。而现实社会却难以提供条件让人们去充分实践和学习每一个角色。网络的"虚拟环境"为人们提供了角色实践的绝好场所，人们可以在"虚拟环境"中进行"角色换

位""角色演习",领会不同角色的社会需求和情感表露,并按照社会需求及自身的领悟进行反复实践。经过在网上的多次实践和验证,把握自己在现实社会中扮演的各种角色的尺度,可以减少角色失控现象的发生。

(4)网络创造的"自我实现"的主动受化方式,提高了青年学生社会化的自主性。

青年学生的社会化过程,不仅是一个"社会学习"的过程,而且是一个"社会参与""社会创造"的过程。但在实现社会化的过程中,青年学生的主体选择性较小,面对的都是所属群体的权威。在家庭社会化中面对的是家长,在学校社会化中面对的是老师。权威当然是以社会的主导文化为本,对青年学生进行积极的、正面的教育,这对青年学生是极有益的。但是,从另一方面来说,对青年学生进行的社会教化内容也取决于传教者。传教者往往从自身的角色和好恶出发,而且传教者也受自身知识或自身环境及价值观的制约,使青年学生获取知识的范围受到了极大的限制,同时也压抑了青年学生的个性,使个人的主观能动性和潜能得不到充分发挥。而在网络社会中,网络形成的"信息共享"有助于青年学生的触角获得多端发展和延伸,不再受传统教育的限制,可以在网上根据自身的需要选择相应的内容进行学习,还可以通过网络与全球各地的专家和兴趣相同的朋友进行交流,拓宽自身的视野。

2. 消极影响

任何事物都有其两面性,有其积极的作用,也存在其消极的影响。网络也一样,在为青年学生社会化带来积极作用的同时,也存在着消极的一面。

(1)网络的"信息共享"传播各种垃圾信息,容易造成青年学生道德社会化的偏离。

网络形成的"信息共享"将不同的文化传统、风俗习惯及价值观念传播给青年学生,青年学生在吸收优秀文化的同时,也在一定程度上吸收了一些劣质文化。劣质网络信息的长期影响势必导致整个社会的价值观多元化,进而导致社会的道德沦丧。

(2)网络社会的虚拟性会造成青年学生对现实社会的认同危机。

在网络社会里,因为没有社会构成的基本要素,所以就不可能按照一定的秩序形成稳定的社会体系。青年学生如果迷恋好玩、刺激和富有挑战性的虚拟环境,过分关注人机对话,就会淡化个人与社会其他成员的交往,失去适应现实环境的能力。网络社会成员所扮演的社会角色是虚拟的,它的存在随时会由于某种原因变得支离破碎,或与现实社会差异较大,这会给网络社会成员造成精神压力,使其情绪受到压抑。而涉世不深的青年学生无法对网络成员进行正确的角色判断,如果上当受骗,就会产生愤怒和茫然的情绪。若把这种情绪带到复杂的现实社会中,就会使他们对现实社会产生认同危机,从而不能正常参与社会生活。

(3)网络对传统社会化执教者地位的挑战,造成社会对青年学生社会化的控制力减弱。

在传统的社会化过程中,由家庭、学校等机构实行的社会化进程,父母、教师等施教者都是以一种真实、确切的社会角色参与下一代的社会生活的,他们在青年学生社会化的过程中扮演权威角色,使青年学生可以清楚地区分社会化的执教者和受化者。但在网络社会中,情况发生了很大的变化。网络信息作为一种无孔不入的存在,它对所有人都是平等的,不存在谁压迫谁、谁统治谁的问题。而传统的长辈经验对于急剧变化的网络社会也显得不适合了,长辈权威的瓦解与网络的广泛应用呈正相关关系。最终,谁来执导青年学生社会化?尼葛洛庞帝(Negroponte)赋予网络新自由主义精神——"沙皇退位,个人抬头"。但这种"个人抬头"的缺乏"执教者"的社会化是否能真正成功呢?就像弗兰克所说:"重新获得解放的个人又犹如站在漠漠荒原上不知归向何方。"原有组织化、序列化的社会化模式发生了断裂，在没有长辈权威的执教者的情况下，青年学生社会化的控制将变得困难重重。因为垂直的约束力锐减，社会支持结构扁平化使青年学生可能会像一盘散沙，再加上网络上的劣质信息，很容易使个人走上社会化的歧路。

（4）网络高科技特征导致的单一、个人"技术崇拜"，冲击青年学生社会化最终目标的实现。

青年学生社会化的最终目标是成为适应社会发展要求的合格公民。在网络社会里，技术是衡量个人价值的标准，拥有高超计算机技术的人已成为时代的宠儿，IT行业的从业人员因高收入、高技术，其职业声望已经在社会职业中名列前茅。据有关调查资料，在广州青年学生钦佩的四位人物中，美国微软公司的比尔·盖茨名列第三，仅次于周恩来、邓小平。青年学生对技术的追求和"知识英雄"的崇拜，有利于信息化技术人才的培养。但是，青年学生对技术的过度崇拜和迷恋，容易造成思想道德方面的偏废，这从青年学生对"黑客"的认识上可见一斑。2005年11月末，沈阳师范大学在全市10多所高校中发起了"大学生网络文明抽样调查"，调查问卷涉及的问题除了上网时间、上网喜好等基本情况外，还毫不避讳网恋、黄色网站、黑客等敏感话题。关于黑客的问题，表示崇拜电脑黑客的竟占到74.3%，但同时也有88.3%的人清醒地认识到，这是一种网络犯罪，侵犯了他人的权益。这种单一的技术崇拜，忽视了个人德、智、体、美、劳和谐而全面的发展，不利于青年学生社会化最终目标的实现。

3. 如何让网络对青年学生的社会化发挥其正面影响

（1）健全网络法律，规范网络行为。

首先，针对有害信息泛滥、监管控制乏力的现状，有关部门要尽快建立健全网络法规，防堵有害信息的侵蚀，使网络行为有法可依。其次，必须尽快建立网络行为监控机制，确立和量化网络行为和网络主体的对应关系，健全网络技术的法律法规，通过法律途径制裁网络犯罪，维护信息的安全性，打击非法闯入者。最后，要教育人们自觉遵守各信息系统的信息传播和使用的各种规定与法律，自觉抵制违法行为，做遵纪守法的优秀网民。

（2）加强青年学生的网络道德教育。

由于网络传播的各种垃圾信息，容易造成青年学生道德社会化偏离的问题，因此，加强青年学生的网络道德教育已是当前高校德育教育的重要内容之一。通过网络道德教育，增强青年学生对全球网络文化的识别能力和自律抗诱能力，使他们在五光十色的网络文化面前坚定信念、把握方向、守住良知、拒绝堕落，培养出自觉的网络道德意识、道德意志和道德责任，使青年学生通过网络共享健康、向上的网络文化。

（3）转变传统的青年学生社会化模式，适应网络时代青年学生社会化的特点。

传统的青年学生社会化模式是"被动"受化方式，教师拥有知识和生产、生活的技能，在社会中占主导地位，他们把自己的知识和经验传输给下一代。网络时代青年学生的社会化更多的是在同辈之间学习，教师则变为辅导者。因此，在网络时代，正确思想理论的"灌输式"教育仍不可缺少，直接向下一代传输正确的思想理论依然是必要的，但更应该采用"交互式"的信息传输方式，将知识渗透到丰富多彩的活动中。同时，教师必须努力学习新技术、新知识，提高自身的能力，才能更有效地进行社会化教育。

思考题

1. 青少年的身心发展有哪些特点和规律？
2. 如何看待家庭在个人成长中的作用？
3. 如何看待互联网的发展对青少年的影响？

第九章　不同文化之间的交流

第一节　不同地区之间的文化交流

一、不同文明的发展是人类历史发展的必然结果

世界上各个文明都是特定的人群在不同的自然环境和具体历史条件下活动的产物，都有其自身产生、发展和演变的过程，又各自具有特殊性。例如，起源于尼罗河流域的古埃及文明、产生于两河流域的美索不达米亚文明、诞生于爱琴海地区的古代希腊文明、发轫于印度河与恒河流域的印度文明，以及在美洲不同地区出现的阿兹特克文明、玛雅文明和印加文明等，由于地理生态环境、物质生产、国家和社会制度、种族、宗教信仰、文化价值观念和生活方式、风俗习惯等各不相同，文明的发展也走上了不同的道路。但是，它们在不同历史时期所创造的那些伟大的文明成果，如埃及吉萨金字塔和卢克索神庙、巴比伦《汉谟拉比法典》、古希腊雅典娜神庙和柏拉图与亚里士多德的哲学，古罗马气势雄伟的公共建筑和罗马法典，印度《奥义书》和阿旃陀石窟，墨西哥太阳金字塔，以及其他物质文明和精神文明的杰作，都对人类文明作出了宝贵贡献，理应得到同样的承认和尊重。

纵观人类历史，从古至今，世界上出现的各种文明和文化虽然都是人类的创造，在满足人的基本需要和表达源自人性深处的思想感情方面有其共性，但在表现的方式上却各有其特殊性，呈现出丰富多样的面貌和相互间的差异。以文字为例，文字是人类从野蛮走向文明最重要的标志之一，也是信息储存和文化传播的重要工具。文字的产生需要具备一定的条件，是社会发展到一定阶段的结果。文字从开始出现到逐渐完善要经历一个过程，这对于各种文明来说大致是相同的。但是，各种文明所创造出来的各种文字体系，如美索不达米亚的楔形文字、古埃及的象形文字、中国的甲骨文、古希腊的拼音文字、印度的梵文以至美洲阿兹特克文明和玛雅文明使用的文字，它们之间的差别非常大。因此，文明的共性和文明的特殊性、多样性并不是截然对立的，而是辩证统一的，其共性即寓于特殊性和多样性之中。有人认为，我们今天生活在全球化的时代，随着经济全球化趋势的加速进行，将会出现统一的所谓"全球文明"，世界文化也将"趋向共同的发展"，文化的多样性将逐渐消失，这是一种严重的误解。实际情况恰恰相反，经济全球化和科技的迅猛发展虽然把世界各部分联成一体，大大加强了各国和各地区人民之间的联系和交流，可是这不仅没有消除各种文明和文化

之间的差别，反而使它们获得了新的活力与动力并日益朝着多元化的方向发展。假如世界上原有的各种文明果真像那些人所设想的那样，被实质上以西方文明为主导的所谓"全球文明"所代替，那么世界不是变得过于整齐划一、平淡乏味了吗？

现在，不同文明的存在和多元文化已越来越得到国际社会的普遍认同和充分肯定。1998年联合国大会通过决议，确认了世界上各种不同文明的存在，并把2001年确定为"各种文明之间对话年"，提出要加强不同文明之间的对话和交流，保持文化的多元性。2001年，联合国教科文组织大会一致通过了《世界文化多样性宣言》，把文化多样性提升到"人类共同遗产"的高度来认识。宣言明确指出："正如生物多样性对自然界来说是必需的一样，文化的多样性对人类也是必需的。"宣言强调要对文化多样性加以大力保护，同时认为不应把文化多样性看作固定不变的遗产，而应把它看作一笔有生命力的、可以不断更新的财富，看作可以保证人类生存的一个过程。我们可以从这些"人类共同遗产"中汲取新的启示和灵感，以丰富和扩展我们的想象力和创造力，为创造今天的文明作出贡献。

二、不同文明之间的交流促进世界文化的发展

文明并不是与世隔绝、孤立存在和自我封闭的东西，它需要与外部世界相交往，通过与其他文明的接触、对话和交流从外界不断获得营养，取得新的活力，焕发新的生机，从而发展壮大。一旦把自己封闭起来，断绝与其他文明世界的联系和往来，就会失去不断创新和前进的动力，变得保守僵化而走向衰落。有人宣扬所谓"文明冲突论"，片面强调和夸大不同文明之间的差异和不可避免的矛盾冲突，把文明说成互相无法沟通的对立的封闭系统，这也是违背文明发展的历史事实的。

从世界文明发展的整个过程来看，不同文明之间的矛盾和碰撞虽然经常发生，但并不一定会导致不可调和的冲突。希腊人征服了埃及，建立托勒密王朝，并没有消灭埃及文明，而是为它注入希腊文明的因素，形成了东西方文明的交融。希腊人和波斯人入侵印度，也没有使印度文明遭到毁灭，而是给它带来了新的文明的冲击。当然，历史上也曾有过在激烈的冲突中文化遗产被大量毁灭的事例，对人类文明造成无法挽回的损失，但这种冲突往往不是文明之间的差异所引起的，而是物质利益的推动所致。一般而言，各个不同文明之间的和平共处、相互影响、相互渗透、交融互变，才是世界文明发展的常态和主流。因此，开展不同文明之间的对话和交流，不仅是为了促进各国、各地区人民之间的相互理解，维护世界和平，而且对世界文明本身的发展来说也是十分必要的。

在世界历史的发展过程中，各个国家、各个民族都创造出了具有自己特色的文化成就。不同的文化之间既有冲突也有融合，但总的趋势是融合。以中国为例，在"中学西传"与"西学东渐"的双向互动中就明显呈现出冲突和融合的特征。

中华文明经历了5 000多年的历史变迁，但始终一脉相承，积淀着中华民族最深层的精神追求，代表着中华民族独特的精神标识，为中华民族生生不息、发展壮大提供了丰厚滋养。中华文明是在中国大地上产生的文明，也是同其他文明不断交流互鉴而形成的文明。

公元前100多年，中国就开始开辟通往西域的丝绸之路。汉代张骞于公元前138年和119年两次出使西域，向西域传播了中华文化，也引进了葡萄、苜蓿、石榴、胡麻、芝麻等西域植物。西汉时期，中国的船队就到达了印度和斯里兰卡，用中国的丝绸换取了琉璃、珍珠等物品。中国唐代是中国历史上对外交流的活跃期。据史料记载，唐代中国通使交好的国家多达70多个，那时候的首都长安来自各国的使臣、商人、留学生云集成群。这个大交流

促进了中华文化远播世界，也促进了各国文化和物产传入中国。15 世纪初，中国明代著名航海家郑和七次远洋航海，到了东南亚很多国家，一直抵达非洲东海岸的肯尼亚，留下了中国同沿途各国人民友好交往的佳话。明末清初，中国人积极学习现代科技知识，欧洲的天文学、医学、数学、几何学、地理学知识纷纷传入中国，开阔了中国人的知识视野。之后，中外文明交流互鉴更是频繁展开，这其中有冲突、矛盾、疑惑、拒绝，但更多的是学习、消化、融合、创新。

佛教产生于古代印度，但传入中国后，经过长期演化，佛教同中国儒家文化和道家文化融合发展，最终形成了具有中国特色的佛教文化，给中国人的宗教信仰、哲学观念、文学艺术、礼仪习俗等留下了深刻影响。中国唐代僧人玄奘西行取经，历尽磨难，体现的是中国人学习域外文化的坚韧精神。众所周知的神话小说《西游记》就是根据他的故事演绎的。中国人根据中华文化发展了佛教思想，形成了独特的佛教理论，而且使佛教从中国传播到了日本、韩国、东南亚等地。

2 000 多年来，佛教、伊斯兰教、基督教等先后传入中国，中国的音乐、绘画、文学等也不断吸纳外来文明的优长。中国传统画法同西方油画融合创新，形成了独具魅力的中国写意油画，徐悲鸿等大师的作品受到广泛赞赏。中国的造纸术、火药、印刷术、指南针四大发明带动了世界变革，推动了欧洲文艺复兴。中国的哲学、文学、医药、丝绸、瓷器、茶叶等传入西方，渗入西方民众日常生活之中。《马可·波罗游记》向整个欧洲打开了神秘的东方之门，令无数人对中国心向往之。

中国的秦俑，被人们称为"地下的军团"，法国前总统希拉克参观之后说："不看金字塔，不算真正到过埃及；不看秦俑，不算真正到过中国。"1987 年，这一尘封了 2 000 多年的中华文化珍品被列入世界文化遗产。中国还有大量文明成果被教科文组织列入世界文化遗产、世界非物质文化遗产、世界记忆遗产名录。

当今世界，人类生活在不同文化、种族、肤色、宗教和不同社会制度所组成的世界里，各国人民形成了你中有我、我中有你的命运共同体。

中国人早就懂得了"和而不同"的道理。生活在 2 500 年前的中国史学家左丘明在《左传》中记录了齐国上大夫晏子关于"和"的一段话："和如羹焉，水、火、醯、醢、盐、梅，以烹鱼肉。""声亦如味，一气，二体，三类，四物，五声，六律，七音，八风，九歌，以相成也。""若以水济水，谁能食之？若琴瑟之专一，谁能听之？"

世界上有 200 多个国家和地区，2 500 多个民族和多种宗教。如果只有一种生活方式，只有一种语言，只有一种音乐，只有一种服饰，那是不可想象的。

雨果说，世界上最宽阔的是海洋，比海洋更宽阔的是天空，比天空更宽阔的是人的胸怀。对待不同文明，我们需要有比天空更宽阔的胸怀。文明如水，润物无声。我们应该推动不同文明相互尊重、和谐共处，让文明交流互鉴成为增进各国人民友谊的桥梁、推动人类社会进步的动力、维护世界和平的纽带。我们应该从不同文明中寻求智慧、汲取营养，为人们提供精神支撑和心灵慰藉，携手解决人类共同面临的各种挑战。①

---

① 摘自 2014 年 3 月 27 日，国家主席习近平在巴黎联合国教科文组织总部发表的演讲词。

第二节 进入 21 世纪的中外文化交流

进入 21 世纪，世界正在发生深刻复杂变化，经济全球化、政治多极化及文化多元化和多样化持续推进。我们应深刻认识、正确把握这一特征和趋势，以高度的文化自觉和文化自信，积极维护和促进世界文化多样化，同时在这一过程中不断发扬光大中华文化。

一、深刻把握世界文化多样化发展趋势

文化多样化是人类社会发展的一个基本特征。文化是人类适应环境、改造环境的产物，始终处于不断变迁、发展的过程中，具有明显的地域性与时代性。就像生物具有多样性一样，文化的发展方式和表现形态也是多样的。目前世界上有 200 多个国家和地区、2 500 多个民族、6 000 多种语言。不同的民族创造了各自独特的文化，不同国家和地区的人民共同创造了丰富多彩的世界文化。文化多样化是人类文明进步的重要动力，维护和促进世界文化多样化是大多数国家的共同愿望。联合国教科文组织发布的《世界文化多样性宣言》，以及《保护世界文化和自然遗产公约》《保护非物质文化遗产公约》《保护和促进文化表现形式多样性公约》这三部公约，为尊重、保护与促进世界文化多样化提供了法理依据与制度保障。

世界文化多样化在不同文化的相互依存、对话、交流中发展。世界文化多样化是不同文化相互依存、对话、交流的产物，具有"和而不同"的特征，表现为不同文化之间"你中有我、我中有你"。特别是随着经济全球化、政治多极化的深入发展，各种思想文化交流交融交锋更加频繁。因此，文化多样化是人类文化深度交流的结果，是信息时代、开放时代不同文化相互学习、相互交融的重要体现。抱残守缺或文化傲慢都不可能从多样的世界文化宝库中汲取营养，都不可能在不同文化的对话与交流中发展自己。只有善于通过文化交流从其他文化中汲取有益养分的国家和民族，才能实现自身文化的发扬光大；只有善于通过有效途径向外传播自身文化的国家和民族，才能为维护和促进世界文化多样化作出更大贡献。因此，我们应努力做到以下几点：

正确认识和积极推进文化多样化，进一步提高中华文化的国际传播力。中华文化自古就有开放包容、兼收并蓄的优良传统。我们应加强中华文化与世界其他文化的对话、交流，积极维护和促进世界文化多样化，进一步提高中华文化的国际传播力。

增强文化自觉和文化自信。提高中华文化的国际传播力，首先需要我们增强文化自觉和文化自信；没有文化自觉和文化自信，就不能理直气壮地发展和传播中华文化。应不断增强繁荣发展中华文化的历史责任感与使命感，不懈探索中华文化的未来发展道路，不断提升中华文化的内涵和品质。我们应以高度的文化自觉和文化自信，继承和弘扬中华优秀文化，坚持和拓展中国特色社会主义文化发展道路。

培养世界意识和世界关怀。中华文化不但是世界文化多样化的攸关者，而且是世界文化多样化的维护者、促进者。因此，维护和促进世界文化多样化，需要我们树立世界眼光，强化世界意识和世界关怀。实际上，中华文化并不缺少这种世界意识和世界关怀。在五千年的发展史中，中华文化正是因为有较强的世界意识和世界关怀，才能尊重、维护世界文化的多样性，才能融合儒、道、释等不同文化，使自身不断繁荣发展。今天，增强文化自觉和文化自信，不仅应进一步明确中华文化的特色和优势，而且应进一步培养世界意识和世界关怀，

使中华文化为维护和促进世界文化的多样化作出更大的贡献。

强化开放包容和兼收并蓄。维护和促进世界文化多样化，需要我们强化开放包容和兼收并蓄的意识与精神，进一步加强中外文化交流。为此，应不断推动马克思主义中国化、时代化、大众化，使马克思主义融入中华文化的土壤中，融入中华民族的血脉里，融入中国人的情感中；进一步加强中华文化研究，推动中外人文社会科学融合创新，大力发展中国特色、中国风格、中国气派的哲学社会科学，提升中华文化的国际影响力；加大历史文化遗产传承保护力度，使中华优秀文化在现代生活中薪火相传，成为我们的精神家园；开展多渠道、多形式、多层次的对外文化交流，广泛参与世界文明对话，增强中华文化在世界上的传播力和影响力，促进不同文化相互借鉴，共同维护和促进世界文化多样化。①

二、信息化促进世界文化大发展

信息化是推动社会变革的重要力量。当今世界各国纷纷推动以数字化、网络化等为主要标志的信息化，以促进经济、政治、文化等各项建设快速发展。信息化已成为世界文化发展的主要趋势之一。

信息化为文化传播提供了新的工具和载体。作为思想观念的文化必须有传播的工具和载体，文化的进步也能够通过文化传播工具和载体的进步表现出来。以数字化、网络化等为代表的现代信息传播技术，在更广泛、更深刻的意义上体现了人类文化的进步和变迁，标志着文化传播工具和载体的划时代变革。

信息化大大提高了文化传播效率。现代数字技术和网络极大地压缩了文化传播的物理时空，借助互联网等现代信息传播工具，文化信息可以在瞬间抵达遍布世界各个角落的用户，实现文化的"零距离""零时差"传播。这种文化传播速度和效率，是以往任何文化传播媒体都无法比拟的。

信息化进一步促进了文化表现形态的变迁。现代信息技术在不断更新文化传播工具与载体的同时，也推动文化表现形态发生变迁，出现了电子书、电子报、网络电视、博客、微博客、微信等一系列全新的文化表现形态，这些新的文化表现形态又反过来推动当代文化的进一步变迁。

当然，信息化对文化发展的负面影响也不容忽视：互联网的无障碍性、开放性、信息海量性，使得网络世界不仅存在大量高雅健康、积极向上的文化信息，也存在大量低俗、不健康甚至封建、有害的文化信息，对后者的甄别和监管难度不断加大。同时，由于信息化水平的不同步，各国对文化信息的占有和传播是不平等的，一些西方发达国家利用信息技术优势在全球进行着一场悄无声息的"软"征服和全面的文化扩张，而广大发展中国家则处于被动的不利局面之中。

当前，我国文化信息化建设和发展有喜有忧。近年来，我国大力推进文化信息化，取得了显著成效：文化信息共享工程持续推进、数字文化服务范围不断扩大，电子出版物数量和质量飞速提升，以非物质文化遗产网络化为代表的文物、博物馆事业信息化取得较大进展，欠发达地区文化事业依靠数字化、信息化获得实质进步，等等。同时，我国文化信息化也存在一些不容忽视的问题：一是文化信息化程度仍然不高。例如，有研究机构统计，在互联网中以中文传播的文化信息占比不到文化信息总量的1%。二是缺乏宏观调控和有效管理。有

---

① 李文堂. 世界文化大趋势：交流交融交锋. 人民日报，2013 - 01 - 08.

研究者指出，当前一些国内网站存在"四多四少"现象，即境外信息多、虚假信息多、无效重复信息多、低俗信息多，与之相对应的是健康信息少、知名品牌少、网站在现实社会中的活动少、网站技术含量少。出现这种现象，与网络缺乏有效管理、没有统一的标准和规范不无关系。三是文化安全形势严峻。我国现有的数字化技术与软件、网络基础设施等大都建立在国外的核心技术之上，网络文化安全体系建设不完善。四是文化信息化软硬件建设滞后。现有的网络文化信息资源总量不多、种类不全、覆盖范围窄，大型数据库不多，网络文化创意产品匮乏。

推进我国文化信息化建设的着力点有如下几个方面：

一是优化资源要素配置。推进文化产业结构调整，加快发展数字出版、移动多媒体、动漫等文化信息化产业；引导社会资本以多种形式投资文化信息化产业，形成公有制为主体、多种所有制共同发展的文化信息化产业发展格局；加强核心技术、关键技术、共性技术攻关，以先进技术支撑文化资源数字化，重视相关技术标准制定，加快科技创新成果转化，提高我国出版、印刷、传媒、影视、网络等领域技术装备水平。

二是加强宏观调控和规范管理。制定文化信息化总体发展规划，完善符合我国国情的文化信息化管理制度和规范标准，使文化信息化工作有法可依、循序推进；加强对网络和电子出版物的管理，加大对不良和有害网络文化信息的监管力度；积极应对西方国家的网络文化扩张与意识形态渗透，维护国家文化安全。

三是实现"引进来"与"走出去"的有机结合。吸收借鉴国外有利于推进我国文化信息化的制度与管理经验，积极引进发达国家先进的信息化技术，加快我国文化信息化进程；利用信息化手段，推动中华文化"走出去"，不断扩大中国文化的国际影响力；制定与国际接轨的文化信息化标准与规范，积极参与国际文化信息化产业竞争，努力占据世界文化信息化发展的制高点。[①]

三、世界文化产业竞争加剧

当今世界，文化发展与经济发展日益融合，文化产业逐渐成为经济增长的重要动力。很多国家加大了文化产业发展力度，世界文化产业发展呈现激烈竞争的态势。

当前世界文化产业发展呈现出以下几个基本特点：

一是文化产业具有巨大发展潜力。在一些经济发达国家，文化产业已经成为支柱性产业，其增加值大大超过其他产业，增长率也普遍高于经济总量增长率。2001 年英国文化、媒体与体育部发表《创意产业专题报告》（Creative Industry Mapping Document），该报告显示，2001 年英国创意产业产值约为 1 125 亿英镑，占英国当年 GDP 的 5%，已超过任何制造业对 GDP 的贡献，成为推动经济增长的主要产业之一；美国的视听产品已经成为第一大出口产品，在国际市场上占据 40% 以上的份额。

二是文化产业呈现跨界发展、产业融合的趋势。互联网、移动媒体、数字技术的快速发展，大大加快了媒体融合、产业融合的步伐。借助跨界发展的力量，新型文化业态层出不穷，新的文化领域不断拓展，文化产业呈现出前所未有的丰富性和多样性。

三是跨国文化公司成为世界文化版图的重要构成因素。随着经济全球化进程的加快，各国文化产业之间的壁垒不断被打破，掀起了跨行业、跨国界企业兼并重组浪潮。据世界银行

---

① 文丰安. 世界文化大趋势：交流交融交锋. 人民日报, 2013 - 01 - 08.

统计，美国、西欧和日本的跨国文化公司占据了全球国际文化贸易量的 2/3 以上。

四是文化产业的就业贡献率显著。目前，人们对文化消费、精神消费的需求大大提升，这为文化产业提供了巨大的发展空间。文化产业在满足人们精神文化需求、创造巨额利润的同时，也为各国创造了更多的社会经济价值，提供了更多的就业机会和工作岗位。[①]

四、世界文化产业发展的新趋势

全球范围内整合文化要素的能力成为文化产业竞争力的决定性因素。整合全球资源的能力是一个国家经济竞争力的重要标志。文化资源、人才、资本等在全球范围内的合理配置，成为世界文化产业发展的重要趋势。一些文化产业集团通过兼并重组等方式，逐步形成了大型和超大型跨行业、跨国界的强势文化产业集团。

科技创新与文化创意引导文化产业发展。文化产业科技含量高、能耗少，生产工艺先进，产品附加值高。从产业发展趋势看，文化创意和高新技术作为最具创造性的生产要素，主导着文化产业的发展方向，将成为新一轮世界经济复苏和高速增长的引擎。

文化产业组织结构发生深刻变化。不同媒体的相互融合，不同生产方式的相互嫁接，加上全球文化市场的形成，使文化企业规模迅速扩张，出现了一些巨型文化企业；不同类型文化生产关联度增强，延长了产业链。在经历了全球化、结构调整和重新整合之后，文化产业正朝着规模化、集约化方向发展。

文化产业的准入门槛进一步降低。20 世纪 80 年代以来，一些西方发达国家对传媒产业逐步放松管制，大幅度吸引私有资本进入传媒产业，不但增强了本国传媒产业的实力，而且保证了这些国家在经济全球化进程中继续占据主导地位。放宽各类资本准入门槛、让民间文化智慧自由成长和发育，已经成为世界文化产业发展的主流。

我国文化产业要顺应这个趋势，实现跨越发展：

一是深化文化体制改革，激发文化产业发展活力。建立健全文化管理体制和文化产品生产经营机制，更好地发挥市场在文化资源配置中的积极作用，减少行政干预；构建统一、开放、竞争、有序的现代文化市场体系，促进文化产品和要素在全国范围内合理流动，激发文化产业发展活力；支持和壮大国有和国有控股文化企业，鼓励和引导非公有制文化企业健康发展；培育骨干文化企业和战略投资者，形成多元化的市场投资主体。

二是大力推进文化和科技创新。进一步推进文化和科技融合发展，深入实施科技带动战略；创新文化生产和传播方式，解放和发展文化生产力；积极发展以数字化生产、网络化传播为主要特征的动漫、网络文化、数字文化服务等新兴文化产业，推动优秀文化内容与数字技术等高新技术紧密结合；鼓励文化创造，鼓励拥有知识产权的原创作品，重视以原创版权为主的内容产业发展；加快构建有利于科技与文化产业融合的体制机制，发展新型文化业态。

三是繁荣文化市场，鼓励文化消费。目前，我国居民的消费结构发生了重大变化，但文化消费的结构性缺口依然存在，文化消费仍有巨大增长空间。应有针对性地研究制定更加具体、更具操作性的繁荣文化消费市场的政策和措施；加强文化市场需求和消费趋势预测研究，拓宽文化消费领域，积极培育新的文化消费热点。[②]

---

① 祁述裕. 世界文化大趋势：交流交融交锋. 人民日报，2013 – 01 – 08.
② 祁述裕. 世界文化大趋势：交流交融交锋. 人民日报，2013 – 01 – 08.

第三节　不同文化之间的冲突与交流

在科技现代化、经济全球化的今天，世界各民族、各国家之间的往来交流日益增多，这种客观事实使得异质文化之间的交流互动日益频繁。

加强各国人民之间的文化交流，有助于推进人类的和平与发展。无论哪种文化都是人类创造的。文化尽管在不同的时代和不同的地方有着不同的表现形式，但都反映着人类认识与改造客观世界的程度和精神成果，都包含着一种人类所共有的理念和精神。也就是说，不同文化之间也有着天然的共同性，这也是异质文化之间能够互相交流和合作的基础。各种文化之间的交流与合作是增进不同民族和国家之间相互了解、理解和包容，避免误解和冲突的有效手段之一。

一、不同文化之间的冲突

当代全球化是多种矛盾的共存，既包含着交往中的文化融合，也包含着根深蒂固的文化鸿沟。文化的融合不是两厢情愿的无摩擦运动，而是存在着尖锐的对立与冲突。西方国家想在其他国家推行自己的体制与文化，而发展中国家出于国家利益、民族文化、宗教情感等因素的考虑，极力使自己不被西方文明同化，不能淡化、弱化本土特色。在全球化时代，文化的融合与冲突并存，两种趋势此消彼长。亨廷顿（S. P. Huntington）认为，冷战结束以后，全世界的人在更大程度上是依据文化的界限来区分自己的，不同文明集团之间的冲突将成为未来世界冲突的主要根源与全球政治的中心。他说："在新的世界中，最普遍、最重要和最危险的冲突，不是发生在阶级之间、富人与穷人之间，或其他从经济上定义的群体之间，而是发生在属于不同文化实体的人们之间。"[①] "文明冲突论"是一种历史解说，但它并没有点明文明的实质，或者说掩盖了冲突的本质。实际上，在全球化时代社会基本矛盾仍然存在，只不过不能仅仅在某个国家内部考察，而是需要从世界范围来考察这种矛盾的表现形式与发展趋势。文明的冲突实质上是发达国家一体化的趋势与发展中国家本土化的努力两者之间的冲突。文化是一定生产方式的产物，文化只有依附于一定的生产方式才能获得自己的生命力。当代的全球文化冲突，从根本上说，是不同生产方式的文化冲突，是不同历史形态的文化冲突，是不同类型制度的文化冲突，是不同经济发展程度的文化冲突。文化冲突的内容显然不会仅仅表现在生活习惯、民间风俗、审美标准等表面化的事物上，而是更本质地表现在不同生产方式所要求的不同价值观念与行为准则上。文化冲突的背后是利益的冲突，各个民族都有自己的利益要求，这种利益要求有各自的文化表现，各民族的文化又保护着自己的利益。不同文化交汇发生的冲突表明，某种文化的潜入如同武装入侵一样，同样会对民族的利益造成威胁和伤害。于是，文化的入侵与反入侵、倾销与反倾销也就不可避免。宗教在文化的冲突中扮演着重要角色，在当代国际政治中，与其说宗教是冲突的根源，不如说宗教是冲突的工具。宗教可以增强民族的凝聚力，成为利益的保护神。文化的冲突包含着宗教的因素，但不能仅仅归结为宗教的因素。

在人类以往的历史上并不缺乏由文明（如宗教）的原因引起的国家与国家、民族与民

---

① 塞缪尔·亨廷顿. 文明的冲突与世界秩序的重建. 周琪，等译. 北京：新华出版社，2002：7.

族、地域与地域之间的冲突。但是，我们从历史发展的总体上看，不同国家、民族和地域之间的文明发展是以相互吸收与融合为主导的。国家与国家、民族与民族、地域与地域之间的冲突并不是主要由文明的原因引起的。1922年，罗素在访问中国之后，写过一篇题为《中西文明比较》的文章，其中有这样一段："不同文明之间的交流，过去已经多次证明是人类文明发展的里程碑，希腊学习埃及，罗马借鉴希腊，阿拉伯参照罗马帝国，中世纪的欧洲又模仿阿拉伯，而文艺复兴时期的欧洲则仿效拜占庭帝国。"从这段话里我们可以得出这样的结论：①不同文明之间的交流是促进人类文明发展的重要因素；②今日的欧洲文化吸收了许多其他民族文化的因素，而且包含了阿拉伯文化的某些成分。这两点无疑是正确的。如果看中国文化的发展，就更可以看到不同文化之间由文化原因引起的冲突总是暂时的，而不同文化之间的相互吸收与融合则是主要的。

二、不同文化之间的交流与沟通

文明交流互鉴是推动人类文明进步与世界和平发展的重要动力。一种文化通过交流可以吸收其他文化的优秀成分，让原来的文化得到启发，继而产生新内容。文明因交流而多彩，文明因互鉴而丰富。世界各国的文化要实现共赢互通，就需要各国在充分把握自己文化特点的基础上，对文化进行创造性诠释，增强对其他文化的理解和包容，开展对话沟通，最终形成全球文化共同繁荣的局面。体现"西方中心主义"的"西方文明霸权"观、建立"单一普世文明"观和西方文明是人类政治制度归宿的"历史终结观"等错误观念，忽视、否定、排斥人类文明的多样性和合理性，不利于世界文明的发展进步。习近平主席2019年5月15日在亚洲文明对话大会开幕式上的主旨演讲中指出，文明因多样而交流，因交流而互鉴，因互鉴而发展。我们要加强世界上不同国家、不同民族、不同文化的交流互鉴，夯实共建人类命运共同体的人文基础，并提出了四点主张。

第一，坚持相互尊重、平等相待。每一种文明都扎根于自己的生存土壤，凝聚着一个国家、一个民族的非凡智慧和精神追求，都有自己存在的价值。人类只有肤色语言之别，文明只有姹紫嫣红之别，但绝无高低优劣之分。认为自己的人种和文明高人一等，执意改造甚至取代其他文明，在认识上是愚蠢的，在做法上是灾难性的！如果人类文明变得只有一个色调、一个模式了，那这个世界就太单调了，也太无趣了！我们应该秉持平等和尊重，摒弃傲慢和偏见，加深对自身文明和其他文明差异性的认知，推动不同文明交流对话、和谐共生。

第二，坚持美人之美、美美与共。每一种文明都是美的结晶，都彰显着创造之美。一切美好的事物都是相通的。人们对美好事物的向往，是任何力量都无法阻挡的！各种文明本没有冲突，只是要有欣赏所有文明之美的眼睛。我们既要让本国文明充满勃勃生机，又要为他国文明发展创造条件，让世界文明百花园群芳竞艳。

文明之美集中体现在哲学、社会科学等经典著作和文学、音乐、影视剧等文艺作品之中。现在，大量外国优秀文化产品进入中国，许多中国优秀文化产品走向世界。中国愿同有关国家一道，实施亚洲经典著作互译计划和亚洲影视交流合作计划，帮助人们加深对彼此文化的理解和欣赏，为展示和传播文明之美打造交流互鉴平台。

第三，坚持开放包容、互学互鉴。一切生命有机体都需要新陈代谢，否则生命就会停止。文明也是一样，如果长期自我封闭，必将走向衰落。交流互鉴是文明发展的本质要求。只有同其他文明交流互鉴、取长补短，才能保持旺盛生命活力。文明交流互鉴应该是对等的、平等的，应该是多元的、多向的，而不应该是强制的、强迫的，不应该是单一的、单向的。我们应该以海纳百川的宽广胸怀打破文化交往的壁垒，以兼收并蓄的态度汲取其他文明的养分，促进亚洲文明在交流互鉴中共同前进。

人是文明交流互鉴最好的载体。深化人文交流互鉴是消除隔阂和误解、促进民心相知相通的重要途径。这些年来，中国同各国一道，在教育、文化、体育、卫生等领域搭建了众多合作平台，开辟了广泛合作渠道。中国愿同各国加强青少年、民间团体、地方、媒体等各界交流，打造智库交流合作网络，创新合作模式，推动各种形式的合作走深走实，为推动文明交流互鉴创造条件。

第四，坚持与时俱进、创新发展。文明永续发展，既需要薪火相传、代代守护，更需要顺时应势、推陈出新。世界文明历史揭示了一个规律：任何一种文明都要与时偕行，不断吸纳时代精华。我们应该用创新增添文明发展动力、激活文明进步的源头活水，不断创造出跨越时空、富有永恒魅力的文明成果。

激发人们创新创造活力，最直接的方法莫过于走入不同文明，发现别人的优长，启发自己的思维。2018年，中国国内居民出境超过1.6亿人次，入境游客超过1.4亿人次，这是促进中外文明交流互鉴的重要力量。

推动文明交流互鉴，需要秉持正确的态度和原则。习近平总书记指出，最重要的是坚持以下几点：

第一，文明是多彩的，人类文明因多样才有交流互鉴的价值。阳光有七种颜色，世界也是多彩的。一个国家和民族的文明是一个国家和民族的集体记忆。人类在漫长的历史长河中，创造和发展了多姿多彩的文明。从茹毛饮血到田园农耕，从工业革命到信息社会，构成了波澜壮阔的文明图谱，书写了激荡人心的文明华章。

"一花独放不是春，百花齐放春满园。"如果世界上只有一种花朵，就算这种花朵再美，那也是单调的。不论是中华文明，还是世界上存在的其他文明，都是人类文明创造的成果。

文明交流互鉴不应该以独尊某一种文明或者贬损某一种文明为前提。中国人在2 000多年前就认识到了"物之不齐，物之情也"的道理。推动文明交流互鉴，可以丰富人类文明的色彩，让各国人民享受更富内涵的精神生活、开创更有选择的未来。

第二，文明是平等的，人类文明因平等才有交流互鉴的前提。各种人类文明在价值上是平等的，都各有千秋，也各有不足。世界上不存在十全十美的文明，也不存在一无是处的文明，文明没有高低、优劣之分。要了解各种文明的真谛，必须秉持平等、谦虚的态度。如果居高临下对待一种文明，不仅不能参透这种文明的奥妙，而且会与之格格不入。历史和现实都表明，傲慢和偏见是文明交流互鉴的最大障碍。

第三，文明是包容的，人类文明因包容才有交流互鉴的动力。海纳百川，有容乃大。人类创造的各种文明都是劳动和智慧的结晶。每一种文明都是独特的。在文明问题上，生搬硬套、削足适履不仅是不可能的，而且是十分有害的。一切文明成果都值得尊重，一切文明成果都要珍惜。[①]

历史告诉我们，只有交流互鉴，一种文明才能充满生命力。只要秉持包容精神，就不存在什么"文明冲突"，就可以实现文明和谐。

---

① 习近平. 文明交流互鉴是推动人类文明进步和世界和平发展的重要动力. 求是, 2019（9）：4-10.

思考题

1. 为什么说不同文明的发展是人类历史发展的必然结果？
2. 不同文化之间冲突的根源是什么？如何化解文化之间的冲突？

第十章　中华文化与民族精神

第一节　中华文化

一、中华文化的内涵

中华文化亦称华夏文明，是世界上最古老的文明之一，也是世界上持续时间最长的文明。中国地域辽阔，各地文化经过几千年的发展，逐渐形成了鲜明的地方特色，并且具有中华文化的共性。除了主体民族汉族外，藏族、满族、蒙古族、羌族等少数民族也拥有独具特色的地方文化。中华文化主要可分为以下几个地区：河南、山西、陕西、河北、山东一带的黄河流域；四川、云南、贵州一带的长江上游；湖南、湖北、江西一带的长江中游；安徽、浙江、江苏一带的长江下游；东北地区；内蒙古地区；新疆地区；西藏、青海及四川西部等地的藏区；广东、广西一带的珠江流域，福建的闽江流域等。

中国人自称"龙的传人"，中国的帝王自称"真龙天子"。龙是一种在中国传说中虚构的动物，具有蛇身、蜥腿、鹰爪、鹿角、鱼鳞、鱼尾，口角有虎须、额下有珠。龙在十二生肖中排列第五，与凤凰、麒麟、龟一起并称"四瑞兽"。青龙、白虎、朱雀、玄武是中国天文的四象。

汉服为中国汉族传统的民族服装，各个朝代的汉服都有不同的特征。清朝满族统治者入主中原后，要求所有民众必须身穿满族服饰，传统汉服就此消失。近年来开始了一轮复兴汉服的运动，发起者多为崇尚中华文化的年轻人。

中国人使用的汉字是世界上最古老的文字之一，已经使用了近 4 000 年，也是唯一至今还在广泛使用的意音文字。

中国文学在世界文学史上占有重要地位，是世界文学不可或缺的一部分，对世界文学的发展作出了重大贡献。

中国古代的神话（这里主要指汉族）在数量上是相当可观的，在质量上足以同其他国家的优秀作品相媲美。可惜由于没有系统记载神话的专书等原因，绝大多数作品未能完整地保存下来，今日所能见到的只是后人记载的某些片断（收入《山海经》《左传》《国语》《楚辞》《吕氏春秋》《淮南子》《史记》《搜神记》《述异记》等书中）。因此，就保存至今的材料而言，中国的神话不及印度和希腊的神话丰富，也没有像印度、希腊和希伯来神话那样产生广泛的世界影响，但仍不失为人类古老的神话之一。此外，中国各少数民族还保存了不少古老的神话，在一定程度上填补了中国文学史的某些空白。

中国古代在散文创作方面取得了重大成就。《尚书》是中国古代散文形成的标志。《尚书》载有远古时代的珍贵史料，并且初步具备了叙事、抒情等文学性质，所以它被视为世界古代散文史上最古老的专著之一。在《尚书》之后，中国散文分别沿着诸子散文和历史散文两个方向发展。诸子散文（如《论语》《孟子》《庄子》《荀子》和《韩非子》等）偏重论说，注重文采，风格各异，文体多样。历史散文（如《左传》《国语》和《战国策》等）偏重记述，将历史记录的真实性、思想倾向的鲜明性和语言表现的形象性结合起来，达到了较高的艺术水准。诸子散文和历史散文虽然不是纯粹的文学作品，却具有很高的文学价值，可与印度《梵书》《森林书》《奥义书》中的散文作品，古希腊柏拉图的《对话集》，希伯来《圣经·旧约》中的先知书等，并列为世界古代散文宝库中的珍品。

中国古代在诗歌创作方面也取得了重大成就。其代表有《诗经》和《楚辞》。《诗经》是中国文学史上第一部诗歌总集，开后代诗歌发展之先河；在世界文学史上，它也是人类最早编辑的几部诗歌总集之一，可以毫无愧色地与埃及的《亡灵书》、印度的《梨俱吠陀本集》、希伯来的《圣经·旧约》中的诗歌等并驾齐驱。屈原的《楚辞》感情炽烈、意境高远，在诗歌体制、表现手法和语言形式上有许多独创，并且开创了与《诗经》的写实精神形成对照的浪漫主义风格。屈原是中国文学史上第一位伟大的抒情诗人，也是世界古代文学史上伟大的抒情诗人之一，若就个人诗歌创作的成就而言，似乎只有印度的迦梨陀娑和古罗马的维吉尔与之相当。

在散文方面，首先应当提到的是史学家和文学家司马迁的《史记》。这部巨著开创了以人物传记为中心的纪传体史学的新纪元，也开创了历史传记文学的新纪元，在中古世界文学史上很难找到与其匹敌的作品。不但如此，《史记》对汉代以后的文学，特别是散文的发展，产生了多方面的影响，推动了中国散文的前进。到了唐代和宋代，又出现了散文的新高潮——"古文运动"，涌现出韩愈、柳宗元、欧阳修等散文大家。

这一时期诗歌方面的业绩更加引人注目。在晋代，陶渊明的诗歌出类拔萃。唐代是中国古典诗歌的黄金时代，诗人辈出，真可谓灿若繁星，李白、杜甫、白居易都堪称世界一流的大诗人。到了宋代，宋词得到发展，宋词和唐诗并列，成为中国古典诗歌的另一高峰，苏轼、辛弃疾分别是北宋词人和南宋词人的杰出代表。

中国戏剧虽然起步较晚，但自元代起发展颇为迅速，所以后人常把元曲与唐诗、宋词并称。元代戏剧以杂剧为主，其中关汉卿、王实甫的创作最为出色。他们的创作将中国古典戏剧推上了世界水平。

中国小说经过长期酝酿，在元末明初逐渐兴盛起来，出现了罗贯中的《三国演义》、施耐庵的《水浒传》等长篇小说杰作。

在明清两代，中国文学取得了很大的成就，尤其是在小说和戏剧领域，可以说获得了特大丰收。小说方面的名作有吴承恩的《西游记》、蒲松龄的《聊斋志异》、吴敬梓的《儒林外史》和曹雪芹的《红楼梦》等；戏剧方面的名作有汤显祖的《牡丹亭》、洪昇的《长生殿》和孔尚任的《桃花扇》等。这些作家作品都可以说达到了世界水平。尤其是《红楼梦》，堪称封建社会末期登峰造极的杰作。

在革命风暴中诞生、发展、逐渐走向成熟的中国现代文学（从"五四"时期的新文学到新中国成立以来的社会主义文学），以其更先进、更合理、更美好的崭新姿态，行进在今日世界进步文学的前列。《阿Q正传》《子夜》《家》《春》《秋》《暴风骤雨》《太阳照在桑干河上》《风云初记》《保卫延安》《红旗谱》《红岩》《东方》《李自成》《黄河东流去》《第二个太阳》《平凡的世界》《穆斯林的葬礼》等小说；《雷雨》《日出》《茶馆》《蔡文姬》《武则天》《文成公主》等话剧；郭沫若、艾青、贺敬之、郭小川、李季等诗人的诗歌，都以革命的政治内容和完美的艺术形式的统一，跨进世界文学的殿堂，为光辉灿烂的中国文学编织出更为璀璨夺目的花环。

中华文化的哲学基础是和谐哲学。在中国传统哲学理念中，"中""和"是最基本的，可以说是一种"和谐哲学"。这是与我国传统文化的特点直接相联系的。其一是很强的包容性，"海纳百川，有容乃大"。这种包容性是与"和而不同"相一致的，只有以"和"为贵、为本，才会有很强的包容性。其二是博大精深、具有丰富的辩证性。而辩证思维正是一种全面的，关注事物方方面面的协调、依存和相互作用的思维模式，因而必然重视"和""合"思维。其三是传统文化可以说是一种道德性的文化，重视伦理道德，讲究"仁""义""礼""信"，强调天人（自然与人）、人际的均衡和谐关系，即所谓的"天地人和"。因此，中华传统文化的三大特征——包容性、辩证性、道德性，都可以说是以和谐理念为其核心的，都反映和体现了中国以和谐为主导的哲学思维。中国传统哲学中，"中庸"与"和谐"（和合）是最基本的范畴。《老子》认为，"万物负阴而抱阳，冲气以为和"（万物都背阴而抱阳，万物之所以生是因为阴阳之气交互作用，相互结合而生成和谐状态），《中庸》认为"中者也，天下之大本也；和者也，天下之达道也。致中和，天地位焉，万物育焉"（"中"是天下事物共同的自然本性；"和"是天下四处通达的道理。达到中和，天与地均顺应自然，各安其位，万物得以按规律发育成长）。可以说，这是对和谐哲学最经典的表述。因此，中国传统哲学是一种和谐哲学。这些最深层次的，而又在几千年来潜移默化地支配、影响中国人的世界观、价值观的和谐哲学理念，渗透在人们的日常生活之中，"斗则两伤，和则两利""家和万事兴""和气生财"等俗语，实为人们解决矛盾纠纷的武器。这正是中华文化具有强大生命力和中华民族具有持久凝聚力的哲学根源和根本原因。

自古以来，中华文化对中国周边地区产生了深远的影响，形成了相对独立的中华文化圈、儒家文化圈。这一地区除了中国，还包括日本、朝鲜、韩国、越南等地。

中华文化也对世界其他地区产生了重要影响。以儒家思想为核心的中华文化，是欧洲近代启蒙运动的重要思想源泉。

中华民族要实现伟大复兴，就一定要增强中华文明的生命力，不仅要扩大影响范围，更要通过继承、发扬和创新以提高其吸引力。

二、中华文化的孝文化

"孝"是中国人特有的一种文化表现，长久存在于中国的历史之中，是构建于血缘关系上的一种特殊的情感。传统中国文化在某种意义上，可称为孝的文化；传统中国社会，更是奠基于孝道之上的社会，因而孝道是使中华文明区别于其他文明的重大文化现象之一。

在西方，人们讲究独立，子女成年后一般不和父母一起居住。但是在中国，养儿防老的观念一直都存在。赡养年老的父母是子女应尽的义务，也是晚辈对长辈报答养育之恩、回报感恩之情的一种自然流露。

"孝"深深地植根在中国人的道德观念当中，无疑是中国人心中道德的最低标准。"孝"是一种超越时空的情感，是中国人特有的文化机制。在传统的中国社会与文化中，孝道具有根源性、原发性、综合性的特征，是中国文化的核心观念与首要文化精神，是中国文化的显著特色之一。

中国是个以"孝"为文化核心的社会，"孝"的观念规范着中国人的生活行为和政治方向。它虽然不是宗教，但是具有宗教的功能和价值，甚至超乎宗教，成为人生的重要核心思想。最早的"孝"观念源自上古祭天祀祖仪式，此时先民开始有"报本反始"的观念。西周封建制度后，有了宗族制度，产生了所谓五伦观念，即君臣、父子、夫妇、兄弟、朋友五种人伦关系，"孝道"由此产生。到了孔子，礼崩乐坏，孔子以"仁"重新赋予礼乐新生命，将流于形式的孝行内省化、人性化，成为人自我实现的重要价值观。

孝在当代社会，不再具有泛孝主义的地位，而只能重新回到其作为家庭伦理的地位上来，现代的新孝道具有人格平等性、义务并行互益性、注重感情性、强调自律性等特点。孝对处理当代家庭亲子关系，对社会、家庭解决养老问题，形成尊老风尚，建立"不分年龄人人共享的社会"都具有积极的作用，如果能发扬其衍生意义的积极内涵，吸取其合理成分，那么对建设当代社会文明、发扬爱国主义、增强民族凝聚力、振兴中华均具有积极价值。孝的培养与实践是提高道德素质的起点。孝是形成现代和谐人际关系的价值渊源，是形成和睦社会风尚、保持社会稳定的精神措施之一。孝是爱国心的根源和动力，是民族团结、兴旺发达的精神基础，是中华民族精神和凝聚力的核心。

一个人不能没有孝，中国也不能没有孝文化。作为现代的人，更应该继承中国孝文化中的精华，并且让其更具有现代价值。

《辞海》中注释"善事父母曰孝"，这是孝文化最直接的含义。"教育"的"教"字，就由"孝"和"文"组成；"孝"字由"老"与"子"组成，"老"字居上，"子"字在下，意思是青年人背着老年人，引申为和谐的代际关系。《孝经》和《二十四孝》是阐述孝文化最重要的著作，前者为理论阐述，后者是实践例证。

国外有人就西方社会环境存在的问题，认为21世纪的人类如何发展，要请教两千多年前的孔子，学习其"仁""爱"。孝文化作为中华民族的优秀传统文化，经久不衰，有它的科学性。新时期的孝文化，不仅仅是孝亲敬老，与人为善，还要明礼诚信，这对市场经济建设有特殊的意义。同时，要忠于国家民族，视人民如父母，学习春秋时期介子推"忠孝双全"的品格。

鸦有反哺之义，羊有跪乳之恩，孝文化中的奉养、尊亲，以及推而广之的"老吾老以及人之老"推崇的就是一种感恩和博爱思想。

弘扬孝文化不仅仅是改良现今存在的不孝敬父母、嫌弃老人的不良社会风气，更是站在当今时代，立于和谐社会的要求，发掘孝文化的内涵，并用现代方式加以弘扬和展示，赋予其与时俱进的时代内容。

孝是适应以血缘关系为纽带维系着的宗法等级制社会的。按照孝的伦理原则，在家族和家庭关系中，子女对父母应当行孝，父母对子女应当以慈，兄长对幼弟应当以爱，弟弟对兄长应当事敬，这些都是家庭生活中应当遵循的伦理原则。就整个社会而言，家庭是社会最基本的单位，是社会的细胞。家庭稳固，社会才会稳定。用孝来规范家庭成员之间的关系，使家庭成员在日常生活中言行各有所依，这样家庭才能保持最大的稳定，从而使社会也得到稳定。这就是孝的道德观念和道德规范所能起到的最大的社会作用。

传统的孝文化在历史上发挥了社会保障功能。中国历代封建政府皆以尊老养老作为治国的根本，强化了家庭、家族观念。这种在儒家文明熏陶下的东方特色家族制度在我国传统的社会保障中发挥了重要的作用。区别于西方社会的个人主义传统，我国的社会历史及个人生活，都是以家庭及家族为中心展开的。老人生活在大家庭中，"三世同堂""四世同堂"，甚至"五世同堂"，老人不仅得到了经济生活方面的保障，而且儿孙满堂，共享天伦之乐，精神需求也得到了满足。这充分说明了在传统社会孝文化全面普及、孝道思想根深蒂固的背景下，老人得以颐养天年，社会的养老保障功能得到了最大限度的发挥。

今天的社会同过去相比，不可同日而语。虽然传统的孝文化在现代社会中有许多不适之处，但是，尽管时代变了，社会生产方式和经济基础变了，中华民族对老年人的尊敬、赡养这种人道主义精神的优良传统是不能割断的。孝文化有其存在的价值合理性：第一，它是一种出于人类整体团结的助老行为，这是人道主义的基本要求；第二，尊老敬老的价值基础，是尊重老人一生中对族群的劳动贡献，以及他们积累的社会生活、生产经验。这些应该说都有其合理性。

无论在任何社会，如果对年老体弱、丧失劳动能力的老人不关心、不赡养，势必造成严重的社会问题。对于老年人的尊重与爱护，可以说是文明社会的重要标志之一，更应该成为现代人的一种社会美德。

三、饮食文化

中国是文明古国，也是具有悠久饮食文化的国家。人类饮食文化的内涵十分广泛，涉及的问题也很多，但归纳起来，不外乎是围绕着一个"吃"字。在中国，人们一向很讲究"吃"。在当今世界，有"吃在中国"之说，中国被誉为"烹饪王国"。迄今发现的人类用火煮食的遗迹，也以中国的为最早。孙中山先生在其《建国方略》一书中说："我中国近代文明进化，事事皆落人之后，惟饮食一道之进步，至今尚为各国所不及。""中国烹调法之精良，又非欧美所可并驾。""昔者中西未通市之前，西人只知烹调一道，法国为世界之冠；及一尝中国之味，莫不以中国为冠矣。"中国人之食"以为世界人类之导师也可"。

饮食文化与中国文化，关系极其密切，因而有必要先对中国文化的某些特征作一阐述。中国文化自文明产生以后就表现出比较强烈的现实主义色彩，伦理道德的色彩十分浓厚。综观中国五千年文化史，虽然封建礼教主张"存天理，灭人欲"，不过人要吃饭总是天经地义的，于是文化也只好向口腔发展。首先，因为人口压力以及其他多种原因的存在，中国人的饮食从先秦开始就以谷物为主，肉少粮多，辅以菜蔬，这就是典型的饭菜结构。其中饭是主食，而菜则是为了下饭，即助饭下咽。这样促使中国烹饪的首要目的是装点饮食，使不可口的食物变得精妙绝伦。其次，由于中国文化追求完美，加上中国手工业的发达，使得中国的饮食加工技术在世界上首屈一指，体现了中国饮食文化追求完美的特征，即不仅要获得良好的感官享受，还要获得人生哲理等方面的理性享受。归纳起来，中国饮食文化具有如下特征：

1. 博大精深

在中国传统文化教育中的阴阳五行哲学思想、儒家伦理道德观念、中医营养摄生学说，以及文化艺术成就、饮食审美风尚、民族性格特征等诸多因素的影响下，中国创造出了彪炳史册的烹饪技艺，形成了博大精深的饮食文化。

（1）从历史沿革上看，中国饮食文化绵延数千年，分为生食、熟食、自然烹饪、科学烹饪4个发展阶段，推出了6万多种传统菜点、2万多种工业食品、五光十色的筵宴和流光溢彩的风味流派，赢得了"烹饪王国"的美誉。

（2）从内涵上看，中国饮食文化涉及食源的开发与利用、食具的运用与创新、食品的生产与消费、餐饮的服务与接待、餐饮业与食品业的经营与管理，以及饮食与国泰民安、饮食与文学艺术、饮食与人生境界的关系等，深厚广博。

（3）从外延上看，中国饮食文化可以从时代与技法、地域与经济、民族与宗教、食品与食具、消费与层次、民俗与功能等多种角度进行分类，展示出不同的文化品位，体现出不同的使用价值。

（4）从特质上看，中国饮食文化突出养助益充的营卫论（素食为主，重视药膳和进补）、五味调和的境界说（风味鲜明，适口者珍，有"舌头菜"之誉）、奇正互变的烹调法（厨规为本，灵活变通）、畅神怡情的美食观（文质彬彬，寓教于食）四大属性，有着不同于其他各国饮食文化的独特品质。

（5）从影响上看，中国饮食文化直接影响日本、蒙古、朝鲜、韩国、泰国、新加坡等国家，是东方饮食文化圈的轴心；与此同时，它还间接影响欧洲、美洲、非洲和大洋洲，像中国的素食文化、茶文化、酱醋、面食、药膳、陶瓷餐具等，惠及全世界。

中国饮食文化的发展与繁荣，是与整个中国历史的发展相和谐统一的，以中国古代饮食文化为例，具体体现在从宫廷到民间、从内地到边疆、从王公贵族到平民百姓，食风的盛、雅，食艺的精、奇等方面：

"吃"的繁荣——菜系林立，风味饮食小吃上千种，各地食风食味之独特与多样化。

"吃"的艺术——美食、美味，辅之以美器，追求三者的和谐统一，浑然一体，调味之精，肴器之华贵，膳食之繁盛，烹饪技艺之巧妙，均堪称举世无双、独树一帜。

"吃"的典雅——御宴讲究排场豪华，宫廷宴席与祭祀祭食礼仪注重庄重，礼制和礼仪要求等级森严，总之各式宴会氛围讲究庄重典雅，有仪式感。

"吃"的效益——如官场的权力交接，可以通过"吃"来完成，人际关系的沟通也是通过"吃"来实现的。还有，中国人喜欢以食疗来达到延年益寿、益神健体、祛疾疗饥的功效。

"吃"的奇异——边疆塞外，民族众多，风俗奇异。民族食艺、食风、食味，别具情调。

2. 烹饪技术发达

中国饮食文化有一个显著特点，即烹饪原料的广泛、多样、庞杂，几乎难以穷尽，这一点是西方人的饮食所无法比拟的。这种在原料选用上毫无禁忌的饮食习俗，使得中国烹饪的原料出现了令人叹为观止的罕见景象，成为人类饮食文化史上的奇迹。

中国烹饪在原料的利用上有一个基本原则，那就是物尽其用，即用有限的原料制作出尽可能多和尽可能美味的吃食。禽畜的头脚、内脏甚至血液，蔬菜的根、茎、叶、花，无不可以烹制出精美的佳肴。这种物尽其用的原则，拓宽了中国烹饪的思路，极大地丰富了中国菜肴的花色品种。

"化腐朽为神奇"是中国艺术创作中的一条重要的美学原则，也是中国烹饪的优良传统。把看来没有什么价值的原料，或者看来几乎无法食用的食物转化为人人喜爱的美味，是中国人的聪明之处。化废为宝的做法包括两个层次：一是用原先弃之不用的原料制作佳肴。例如，用青鱼的肝和肠烹制出的"青鱼秃肺""烧卷菜"等名菜，用鮰鱼的肝制作的"鮰肺汤"，将鱼的鳞片融化后做成的"水晶脍"，以野菜制作的"拌马兰""荠菜羹"等，都是化废为宝的实例。当然这种化废为宝是有一个过程的，开始也许是为了生存的需要，之后才逐渐演变成某种饮食习俗。二是把变质的食物转化为美味。中国传统食品中有不少经过发酵或腐败后形成的风味食品，如腐乳、豆豉、臭豆腐、酸菜等，这些食品最早的起源可能是出于舍不得丢掉变质的食物，于是"歪打正着"，做出了别有风味的食品。

3. 食谱广泛

用同一原料烹调出不同口味的菜肴，是中国烹饪的另一大特色，如我们常说的"一鱼三吃""一鸡多吃"之法。一料多吃诚然反映出中国人在吃方面的精细讲究，而从其深层原因来说，还是建立在食物缺乏情况下的无奈和智慧。烹饪原料的丰富可以为菜肴的花样翻新提供必要的条件，但是原料的稀缺更会刺激人们利用有限的原料去获得更多的味觉享受。如果仅有一只鸡，又不满足于一种口味，就会想方设法用仅有的这只鸡做成几种不同的口味。在这种一料多吃的促进下，菜肴的品种和烹调方法愈积愈多。中国特有的豆制品也是一个证明。利用黄豆中国人发明了品种多样、口味不同的豆制品，这是"一料多吃"的典型例子。

4. 饮食含义丰富

中国人总是尽可能地提炼、完善自己的日常生活——包括安排自己的节日。中国人的节日，最明显的体现即对饮食的重视（如端午节的粽子）。中国人的吃，要满足胃、嘴，甚至还要满足视觉、嗅觉。所以中国菜的真谛，就是"色、香、味、形"俱全，还包括营养学方面的要求（"膳补"比"药补"更得人心，两者的结合就形成了"药膳"）。从这个意义上看，中国人既像厨师，又像大夫，还带点儿匠人或艺术家的气质。因而中国的饮食有着最丰富、最发达的理论体系。19世纪末，美国传教士明恩溥注意到了中国人对年夜饭的重视：中国"疆域辽阔，各地风俗差异很大，但很少有一个地方在春节时会不吃饺子或类似的食物，这种食物就如同英格兰圣诞节上的葡萄干布丁，或是新英格兰感恩节上的烤火鸡和馅饼"。与西方人相比，在食物的质和量上不加节制的中国人是相当少的。中国的大众饮食，总的说来比较简单，在食物上的代代节俭，可以说是中国人的显著特点。

5. 风味多样，地方特色鲜明

由于中国幅员辽阔，地大物博，各地气候、物产、风俗习惯都存在着差异，长期以来，在饮食上也就形成了许多风味。中国一直就有"南米北面"的说法，口味上有"南甜北咸、东酸西辣"之分，主要有巴蜀、齐鲁、淮扬、粤闽四大风味。

6. 四季有别

一年四季，按季节饮食，是中国烹饪的又一大特征。自古以来，中国一直按季节变化来调味、配菜，如冬天味醇浓厚，夏天清淡凉爽；冬天多炖焖煨，夏天多凉拌冷冻。

7. 讲究美感

中国的烹饪，不仅技术精湛，而且有讲究菜肴美感的传统，注意食物色、香、味、形、器的协调一致。对菜肴美感的表现是多方面的，无论是胡萝卜，还是白萝卜，都可以雕出各种造型，独树一帜，达到色、香、味、形的和谐统一，给人以精神和物质高度统一的特殊享受。

8. 注重情趣

中国烹饪很早就注重品味情趣，不仅对饭菜、点心的色、香、味有严格的要求，而且对它们的命名、品味的方式、进餐时的节奏、娱乐的穿插等都有一定的要求。中国菜肴的名称可以说出神入化、雅俗共赏。菜肴名称既有根据主料、辅料、调料及烹调方法来命名的，也有根据历史掌故、神话传说、名人食趣、菜肴形象来命名的，如"全家福""将军过桥""狮子头""叫花鸡""龙凤呈祥""鸿门宴""东坡肉"……

9. 食医结合

中国的烹饪技术，与医疗保健有密切的联系，在几千年前有"医食同源"和"药膳同功"的说法，将具有药用价值的食物原料，做成各种美味佳肴，以达到防治疾病、保持身体健康的目的。

四、中国医学文化

1. 中医

中医指中国传统医学，它记载着中国古代人民同疾病作斗争的经验和理论知识，是我国的一项民族文化遗产。它是在古代朴素的唯物论和自发的辩证法思想指导下，通过长期医疗实践逐步形成并发展起来的独特的医学理论体系。

中国是医药文化发祥最早的国家之一。"中医"是个专用名词，它的"中"字显然是为了区别"西医"的"西"字。因此，大家理解的"中医"是指传统中国医学或中医大夫。

"中医"二字最早见于《汉书·艺文志·经方》，其云："以热益热，以寒增寒，精气内伤，不见于外，是所独失也。故谚云：'有病不治，常得中医。'"在这里"中"字念去声，zhòng。"中医"这个名词真正出现在鸦片战争前后。东印度公司的西医为区别中西医给中国医学起名"中医"。那个时候，中医的名称是为和西医做对比。1936年，当时的"中华民国"政府制定了《中医条例》，正式法定了"中医"这个名词。过去人们又叫中国医学为"汉医""传统医""国医"，这些都是为了区别于西医而先后出现的。

中医发源于中国黄河流域，很早就建立了学术体系。中医在漫长的发展过程中，历代都有不同的创造，涌现了许多名医，出现了许多重要学派和名著。

中国历史上有"神农尝百草，一日而遇七十毒"的传说，反映了古代劳动人民在与自然和疾病作斗争的过程中发现药物、积累经验的艰苦过程，也是中药起源于生产劳动的真实写照。

早在夏商周时期（约公元前21世纪—前256年），中国就已出现药酒及汤液。西周（约公元前11世纪—前771年）的《诗经》是中国现存文献中最早记载有药物的书籍。现存最早的中医理论典籍《内经》提出了"寒者热之，热者寒之""五味所入""五脏苦欲补泻"等学说，为中药基本理论奠定了基础。

现存最早的药学专著《神农本草经》是秦汉时期（公元前221—公元220年）众多医学家搜集、总结了先秦以来丰富的药学资料编写而成的。该书载药365种，至今仍为临床所习用。它的问世，标志着中药学的初步确立。

在三千多年前的殷商甲骨文中，中国已经有关于医疗卫生及十多种疾病的记载。周代已经使用望、闻、问、切等诊病方法和药物、针灸、手术等治疗方法。秦汉时期，形成了《黄帝内经》这样具有系统理论的著作。此书是现存最早的一部中医理论性经典著作。张仲景所著的《伤寒杂病论》，论述了多种杂病的辨证诊断、治疗原则，为后世的临床医学的发展奠定了基础。汉代外科学已具有较高水平。据《三国志》记载，名医华佗已开始使用全身麻醉剂"麻沸散"进行各种外科手术。

从魏晋南北朝（220—589年）到隋唐五代（581—960年），脉诊取得了突出的成就。晋代名医王叔和所著的《脉经》归纳了24种脉象。该书不仅影响了中国医学，还传到了国外。这一时期医学各科的专科化已趋成熟。针灸专著有《针灸甲乙经》；《抱朴子》和《肘后方》是炼丹的代表著作；制药方面有《雷公炮炙论》；外科有《刘涓子鬼遗方》；《诸病源候论》是病因专著；《颅囟经》是儿科专著；《唐本草》是世界上第一部药典；眼科专著有《银海精微》，等等。另外，唐代还有孙思邈的《千金要方》和王焘的《外台秘要》等大型方书。

唐代经济繁荣，促进了中药学的发展。唐朝政府率先完成了世界上第一部药典性本草——《唐本草》的编修工作。全书载药 850 种，还增加了药物图谱，进一步完善了中药学的规模。

在宋代医学教育中，针灸教学有了重大改革。王惟一著有《铜人腧穴针灸图经》，后来，他又设计、制造了两具等身大针灸铜人，教学时供学生实习操作。这一创举，对后世针灸的发展影响很大。明代，一批医学家提出把伤寒、温病和瘟疫等病分开。清代，温病学说达到成熟阶段，出现了《温热论》等专著。

从明代开始，西方医学传入中国，一批医学家们主张"中西医汇通"，成为当代中西医结合的先声。明代的医药学家李时珍历时 27 年，完成了中药学巨著《本草纲目》，全书载药 1 892 种，成为中国本草史上最伟大的集成之作。

清朝末期，洋务运动引起了传统中医界的重视。由于种种复杂的原因，当时医学界出现了几种不同的态度和主张：一些人对传统中医一概加以鄙视，认为不科学，极力主张取缔；一些人拒绝接受新事物，认为西方医学全都不适合中国人；一些受过西方思想影响的人，认识到中西医各有所长，迫切探索发展中国医学之路，试图把西医学术加以会通。当然，受当时历史背景和医家们本身条件所限，其会通中西医的活动，未能取得明显的成效。

中医药学在中国历史悠久，自 1982 年《中华人民共和国宪法》写入"发展现代医药和我国传统医药"之后，1991 年中国又将"中西医并重"作为新时期卫生工作总方针之一。中国共产党第十七次全国人民代表大会的报告又一次明确指出要"中西医并重""扶植中医药和民族医药事业发展"，从法律和政策角度赋予中医合法的地位，神圣不可侵犯。

2016 年 2 月，中国政府发布《中医药发展战略规划纲要（2016—2030 年）》（以下简称《纲要》）。《纲要》的指导思想是，"认真落实党的十八大和十八届二中、三中、四中、五中全会精神，深入贯彻习近平总书记系列重要讲话精神，紧紧围绕'四个全面'战略布局和党中央、国务院决策部署，牢固树立创新、协调、绿色、开放、共享发展理念，坚持中西医并重，从思想认识、法律地位、学术发展与实践运用上落实中医药与西医药的平等地位，充分遵循中医药自身发展规律，以推进继承创新为主题，以提高中医药发展水平为中心，以完善符合中医药特点的管理体制和政策机制为重点，以增进和维护人民群众健康为目标，拓展中医药服务领域，促进中西医结合，发挥中医药在促进卫生、经济、科技、文化和生态文明发展中的独特作用，统筹推进中医药事业振兴发展，为深化医药卫生体制改革、推进健康中国建设、全面建成小康社会和实现'两个一百年'奋斗目标作出贡献"。2016 年 12 月 6日，中国政府发布《中国的中医药》白皮书。白皮书指出，中医药作为中华文明的杰出代表，是中国各族人民在几千年生产生活实践和与疾病作斗争中逐步形成并不断丰富发展的医学科学，不仅为中华民族繁衍昌盛作出了卓越贡献，也对世界文明进步产生了积极影响。中医药在历史发展进程中，兼容并蓄、创新开放，形成了独特的生命观、健康观、疾病观、防治观，实现了自然科学与人文科学的融合和统一，蕴含了中华民族深邃的哲学思想。随着人们健康观念变化和医学模式转变，中医药越来越显示出独特价值。新中国成立以来，中国高度重视和大力支持中医药发展。中医药与西医药优势互补，相互促进，共同维护和增进民众健康，已经成为中国特色医药卫生与健康事业的重要特征和显著优势。

2. 维吾尔族医药学

千百年来，神秘的维吾尔族传统医药一直维护着各族群众的健康。维吾尔族医药在中国传统医学宝库中占有很大的比重，目前已收入国家级药典的药品就有 202 种，其中药材 115 种，成方制剂 87 种。维吾尔族医药具有独特的临床有效性，拥有博大精深的医学理论体系。它与中医、藏医等民族医药学相比，有着其独特的治病理念。维吾尔族医药学主要由气质学说、体液学说、器官学说组成。它认为，人体的病灶主要是由气质失调、异常黑胆质所致。要治病，首先要清除病体内的异常黑胆质。维吾尔医药对预防肿瘤、心血管病、皮肤病、糖尿病有独特效果。

传统而独特的治病理念和世代相传的祖传秘方，融合现代医药理念的研究和开发，近 10 年来，维吾尔族医药学界已研制出复方麝香口服液、香妃强心剂、依木萨克片及治疗白癜风、糖尿病等世界疑难病的 13 种剂型、147 个民族医药品种。其中，依木萨克片和香妃强心剂于 1997 年打入美国、日本、新加坡市场。

在全球四大长寿区之一的新疆，维吾尔族医药在民间至今广泛流传。这种在雪山、沙漠、草原、绿洲等地诞生的医药作为中国医学中的奇葩，正闪烁着独特的光芒，并将给越来越多的人带来福音。

3. 蒙古族医药学

蒙古族医药是以蒙古民族在长期同疾病作斗争中所积累的传统医疗实践经验为基础，吸收藏医及印度医学的部分基本理论和汉族医学的知识，在朴素的唯物论和自发的辩证法思想的影响与指导下，逐步形成的独特的民族医学。它把人体看作一个对立统一的有机整体，从宏观的角度研究人体动态的各种内在联系，从而阐明生命运动的基本规律。在临床上，它主要采用综合、分析和判断的方法对疾病进行诊治。

蒙古族医药理论体系的显著特点是：以阴阳五元学说的哲学思想为指导的整体观和对六基症的辩证施治。六基症理论把引起疾病的主要原因归纳为"赫依、希拉、巴达干、血液、黄水、粘虫"等六种。它把疾病的本质归纳为寒热两种，把发病部位归纳为脏腑、黑脉、白脉、五官等。

蒙医认为，人体的生命现象是一个综合性的复杂的活动过程，内部消化系统和外部言听视行，都不是孤立进行的，必须在三根七素的作用下，人体脏腑之间、脏腑与体表之间的生命活动彼此协调，相互制约，才能维持人体内环境的相对平衡，如某一部分发生病变，就会影响到其他部分以至整体，引起平衡失调、功能障碍，出现一系列症状。所以在治病过程中，不能只看表面现象，而要辩证地进行全身的综合分析才能作出正确的诊断。人和自然界也是相互对立统一的，人体通过感受器官和外界自然环境保持密切联系，自然环境的变化必然对人体产生影响。在正常的情况下，通过人体内部三根的调节，使人体与自然环境的变化相适应，三根与七素之间的平衡失调，相互为害；或由于某种外因，人体内外环境的相对平衡状态受破坏，就会发生疾病。蒙医在临床上根据这一理论和原理解释各种致病因素的性质、特点和所致病症的临床表现。所以"扶正"与"祛邪"是人体战胜疾病、恢复健康的重要措施。

4. 藏医药

藏医是藏族人民五大明①之一的优秀文化。这是藏族人民历代祖先自古以来，在青藏高原上同各种疾病作斗争的经验总结，在漫长的历史发展中，不断地吸收其他兄弟民族及外来医学的精华予以补充、提高，最终成为一个完整的科学理论体系。

藏医的诊断，采用"望、摸、问"的方法，切脉时，同样以"寸、关、尺"配属五脏六腑，而且十分重视"尿诊"。

治疗时，除使用植物、动物、矿物等药物外，还辅以穿刺、放血等疗法。

胚胎学是藏医学的重要组成部分。早在公元7世纪，藏医就开始了对胚胎的研究，并初步记述了人体的胚胎发育。《四部医典》中详细记述了胚胎发育的整个过程。《五部遗教》之一的《洛本嘎唐》中也记载："胚胎首先要经历鱼期，其次要经历龟期和猪期。"藏医对人体发育的研究，在许多方面要早于外国学者。

目前有药用记录的藏药达2 294种，常用的有300多种，其中植物类有200余种，占70%；动物类有40余种，占12%；矿物类有40余种，占14%。常用藏药中有1/3的用药与中药相同。藏区本地草药占常用藏药一半以上。

藏药的使用与藏医的理论体系紧密结合。由于藏医诊断将"龙""赤巴""培根"三症归结为"寒症""热症"两大类型，故藏药方剂亦按其性质将药区分为"热性""寒性"两大性能。藏医在治疗"寒症"时用"热性"药，在治疗"热症"时用"寒性"药。

五、中国茶文化

茶，是中华民族的举国之饮。发于神农，闻于鲁周公，兴于唐朝，盛于宋代。中国茶文化糅合了中国儒、道、佛诸派思想，独成一体，是中国文化中的一朵奇葩，芬芳而甘醇。

中国是茶树的原产地，是世界产茶、饮茶最早的国家。世界上第一部茶叶著作——《茶经》，就是出自唐代陆羽之手。

如今，饮茶已普及全世界，客来敬茶，已成为中国人民及世界人民交友待客、增进友情的文明礼节。在中国，种茶、制茶、饮茶经历了漫长的历史过程，茶叶品种日益增多，制茶工艺日益先进，饮茶方法日益科学。人们在饮茶中，还创造了灿烂的茶文化，可以说，茶文化是中国民族文化宝库中的精品。

茶文化是中国饮料史上一道独特的风景线。它的历史源远流长，有着多彩的表现方式和丰富的文化内涵。茶文化中的养生术，更是以其独特的魅力深受国人尤其是老年人的青睐。千百年来，演绎了许多生动有趣的饮茶经，而百岁寿星的饮茶经，更是弥足珍贵，值得世人细细品味。

茶，作为饮料，是中华民族的国粹，也是人们日常起居的必需品，是"开门七件事"之一。那么，饮茶为何有延年益寿的功效呢？中医认为，茶能清心神，醒睡除烦；凉肝胆，祛热清痰；益肺胃，明目解温。李时珍《本草纲目》云："茶苦而寒，最能降火。火为百病，火降，则上清矣。"现代医学则指出：人的衰老与体内不饱和脂肪酸的过度氧化作用有关，而这种氧化与一种叫自由基的物质有关。茶叶中的多酚类化合物和咖啡碱及维生素C、维生素E等对自由基有着很强的清除效果，这便是茶能养生益寿的奥秘所在。

---

① 大五和小五共为十明。五小明：修辞学、辞藻学、韵律学、戏剧学、星象学；五大明：工艺学、医学、声律学、正理学、佛学。

茶叶是劳动生产物，是一种饮料。茶文化是以茶为载体，并通过这个载体来传播各种文化，是茶与文化的有机融合，这包含和体现了一定时期的物质文明和精神文明。

茶文化是茶艺与精神的结合，并通过茶艺表现精神。中国茶道的主要内容讲究五境之美，即茶叶、茶水、火候、茶具、环境。

茶文化要遵循一定的法则。唐代的法则为克服九难，即造、别、器、火、水、炙、末、煮、饮。宋代的法则为"三点"与"三不点"品茶。"三点"为新茶、甘泉、洁器为一，天气好为一，风流儒雅、气味相投的佳客为一。"三不点"为茶不新、泉不甘、器不洁为一不；景色不好为一不；品茶者缺乏教养、举止粗鲁为一不。碰到这种情况，最好是不作艺术的品饮，以免败兴。①

中国茶道的具体表现形式有三种：

（1）煎茶：把茶末投入壶中和水一块煎煮。唐代的煎茶，是茶的最早艺术品尝形式。

（2）斗茶：即古代文人雅士各携带茶与水，通过评比茶面汤花与品尝鉴赏茶汤以定优劣。斗茶又称为茗战，兴于唐代末，盛于宋代。最先流行于福建建州一带。斗茶是古代品茶艺术的最高表现形式。

（3）功夫茶：清代至今某些地区流行的功夫茶是唐、宋以来品茶艺术的流风余韵。清代功夫茶流行于福建的汀州、漳州、泉州和广东的潮州。功夫茶讲究品饮功夫。

我国是世界上茶类最多的国家之一，在千余年来的生产实践中，劳动人民在茶叶加工方面积累了丰富的经验，创造了丰富的茶类。茶的分类方法有很多，分出来的类别也各有不同。

1. 以色泽（或制作工艺）分类

按色泽（或制作工艺）分类，茶可分为绿茶、黄茶、白茶、青茶、红茶、黑茶。

绿茶是不发酵的茶（发酵度为0），如龙井、碧螺春；黄茶是微发酵的茶（发酵度为10%~20%），如白牡丹、白毫银针、安吉白茶；白茶是轻度发酵的茶（发酵度为20%~30%），如君山银针；青茶是半发酵的茶（发酵度为30%~60%），如铁观音、文山包种茶、冻顶乌龙茶；红茶是全发酵的茶（发酵度为80%~90%），如祁门红茶、荔枝红茶；黑茶是后发酵的茶（发酵度为100%），如六堡茶、普洱茶。②

2. 以季节分类

按季节分类，茶可分为春茶、夏茶、秋茶、冬茶。

春茶是指当年3月下旬到5月中旬之前采制的茶叶。春季温度适中，雨量充足，再加上茶树经过了半年冬季的休养生息，使得春季茶芽肥硕，色泽翠绿，叶质柔软，且含有丰富的维生素和氨基酸。春茶滋味鲜活且香气宜人，富有保健作用。

夏茶是指5月初至7月初采制的茶叶。夏季天气炎热，茶树新的梢芽生长迅速，使得能溶解茶汤的水浸出物含量相对减少，特别是氨基酸等的减少使得茶汤的滋味和香气多不如春茶强烈。夏茶中带苦涩味的花青素、咖啡因、茶多酚的含量比春茶多，不但使紫色芽叶增多且色泽不一，而且较为苦涩。

秋茶是指8月中旬以后采制的茶叶。茶树经春夏二季生长，新梢芽内含物相对减少，叶

① https://www.xuexila.com/aihao/yincha/3211958.html.
② https://baike.baidu.com/item/%E4%B8%AD%E5%9B%BD%E5%85%AD%E5%A4%A7%E8%8C%B6%E7%B1%BB/5768453

片大小不一、叶底发脆、叶色发黄，滋味和香气显得比较平和。

冬茶是指大约在 10 月下旬开始采制的茶叶。冬茶是在秋茶采完后，气候逐渐转冷后生长的。因冬茶新梢芽生长缓慢，内含物逐渐增加，所以滋味醇厚，香气浓烈。

3. 按生长环境分类

按生长环境分类，茶可分为平地茶、高山茶。

平地茶：茶芽叶较小，叶底坚薄，叶张平展，叶色黄绿欠光润。加工后的茶叶，条索较细瘦、骨身轻、香气低、滋味淡。

高山茶：由于环境适合茶树喜温、喜湿、耐阴的习性，故有"高山出好茶"的说法。海拔高度的不同，造就了高山环境的独特之处，从气温、降雨量、湿度、土壤到山上生长的树木，这些环境对茶树及茶芽的生长都提供了得天独厚的条件。因此，与平地茶相比，高山茶芽叶肥硕、颜色绿、茸毛多。加工后的茶叶，条索紧结，肥硕，白毫显露，香气浓郁且耐冲泡。

中国十大名茶：武夷大红袍、普洱茶、西湖龙井茶、安溪铁观音、洞庭碧螺春、六安瓜片、庐山云雾、黄山毛峰、君山银针、祁门红茶。[①]

六、中国武术

中国武术又称"国术"或"武艺""中国功夫"，是中国传统体育项目。其内容是把踢、打、摔、拿、跌、击、劈、刺等动作按照一定规律组成徒手的或器械的各种攻防格斗功夫、套路和单势练习。中国武术不仅是一种中国传统的体育运动形式，而且是一种完整的文化意识形态，它融合了中国古典哲学、伦理学、美学、医学、兵学等中国传统文化的各种成分和要素，渗透着中国传统文化的精髓。武术具有极其广泛的群众基础，是中国人民在长期的社会实践中不断积累和丰富起来的宝贵的文化遗产。

武术最初作为军事训练手段，与古代军事斗争紧密相连，其技击的特性是显而易见的。在实用中，其目的在于杀伤、制服对方，它常常以最有效的技击方法，迫使对方失去反抗能力。这些技击术至今仍被军队、公安采用。武术作为体育运动，技术上仍不失攻防技击的特性，且将技击寓于搏斗运动和套路运动之中。搏斗运动集中体现了武术攻防格斗的特点，在技术上与实用技击基本上是一致的，但是从体育的观念出发，它受到竞赛规则的制约，以不伤害对方为原则。如散手对武术中某些传统的实用技击方法作了限制，而且严格规定了击打部位和保护护具，短兵中使用的器具也作了相应的变化。推手则是在特殊的技术规定下进行竞技对抗的。因此，可以说武术的搏斗运动具有很强的攻防技击性，与实用技击有所区别。

中国武术分类有以地区划分的，有以山脉、河流划分的，有以姓氏或内外家划分的，也有按技术特点划分的。按其运动形式可分为套路运动和搏斗运动两大类。套路运动是以技击动作为素材，以攻守进退、动静疾徐、刚柔虚实等为运动变化规律编成的整套练习形式。套路运动按练习形式又可分为单练、对练和集体演练。单练包括徒手的拳术与器械；对练包括徒手的对练、器械对练、徒手与器械对练；集体演练分徒手的拳术、器械及徒手与器械。

中国武术历史悠久，是中华文化的国粹，闻名世界。它是中华民族在长期的历史演进过程中不断创造、逐渐形成的运动项目。它深受中国人民的喜爱，也越来越受到世界众多国家和地区人民的重视和青睐。

---

① https://www.puercn.com/czs/cybk/35013.html.

第二节　民族精神

一、民族精神的内涵

民族精神是一个现代词汇，由西方学者最早提出这一概念。英国学者以赛亚·伯林认为"民族精神"这个词是赫尔德发明的，他把德国哲学家、诗人赫尔德称为"民族主义、历史主义和民族精神之父"。赫尔德在其1774年出版的《另一种历史哲学》一书中，从一般的人类精神引申到"时代精神"和"民族精神"。赫尔德认为，每一个民族的文化都有各自发展的权利，人类大花园中所有的花卉都能和谐地生长，各种文化都能相互激励。同时，他宣称"每一种文明都有自己独特的精神——它的民族精神。这种精神创造一切，理解一切"。黑格尔继承了赫尔德关于民族精神的概念，从其理性统治世界及世界历史的基本理念出发，阐发了"民族精神"概念。他认为，"（世界精神发展的）每一个阶段都和任何其他阶段不同，所以都有它的一定的特殊的原则。在历史当中，这种原则便是'精神'的特性——一种特别的'民族精神'。民族精神便是在这种特性的限度内，具体地表现出来，表示它的意识和意志的每一方面——它整个的现实。民族的宗教、民族的政体、民族的伦理、民族的立法、民族的风俗，甚至民族的科学、艺术和机械的技术，都具有民族精神的标记"。[①]

民族精神是反映在长期的历史进程和积淀中形成的民族意识、民族文化、民族习俗、民族性格、民族信仰、民族宗教、民族价值观念和价值追求等共同特质，是指民族传统文化中维系、协调、指导、推动民族生存和发展的精粹思想，是一个民族生命力、创造力和凝聚力的集中体现，是一个民族赖以生存、共同生活、共同发展的核心和灵魂。

民族精神是一个民族赖以生存和发展的精神支撑，时代精神是推动一个时代发展进步的精神力量。中华民族的优秀儿女在创造辉煌历史的进程中，不断培育、积累和形成了以爱国主义为核心的团结统一、爱好和平、勤劳勇敢、自强不息的伟大民族精神。这是古往今来千千万万中国人民奋发向上、百折不挠的精神支柱，是中华民族生生不息、薪火相传的精神动力。民族精神是民族文化的深层次内容。作为一种既存的文化因子，它能熏染、浸润、溶解人民的思维方式、情感方式、行为方式，甚至在必要时把民族的千千万万民众凝聚起来、团结起来、动员起来，从而捍卫民族的尊严与利益，从而使一个民族历经艰难曲折却能岿然屹立。因而，是否具有健康、优秀的民族精神，可以说是一个民族是否具有生存力、发展力的标志，也是一个民族是否具有凝聚力、创造力的集中体现。民族精神是激励和凝聚全国各族人民的重要力量，也是衡量综合国力强弱的重要尺度。

中华民族具有爱国主义传统，为了民族的独立、解放、发展和强大，一代又一代中华儿女前赴后继，进行了不屈不挠的奋斗，留下了无数可歌可泣的爱国主义英雄事迹。屈原、文天祥、郑成功、邓世昌、杨靖宇、张自忠、吉鸿昌等都是其中的杰出代表。

一个民族没有振奋的精神和高尚的品格，不可能自立于世界民族之林。在五千多年的发展中，中华民族形成了以爱国主义为核心的团结统一、爱好和平、勤劳勇敢、自强不息的伟大民族精神。伟大的中华民族精神，深深根植于延绵数千年的优秀文化传统之中，始终是维

---

① 涂平荣. 试论黑格尔的"民族精神"思想. 学术问题研究（综合版），2012（1）：88.

系中华各族人民共同生活的精神纽带，支撑中华民族生存发展的精神支柱，推动中华民族走向繁荣、强大的精神动力，是中华民族之魂。千百年来，民族精神薪火相传，越燃越旺。青年学生是中华民族的未来和民族的希望，承担着中华民族伟大复兴的历史重任。所以，青少年必须培养和弘扬民族精神。

孔子曰："人能弘道，非道弘人。"曾子则曰："士不可以不弘毅，任重而道远。"民族精神的"弘扬"，主要是指在实践中"发扬光大"已有的民族精神，包括中华民族在古代形成的传统精神和中华民族在近代形成的革命精神。而民族精神的"培育"，则包括两个方面：一是用已有的民族精神教育、熏染、浸润青少年乃至所有国民；二是孕育、培养、培植现所未有但又是现在或未来所需的新的民族精神。

一个民族的民族精神是历史性的，它带有过去的因子；一个民族的民族精神更是时代性的，它带有开放的向度。一个民族的民族精神，正是在薪火相传、继往开来的态势中不断丰富和发展、完善和壮大。

二、中华民族精神的主要内容

中华民族精神的核心内容早在殷商之前就已形成。《周易·乾卦·象传》云："天行健，君子以自强不息。"

中华民族精神是由中国 56 个民族组成的中华民族世代相传的，渗透在其血脉、贯穿其悠久历史、熔铸在灿烂文化及光荣革命传统之中的性格特征和意志品质，是中华民族共同的价值观。

新时期中华民族精神的主要内容是：以爱国主义为核心的团结统一、爱好和平、勤劳勇敢、自强不息。中华民族精神犹如民族思想脉动的主旋律，在不同的历史条件下会形成或悲壮雄浑或昂扬激越的乐章。中华民族精神表现在以下三个方面：

第一，中华民族精神表现为各民族的爱国主义精神。中国各民族都无限热爱自己的家园，心系与自己有着千丝万缕联系的中原地区。历史上，各民族所反映出的对中原地区的向心力，经过各族人民长期对中原地区及边疆地区的共同开发、建设和保卫，形成了中华民族的爱国主义精神。正是在这种精神的支撑下，中国历史上虽然有多次分裂，但统一始终是主流。特别是在近代历史上，虽有帝国主义列强的政治调唆、物质利诱、武力威胁，但各民族人民始终坚守边疆，最终粉碎了帝国主义分裂中国的阴谋，维护了祖国的统一。在长期反对帝国主义的斗争中，爱国主义精神是中国各民族深入人心的民族意识，是各民族共同建立和保卫祖国的强大动力。

第二，中华民族精神表现为各民族追求祖国统一的大一统精神。中国几千年的历史中，有过长时间的大统一，也有短时期处于地方政权割据的分裂状态。分裂给各族人民的经济发展造成了很大的破坏，给人民生活带来了很大的灾难。因此，追求团结统一和共同发展是各族人民的共同愿望。早在春秋战国时期，中国就出现了孔孟的大一统思想，这种思想以华夏的统一为核心。十六国南北朝时，少数民族的一些统治者也提出过统一的思想，并为实现统一进行了不懈努力。此后，在中国历史上，特别是在分裂时期，不管其动因是什么，许多民族的统治者都以统一中华为己任，以建立统一的中华政权为最大的荣耀。众所周知，除汉族建立过统一的中华政权外，蒙古族、满族等少数民族也建立过长时期统一的政权。以中华统一为正常，以分裂为异常，已成为各民族的共识，这种共识为中华民族大一统思想的形成奠定了基础。中华民族历来十分重视民族团结，相互尊重各兄弟民族的风俗习惯，而且主张平等地对待其他民族，尤其是弱小民族，并与之和睦相处。

第三，中华民族精神还表现为各民族自强不息、共同发展的精神。中华民族勤劳勇敢、吃苦耐劳、聪明智慧，具有广纳博取、热爱生活、不甘落后、善于创新的可贵品质。在几千年的历史发展中，中国各民族在祖国广阔的土地上，无论生存条件多么艰苦，都能以顽强的精神辛勤劳动、努力开拓、不断进取，各民族都创造出了自己独特的绚丽多彩的物质文明和精神文明。这种艰苦奋斗、自强不息的精神，在千百年各民族的共同生活中交织汇流并成为中华民族的伟大象征，是中国在历史上长期保持领先地位的根本原因。近代以来，为了摆脱半殖民地半封建社会的落后状况，中国各族人民进行了艰苦卓绝的斗争，奋发图强，实现了民族独立和人民解放，成立了新中国，这些都是中国各族人民自强不息精神的体现。自强不息揭示了中华民族生存发展的动力来源。中华民族生存发展的动力来自她的成员对国富民强的不懈努力，来自对民族自立、自尊、自强的强烈渴望，来自对至善理想和人生价值的执着追求。就民族、国家的发展而言，在民族兴旺发达、繁荣向上的时期，人们总是怀着建功立业的豪情壮志；在外敌入侵、民族危亡的关头，自强不息的精神激励人们顽强地反对侵略。就个人的人生价值而言，自强不息表现为仁人志士在强敌面前坚持正义，宁死不屈，在人生遭遇挫折时奋发图强，为理想不懈奋斗。

习近平总书记在十三届全国人大一次会议闭幕会上的讲话中指出，人民是历史的创造者，人民是真正的英雄。波澜壮阔的中华民族发展史是中国人民书写的！博大精深的中华文明是中国人民创造的！历久弥新的中华民族精神是中国人民培育的！中华民族迎来了从站起来、富起来到强起来的伟大飞跃是中国人民奋斗出来的！

中国人民的特质、禀赋不仅铸就了绵延几千年发展至今的中华文明，而且深刻影响着当代中国发展进步，深刻影响着当代中国人的精神世界。中国人民在长期奋斗中培育、继承、发展起来的伟大民族精神，为中国发展和人类文明进步提供了强大精神动力。

中国人民是具有伟大创造精神的人民。在几千年历史长河中，中国人民始终辛勤劳作、发明创造，我国产生了老子、孔子、庄子、孟子、墨子、孙子、韩非子等闻名于世的伟大思想巨匠，发明了造纸术、火药、印刷术、指南针等深刻影响人类文明进程的伟大科技成果，创作了诗经、楚辞、汉赋、唐诗、宋词、元曲、明清小说等伟大文艺作品，传承了格萨尔王、玛纳斯、江格尔等震撼人心的伟大史诗，建设了万里长城、都江堰、大运河、故宫、布达拉宫等气势恢宏的伟大工程。今天，中国人民的创造精神正在前所未有地迸发出来，推动我国日新月异向前发展，大踏步走在世界前列。只要14亿多中国人民始终发扬这种伟大创造精神，我们就一定能够创造出一个又一个人间奇迹！

中国人民是具有伟大奋斗精神的人民。在几千年历史长河中，中国人民始终革故鼎新、自强不息，开发和建设了祖国辽阔秀丽的大好河山，开拓了波涛万顷的辽阔海疆，开垦了物产丰富的广袤粮田，治理了桀骜不驯的千百条大江大河，战胜了数不清的自然灾害，建设了星罗棋布的城镇乡村，发展了门类齐全的产业，形成了多姿多彩的生活。中国人民自古就明白，世界上没有坐享其成的好事，要幸福就要奋斗。今天，中国人民拥有的一切，凝聚着中国人的聪明才智，浸透着中国人的辛勤汗水，蕴涵着中国人的巨大牺牲。我相信，只要14亿多中国人民始终发扬这种伟大奋斗精神，我们就一定能够达到创造人民更加美好生活的宏伟目标！

中国人民是具有伟大团结精神的人民。在几千年历史长河中，中国人民始终团结一心、同舟共济，建立了统一的多民族国家，发展了56个民族多元一体、交织交融的融洽民族关系，形成了守望相助的中华民族大家庭。特别是近代以后，在外来侵略寇急祸重的严峻形势下，我国各族人民手挽着手、肩并着肩，英勇奋斗，浴血奋战，打败了一切穷凶极恶的侵略者，捍卫了民族独立和自由，共同书写了中华民族保卫祖国、抵御外侮的壮丽史诗。今天，中国取得的令世人瞩目的发展成就，更是全国各族人民同心同德、同心同向努力的结果。中国人民从亲身经历中深刻认识到，团结就是力量，团结才能前进，一个四分五裂的国家不可能发展进步。我相信，只要 14 亿多中国人民始终发扬这种伟大团结精神，我们就一定能够形成勇往直前、无坚不摧的强大力量！

中国人民是具有伟大梦想精神的人民。在几千年历史长河中，中国人民始终心怀梦想、不懈追求，我们不仅形成了小康生活的理念，而且秉持天下为公的情怀，盘古开天、女娲补天、伏羲画卦、神农尝草、夸父追日、精卫填海、愚公移山等我国古代神话深刻反映了中国人民勇于追求和实现梦想的执着精神。中国人民相信，山再高，往上攀，总能登顶；路再长，走下去，定能到达。近代以来，实现中华民族伟大复兴成为中华民族最伟大的梦想，中国人民百折不挠、坚忍不拔，以同敌人血战到底的气概、在自力更生的基础上光复旧物的决心、自立于世界民族之林的能力，为实现这个伟大梦想进行了 170 多年的持续奋斗。今天，中国人民比历史上任何时期都更接近、更有信心和能力实现中华民族伟大复兴。只要 14 亿多中国人民始终发扬这种伟大梦想精神，我们就一定能够实现中华民族伟大复兴！

中华民族精神就是有机统一的伟大创造精神、伟大奋斗精神、伟大团结精神和伟大梦想精神。在中华民族发展的不同历史时期，面对不同的社会主要矛盾，在不同的社会生产实践和生活交往中，形成了许多具体的优秀民族精神，比如在我们党领导革命、建设和改革的历史中，创造了伟大的建党精神、长征精神、延安精神、抗战精神、抗美援朝精神、塞罕坝精神、大国工匠精神、改革开放精神、抗震救灾精神、脱贫攻坚精神等。这些在不同实践中形成的具体的优秀民族精神，既是中华民族精神核心内容和深层内质的具体体现，也是中华民族精神核心内容和深层内质的必然结果。深刻把握民族精神的核心内容和深层内质，就要深刻理解他们之间的有机联系，就要深刻理解伟大创造精神、伟大奋斗精神、伟大团结精神、伟大梦想精神的实践基础、文化底蕴、历史渊源、丰富内涵、辉煌业绩、重大意义，以及它们的本质统一性。

总之，中华民族精神深深扎根于中华大地丰厚的文化和历史的沃土之中，中华民族之所以能在五千多年的发展中，历经磨难而信念愈坚，饱尝艰辛而斗志更强，创造出灿烂的中华文明，民族精神一直是重要的力量源泉。

三、弘扬中华民族精神

把弘扬和培育民族精神纳入国民教育体系和精神文明建设的全过程，是新形势下中国领导人对世界浪潮、时代浪潮的仔细、敏锐、高远观察所作出的精确判断。当今世界的各种政治、经济的冲突或问题，在深层次上无不与一个民族或国家的观念、利益息息相关。包括法国、德国、美国及亚太地区的日本、韩国、新加坡在内的诸国家，都在积极推行民族精神或国家意识的国民教育，对此我们应该有清醒的认识。

2021 年 10 月 9 日，习近平总书记在纪念辛亥革命 110 周年大会上的讲话中指出，辛亥革命 110 年来的历史启示我们，实现中华民族伟大复兴，中国人民和中华民族必须同舟共济，依靠团结战胜前进道路上一切风险挑战。孙中山先生曾经说过："要恢复民族的地位，便先要恢复民族的精神。"近代以来，中国人民和中华民族弘扬伟大爱国主义精神，心聚在了一起、血流到了一起，共同书写了抵御外来侵略、推翻反动统治、建设人民国家、推进改革开放的英雄史诗。统一战线始终是中国共产党凝聚人心、汇聚力量的重要法宝。

新的征程上，我们必须大力弘扬爱国主义精神，树立高度的民族自尊心和民族自信心，铸牢中华民族共同体意识，紧紧依靠全体中华儿女共同奋斗，坚持大团结大联合，不断巩固和发展最广泛的爱国统一战线，广泛凝聚中华民族一切智慧和力量，形成海内外全体中华儿女万众一心、共襄民族复兴伟业的生动局面。[1]

弘扬民族精神首先要对民族精神深度自豪。习近平总书记充满感情地指出，"有这样伟大的人民，有这样伟大的民族，有这样的伟大民族精神，是我们的骄傲"[2]。

实现中华民族伟大复兴，弘扬民族精神，首先要对中华民族精神深度自豪。

一是对民族精神崇高品质的深度自豪。中华民族精神是在几千年源远流长的历史发展中，中国人民用勤劳的汗水和智慧铸就的，其中既经历了洪荒蛮力，也经历了文明巧工，既遭受了战乱离苦，也拥有了和平安居，曾经积贫积弱，也曾经繁华强盛，既参透了"道法自然"的生存智慧，也锻造了"人定胜天"的无畏气概。因此，中国人民最知道什么是崇高、什么是卑劣、什么是精华、什么是糟粕，深知创造精神、奋斗精神、团结精神、梦想精神的历史价值，以及对一个民族永续生存和长盛发展的深远意义。中华民族精神形成不易，神圣崇高，我们确当引以为傲，深为自豪。二是对民族精神优越特质的深度自豪。人类社会的发展史和当代中国的伟大实践充分证明中华民族精神所具有的优越特质。正是中华民族精神的深厚涵养与开放包容，绵延了人类历史上最为璀璨辉煌连绵不断的中华文明，发明了造纸术、火药、印刷术、指南针等深刻影响人类历史的伟大科技成果，建造了万里长城、都江堰、大运河、故宫、布达拉宫等气势恢宏的伟大工程，虽历经江河不驯、自然肆虐但开发建设了辽阔秀丽的大好河山，创造了人与自然和谐相处的天人文明，虽历经兵连祸结、群强掠侵但仍开创了众多盛世，实现了民族解放，维护了民族自由和独立。特别是中国共产党领导中国人民取得的革命、建设和改革伟大成就，更是彰显了中华民族精神的卓异。今天，中国特色社会主义道路、理论、制度、文化在人类命运共同体建设中和面对重大疫情灾害时的独领风骚耀眼优势，都使我们对中华民族精神优越特质的自信与自豪更加彰明。三是对民族精神人类本质的深度自豪。习近平总书记指出，"中国人民历来富有正义感和同情心，历来把自己的前途命运同各国人民的前途命运紧密联系在一起"[3]。与许多只是立足本民族利益的民族精神不同，中华民族精神虽然结晶和升华于中华民族的伟大实践，但中国人民历来注重德昭邻壑、生死与共、合作共赢，坚信和平共处、同心同德、同心同向对整个人类生存和发展的重要意义，具有对人类本质的深切关照。从"大道之行，天下为公"到"各美其美，美人之美，美美与共，天下大同"，从"平等互利、和平共处"到"共商共建共享"的全球治理观念和"人类只有一个地球，各国共处一个世界"的人类命运共同体理念等，无不体现着中华民族精神超越狭隘的民族利益，对整个人类生存和命运的深切关照，无不体现着中华民族精神超越历史和空间的人类性本质。

其次要对民族精神坚定维护。

习近平总书记指出，"中国人民的特质、禀赋不仅铸就了绵延几千年发展至今的中华文

---

①　习近平. 在纪念辛亥革命110周年大会上的讲话. 新华网, 2021 – 10 – 09.
②　习近平. 在第十三届全国人民代表大会第一次会议上的讲话. 求是, 2020（10）.
③　习近平. 在第十三届全国人民代表大会第一次会议上的讲话. 求是, 2020（10）.

明，而且深刻影响着当代中国发展进步，深刻影响着当代中国人的精神世界"①。中华民族精神是最值得我们骄傲和自豪的民族精神，实现中华民族伟大复兴，弘扬民族精神，就必须坚定维护民族精神。

珍惜爱护我们的民族精神。人民是历史的创造者，人民是真正的英雄。中华民族精神是中国人民在几千年历史的伟大实践中培育的，经历了苦难与辉煌、失败与成功，浸透着中国人民的辛勤汗水，蕴涵着中国人民的巨大牺牲。中华民族精神体现着中国人民的劳动成果，凝聚着中国人民的聪明智慧，经过了去粗取精、去伪存真，是几千年中国优秀文化的升华，是几千年中华文明的结晶，凝结着人类对真、善、美的追求，表达着人类最崇高的信仰。中华民族精神是经过了历史和实践检验的伟大精神，不仅创造了辉煌的人类文明，为中国发展和人类文明进步提供了强大精神动力，而且也给整个人类社会的发展提供了丰富智慧，是整个人类社会最重要的精神之一。中华民族精神来之不易、影响深远、品质崇高、弥足珍贵。

传承弘扬我们的民族精神。最好的维护是传承弘扬。坚决维护我们的民族精神，充分发挥民族精神对实现中华民族伟大复兴的精神支撑作用，就要把民族精神作为强大精神动力，立足今天的伟大实践，面向未来的复兴梦想，将民族精神把握好、说清楚、讲明白，将民族精神继承好、发展好、践行好。加强对民族精神的研究阐释，追溯民族精神的形成和演进，揭示民族精神的内涵和实质，彰显民族精神的价值和影响，探索民族精神的传承与发展等。加强对民族精神的普及宣传，有效利用各种途径载体、方式方法，让人民群众深刻认识我们的民族精神，营造传承弘扬民族精神的良好氛围，让人民群众自觉践行我们的民族精神。加强民族精神的对外推介，讲好中华民族精神的故事，让世界广泛理解我们的民族精神，深化对我们民族精神的普遍认同，凝聚实现中华民族伟大复兴梦想的共识。

坚决反对抹黑我们的民族精神。我们生活的世界充满希望，也充满挑战。随着中国综合国力的极大提升，在国际事务中作用的日益凸显，一些带着极强意识形态偏见的西方敌对势力开始不断恶意丑化、抹黑、孤立中国，想方设法歪曲中国的历史，抹杀中国的成就，丑化中国的文化，否定中国的文明，其中抹黑我们的民族精神就是最主要的内容之一。他们采用历史虚无主义的方法，力图通过抹黑中华民族精神，以消解中华民族永续发展和实现中华民族伟大复兴梦想的精神之源。实现中华民族伟大复兴，弘扬民族精神，必须保持斗争精神，坚决反对一切抹黑中华民族精神的言论，坚决抵制一切抹黑中华民族精神的行为，必须旗帜鲜明、敢于亮剑、有理有节地打击一切错误言论，同一切敌对行为作斗争，捍卫神圣崇高的中华民族精神。②

弘扬民族精神，必须把握以下四个维度：

1. 价值维度：民族精神是支柱

民族精神是一个民族在长期共同生活和实践的基础上形成和发展起来的。它为本民族大多数成员所认同和接受，具有相当的稳定性和普遍性，是一个民族价值观念、情感取向、心理特征和道德规范的综合体现，更是一个民族赖以生存发展的精神支柱。

爱国主义是民族精神的核心。以民族成员为载体的民族精神包含多方面的内容，但爱国主义情感是其中最重要的方面。由民族文化的精髓凝结而成的民族精神，终将强化一个民族的认同感和归属感，培育人民的爱国主义情感，成为民族团结的精神纽带和凝聚力量。几千

①　习近平. 在第十三届全国人民代表大会第一次会议上的讲话. 求是，2020（10）.
②　胡长栓. 弘扬伟大的民族精神. 红旗文稿，2020（12）.

年来，中华民族一直维持着团结统一。在此过程中，由文化认同而产生的民族精神起着非常重要的作用。因而即使有分裂也是暂时的，团结统一才是大势所趋，才是主旋律。

2. 身份维度：自觉乃立身之本

民族精神是一种身份认同。它具有鲜明的自身特质，在精神气质上把一个民族与另一个民族区别开来，因而它是一个民族文化身份认同的最核心元素。一个民族如果没有民族精神，就不会有民族自我认同的内聚力，就没有确定的文化身份与其他民族交往，就会处在如美国政治思想家亨廷顿（Huntington）所说的那种"无所适从的精神分裂状态"。

中华民族的凝聚力从根本上源自对民族精神、民族文化、民族身份的认同。出生在同一个地方，操同一种方言，我们就认为彼此是"同乡"，就多了一份亲近感；具有相同的民族成分、相同的国籍、相同的文化背景，我们就认为彼此是"同胞"。特别是在异文化的环境中，同胞之间会有强烈的亲近感、认同感。

弘扬民族精神是一种民族自觉。所谓"民族自觉"，是指一个国家、一个民族能充分认识自己国家、自己民族的历史传承、发展规律、现实状况和未来方向，坚持从自己国家、自己民族的实际情况出发，选择适合自己国家、自己民族特点的发展道路和发展模式，独立自主、博采众长、综合创新，以适应新的国际发展格局和形势，切实有效地把握自己国家、自己民族的前途和命运，最大限度地实现和维护自己的国家主权和民族利益，并与其他国家、民族和平共处，合作共进，积极主动地参与世界新秩序的构建，成为其中有所作为的组成部分。民族自觉的核心就是弘扬民族精神、坚定民族信念，其精神实质就是爱国主义。

中华民族精神是中华儿女的价值源头，是中国人最后的精神归宿，是我们的生命之根、立身之本、处世之魂。民族精神就是我们的根，爱国主义就是我们的魂。弘扬以爱国主义为核心的民族精神，我们才能真正把根留住，才能获得安身立命的根本和灵魂。作为中华民族的子孙，只要我们在内心深处树起民族精神之根，立定爱国主义之魂，无论何时何地，都不会导致人生的失落、灵魂的漂浮。只要有根存在，我们民族，我们每一个中华儿女，就会有强大的精神支柱，就会有源源不断的生命活力。

3. 时代维度：以时代精神丰富民族精神

弘扬民族精神必须与时代脉搏对接。只有民族精神与时代精神相结合，才能充分发挥民族精神和时代精神的凝聚力，最大限度地激发民族复兴的精神力量。

提倡弘扬民族精神，总是以一定的坐标为背景的，这就是时代坐标。民族精神的存在不是抽象的、超历史的，而是具体的、不断变化着的，既不能割断它由之而来的历史传统，更不能脱离它所依存的时代现实。前者可以称为民族精神的继承性，后者可以称为民族精神的时代性。弘扬民族精神的实质，就是在当时的时代背景中传承、发扬、发展、丰富民族精神，让民族精神与时代要求对接，在时代脉搏中跃动，在时代潮流中激荡，在时代旋律中奏鸣，在时代步伐中轰响，在时代精神中弘扬。

时代精神是顺应时代潮流的、最新的精神气质、精神风貌和社会风尚的综合体现，是一种与时俱进、把握时代脉搏的精神状态，是民族精神最新的表现形式，是民族精神的时代性体现。民族精神必须与时代精神相结合，不断以时代精神来强化和提高自己的现实性和时代性。脱离时代的民族精神是没有活力的，也是没有时代基础和当代价值的。民族精神应该是永远流淌的活水，不仅要从本民族的优秀传统文化中吸收养分，而且要从自己所处的时代中汲取时代精神的精华。

4. 世界维度：民族文化须与世界文明对话

历史的经验和现实的实践启示我们，弘扬民族精神既不能搞狭隘的民族主义，也不能搞大国沙文主义。在新的历史时代弘扬民族精神，需要我们具备一种宽广的文化气度和高远的世界眼光。在经济全球化的背景下，民族精神的弘扬不能脱离国际舞台和世界文明潮流。只有以世界眼光和宽阔胸怀弘扬民族精神，让民族精神激荡于世界潮流，激扬于国际舞台，与世界文明对话，才能让中华民族精神在与世界文明交流中展现其民族本色和独特魅力，同时用人类创造的一切文明成果滋养自己、丰富自己，从中获得源源不断的生机与活力。

2008 年北京成功举办第 29 届夏季奥林匹克运动会，2022 年成功举办第 24 届冬季奥林匹克运动会，是中国彰显民族文化、激扬民族精神、向世界展示中国、与世界文明对话的经典范例。特别是北京 2022 年冬奥会奖牌设计，由圆环加圆心构成牌体，形象来源于中国古代同心圆玉璧，共设五环，寓意五环同心，同心归圆，表达了"天地合、人心同"的中华文化内涵，也象征着奥林匹克精神将人们凝聚在一起，冬奥荣光，全球共享。奖牌造型质朴简洁，既体现了北京 2022 年冬奥会"简约、安全、精彩"的办赛要求，又与北京 2008 年奥运会奖牌"金镶玉"相呼应，展现了"双奥之城"的文化传承。奥运会不仅是一场体育竞技的盛会，更是一次深远的文化洗礼、一场人类精神的冶炼，是东西方文明在和平年代的一次伟大的交融。2007 年 10 月 31 日，第 62 届联合国大会一致通过了北京奥组委提出的《奥林匹克休战决议》，倡导"通过体育和奥林匹克理想建立一个和平的、更美好的世界"。这正体现了中华民族团结统一、爱好和平、勤劳勇敢、自强不息的民族精神，与"追求卓越、友谊和平、公平竞争"的奥林匹克理念相一致。[①] 2017 年 11 月 30 日至 12 月 3 日，中国共产党与世界政党高层对话会（简称"高层对话会"）在北京成功召开。这是中国共产党首次与全球各类政党举行高层对话，也是出席人数最多的全球政党领导人对话会，来自世界上120 多个国家近 300 个政党和政治组织的领导人共 600 多名中外代表应邀出席高层对话会。习近平总书记在开幕式上发表主旨讲话，全面阐述了中国共产党关于构建人类命运共同体、建设更加美好世界的主张。高层对话会开幕式刚一结束，法国前总理拉法兰就从座位上站起身，拿出一本书，邀请习近平总书记现场签名留念。这本书就是《习近平谈治国理政》第二卷。2015 年，《习近平谈治国理政》刚出版不久，拉法兰也曾邀请总书记在书上签名。他说："这本书谈中国、论世界，为国际社会更加全面了解中国、更加客观地看待中国、更加理性地读懂中国，开启了一扇重要窗口。"在高层对话会开幕前夕，会议主办方——中共中央对外联络部专门制作了一幅别具特色的海报。海报名为"共饮一泓水"，海报中"茶"为主要创意元素，巧借以茶会友、品茶论道的中国传统文化。青花瓷茶杯中盛着清茶，杯内茶水清澈，呈现出世界地图的映像，寓指各国人民共饮一泓水，也寓意中国共产党邀请世界政党共议构建人类命运共同体的政党责任，描绘共同建设美好世界的宏伟蓝图。通过召开高层对话会，中国共产党进一步凝结了世界政党的智慧，也为各国政党增进信任、交流与合作开辟了良好的开端。

————————

① 王荣发. 弘扬民族精神的四个维度. 解放日报, 2009 - 09 - 27.

思考题

1. 如何理解中华文化的丰富内涵？
2. 如何看待中华民族的孝文化？
3. 什么是民族精神？如何弘扬民族精神？

第十一章　大众传媒与社会

第一节　影响传媒运作的因素

大众传媒承担着报道新闻、传播信息、提供娱乐、传承文化、教育监督等诸多功能。著名传播学者施拉姆认为，"有效的信息传播可以对经济社会发展作出贡献，可以加速社会变革的进程，也可以减缓变革中的困难和痛苦"。因此，大众传媒是"专业化的媒介组织运用先进的传播技术和产业化手段，以社会上一般大众为对象而进行的大规模的信息生产和传播活动"。

一、大众传媒的新变化

1. 传播媒介形态的变化

一方面，作为技术手段的传播媒介的发达程度决定着社会传播的速度、范围和效率。人类在科学技术领域发生了深刻的革命，信息技术的诞生和发展对媒介而言，已成为一种无所不在、最富活力的变革因素，它催生了新媒介，改造着旧媒体，改变了传媒的生态版图，影响着媒介的未来。"新媒体"是与报纸、广播、电视等"旧媒体"或"传统媒体"相对而言的。当一种新出现的信息载体，其受众达到一定的数量时，这种信息载体就可以称为"新媒体"。例如，被称为"第四媒体"的互联网虽捷足先登，然而移动通信器紧随其后，被誉为"第五媒体"的手机短信等随之铺天盖地而来。

另一方面，作为组织机构的传播媒介其所有制关系、意识形态和文化背景，决定着社会传播的内容和倾向性。大众传媒在信息采集和加工过程中，应当秉承客观、中立原则，对现实世界进行真实、公正、全面、平衡、不偏不倚的报道，为公众利益服务。但事实上，在大众传媒的市场化过程中，大众传媒作为组织的一种，其目标具有多重性，除了其公益性目标之外，还包括了经营目标和宣传目标。更何况大千世界包罗万象，大众传媒也不可能"有闻必录"。

2. 传播媒介环境的变化

信息社会是"信息成为与物质和能源同等重要甚至比之更加重要的资源，整个社会的政治、经济和文化以信息为核心价值而得到发展的社会"。在信息社会里，随着全球化的发展、"地球村"的出现，人们的认识范围日益扩大，但人们通过自身活动直接参与社会实践的范围与之相比仍然十分狭小，而现代大众传媒环境往往会被我们忽视，就好像一条鱼经常感受不到水中的环境变化一样。只有当新环境取代了旧的环境后，我们回过头来审视，才会发现新环境的价值。现阶段，传播媒介所服务的对象，包括读者、广告商和一些利益集团或部门的媒介使用者，他们的消费媒介、使用媒介习惯，实际上已经与十年、二十年前有很大的不同。以前媒体比较单一，没有什么选择。现在由于媒介渠道的增多，一个媒体不再可能包打天下，基于人们"碎片化"的媒介消费、使用习惯改变的现实，媒体需要打造多平台组合产品。这样才能实现传播功能的链接，重新聚拢被媒介市场的"碎片化"所分散了的社会注意力资源及广告资源。

二、大众传媒的新特点

1. 融合化

现代大众传媒呈现出传播领域内的新特点——双向、参与、无须预订、无须中介等，但是，隐藏在这些特点背后，又必须拥有强大的技术、服务、渠道和内容。以至现代大众传媒可以说是不确定的，它形式众多、表现复杂，令人难以捉摸和掌握，或者说，它是混合媒介、个性化、交互性、图文声像四合一，电视、电脑、电话通过标准化的技术能够方便一体化。总体来看，现代媒体主要指电视、电信、互联网三大领域，并且主要表现为视、音频信号的传收（新媒体传播的内容由此基本具有了节目的形式），其中既有新媒体形式，也有不少属于新媒介硬件、新媒介软件，或者新的媒体经营模式。

2. 开放化

传媒技术的发展，使世界成了"地球村"，"地球村"诞生了"世界公民"，公众的生存范围正在"失去边界"，每个人既是信息的发射点（网络压缩了时间和空间），又是信息接收的集中地（通过媒介随时连接世界各地获得即时信息），这大大拓展了人的生存范围。传媒技术的发展，使社会信息资源实现了高度共享，许多隐蔽的空间被开发，社会公共空间呈现透明化趋势，公开社会运行的各种情况成为公众的一致要求；同时，个人的隐私权也受到不同程度的挑战，每个人在努力获取他人信息的同时，也意味着自身的许多私人信息也逐渐成为公开的秘密。随着传媒技术的发展，种种在现实社会关系中受到制约的思想，可以在虚拟世界中尽情挥洒，人的意志自由受到的限制越来越少，各种新思想在碰撞和交流中得以成长，最终对现实社会产生影响，增加了社会的自由度。

3. 个性化

在媒体市场竞争越来越激烈的今天，无论是传统媒体，还是新媒体，都在想尽办法出新招、出奇招，以吸引更多的受众，受众的需求决定了媒体的个性化走向，作出自己的特色和个性就是使自己脱颖而出的捷径。这种需求有两种，一种是表面的和确实的需求，另一种是潜在的和可能的需求。满足第一种需求较为容易，风险也较小。

4. 多元化

大众传媒不仅拓展了空间和时间，还催生出许多社会关系的新生长点，正在消除社会的中心和本质，社会呈现出多元化发展趋势。在大众传媒塑造的虚拟空间，公众许多现实的社会角色被隐去，获得了自由创造的无限时空和充分的意志自由，体验到现实世界中不能做或者做不到的行为，新的思想和行为得以充分模拟。同时，传媒技术也加强了人与人之间的沟通和联系，自由沟通更容易使公众在兴趣和利益上产生一致性，形成演绎不同规则的群体，共同的意见再分化，社会固有的本质便会被分解，公共空间在趋向一致的情形中又产生分化的趋势，形成了多元化的形态。①

三、影响大众传媒发展的主要因素

1. 政治因素

政治对大众媒介的影响集中体现于政治制度对媒介体制的影响，媒介体制中起决定性作用的是媒介的所有制。作为媒介体制的焦点，媒介、政府和公众三者间的关系，其基本面貌由政治体制决定，媒介体制则将其明确体现。政治体制对媒介体制的制约和规定相对宏观。在管理体制上，政治因素居首要地位。政治因素决定着媒介的所有制、行政级别、资格审批等宏观管理制度及内部管理制度中涉及高层人事任免、编辑方针、内容审定等核心领域。

从政治的影响看，通过核心不变的制度来保障媒介满足政治的需要，政治的主导作用无法改变。实际上，政治对媒介管理制度的影响并非仅局限于宏观管理体制，其对媒介管理制度的决定作用，同样体现在对媒介内部运营制度的控制。例如，媒介的重大编辑方针依然受社会和政府政治思想与倾向的影响。

从当前媒介的内容管理上看，时政类信息受政治因素的影响较大，操作相对保守，监控比较严格；而非时政类信息受经济因素影响较大，政策制约上比较宽松，从而导致近年来体育、财经、娱乐类市场化报刊大量涌现。

2. 经济因素

经济是决定媒介规模的重要因素。从中国的新闻实践看，经济体制制约着大众媒介的功能发挥、运作方式，推动其快速扩张，并提供必需的物质力量。近几年来中国传媒业广告额度以连续超过 25% 的速度增长，成为国家四大高利税的行业之一，吸引了众多投资公司跃跃欲试的目光，纷纷把文化传播业作为投资的重点。从传媒行业的发展看，资本因素是媒介产业的动力，是市场竞争的强势力量。

中国改革开放后，经济建设成为中国发展的重心，中国的经济体制从完全的计划经济开始跟商品经济接轨，并逐步转向社会主义市场经济。以经济制度改革为标志的经济因素也加快推动了媒介内部运营制度的变革。1997 年，中国国务院发布《出版管理条例》，指出：媒介的基本功能要"实现社会效益与经济效益的最佳结合"。媒介为实现自力更生的经济独立，追求效益的利益驱动凸显，从广告制度到发行制度，再到管理机制，中国媒介的内部管理制度逐个实现突破。

"事业单位企业化管理"政策的实行，是媒介包括报纸从完全的计划运作转向市场运作的重要转折。媒介的市场化积极推动着媒介运营管理制度的变化。概括来说，宏观管理体制上，媒介保持国有属性，从完全依靠政府供给的事业单位逐步转变成事业属性、市场化经营的现代企业；采编运作上，从完全计划式的行政管理到逐步市场化的自主管理，但政府对其真正意义上的控制权并没有改变；经营管理上，除经营机制比较保守外，广告、发行、印刷等方面的市场化运作日趋成熟。媒介受经济因素影响，在政治因素未明的情况下，会采取渐进式、擦边球的策略，主动寻求经营改革的边缘突破。边缘突破行为发生后，来自政府的政治决策会根据实际效果作出反馈，如果在保证"喉舌"职能的前提下还能增加媒介经济效益，通常便能获得政治和政策认同的空间。经济因素则提供了媒介以合理成本进行制度创新的可能，推动了媒介传播职能、广告发行、经营机制和资本运营的制度变革。中国几十年来

---

① 张博. 大众传媒的变迁与政治社会化功能. 湘潮，2008（6）.

的新闻发展实践证明，中国大众传媒由"政治决定、经济推动"。

资本的因素能够进入传播领域，其原因主要有两个方面：其一，传媒整体上已经处于市场经济的环境中，但资金来源尚基本处在自身经营的圈子里，媒介普遍缺乏资金。2000年10月，在北京召开了媒介经营与产业化高级研讨会，对与会各个媒介的负责人进行的调查显示，媒介资金的来源91%是自身经营，7%是国家拨款，2%是募集的社会资金。在上面的调查中，广告经营的额度占媒介自身经营的69%，发行或节目经营占21%，多种经营占8%，其他占2%，感到资金紧张的占82%，感到完全不紧缺的是0。时至今日，情况仍然没有大的改观。可以说，媒介已经在相当长的时间内处于资金短缺状态。其二，从媒介市场的角度而言，某些企业资金充足，却苦于找不到良好的有高额回报的投资项目，而媒介产业是我国目前市场发展空间比较大，相对利润回报比较高的行业，投资人自然有一种冲动，要去实现更高利润回报的目标。可以说，正是为了寻求高额利润回报及借助媒体的知名度提升自身的社会认同度，诱惑着资本市场向媒体靠拢。加之国际传媒业发展的大趋势给了我们启示，即为适应国际传媒产业的演变与加速的竞争，国际大传媒纷纷采用多元化、多层次发展战略，通过参股、收购、兼并等资本运作构筑综合性传媒产业集团，迅速扩大资本规模，如AOL与时代华纳等。这种运用资本运营手段筹措资金的要求，在我国加入WTO之后变得更为迫切，在这种情况下，资本市场对传播业的介入也就成为顺理成章的事情。

3. 新传播技术

新传播技术的发展使信息在生产、播放、展示和储存方面都有了巨大的变化，使大众传播变得更加便捷、广泛和具有互动性，使大众传媒受到多方面的影响。以卫星电视、国际计算机互联网为代表的传播新科技手段，为大众传媒环境带来了革命性的变化，面对互联网的大量信息与无限多样化的信息来源，通过卫星电视天线接收境外电视节目及日益严峻的市场生存压力和商业利益驱动，使各媒体发展自身特色，抢占市场、抢占受众的原动力，开始考虑受众需求，在内容和形式上有了很大的变化。受众有了更多的媒体选择，并且决定着传媒的市场占有率，决定着传媒的生计。使大众传媒以宣传为主的单向大众传播朝双向和多向的方向发展，加强了与受众的互动，传播内容向多元化方向发展。

4. 受众因素

受众的主动性能够影响甚至决定新闻媒介的某些方面。从微观的角度看，受众决定着新闻媒介内容的取舍；从中观的角度看，受众决定着新闻媒介的风格定位；从宏观的角度看，受众决定着新闻媒介的改革方向和进程。受众对媒介市场的影响是通过软件渠道潜移默化产生的，而不是硬件设备的一蹴而就。

第二节　大众传媒对社会的影响

一、大众传媒在社会发展中的作用

传播学四大先驱之一的哈罗德·拉斯韦尔在1948年发表的《传播在社会中的结构与功能》一文中分析了传播媒介的三大作用，即监视环境、联系社会、传递遗产。其中联系社会的功能是指大众传播媒介通过传递信息，使社会成员了解周围社会环境的变化，以及使社会成员、社会各构成部分之间互相了解，建立和谐的社会关系，使社会各组成部分之间能够协调发展。通过拉斯韦尔对大众媒介作用的界定，我们可以发现，在创建社会主义和谐社会的进程中，大众传媒可以在以下几个方面发挥作用：

1. 正确的舆论导向

舆论是社会公众共同持有的强烈持久的意见、态度与信念的总汇，它的发生发展以共同关注的问题存在为前提。从一定程度上来看，舆论所代表的就是民意。舆论是一种无形的巨大力量，代表着一种强烈的倾向、愿望和要求。舆论可以自发形成，也可以经外力引导而起。

大众传媒是一种能引导舆论的有力工具。大众传媒对事件报道与否直接影响到老百姓对事件的知晓，对事件报道的多寡可以引起老百姓对这个事件的不同反应。如果大众传媒在一定时期内连续、多次对某事给予报道，老百姓就会开始关注这件事，关注的人多了，舆论就自然而然产生了。

大众传媒不仅要引起舆论，而且要形成正确的舆论。正确的舆论就是要符合国家利益和大多数老百姓的利益。正确的舆论导向应该时刻把公众的利益放在首要位置，对事实精心妥善地处理，作客观公正的报道。大众传媒通过舆论引导，使个人观念和国家观念相统一，使个人行动和国家行动相一致，使国家和社会协调发展。

2. 准确的信息沟通

大众传媒是信息社会中信息流通的中介，人们接触到的大部分信息是依赖大众传媒的。信息的沟通可以让人们了解周围情况的变化，及时调整自己，更好地适应环境的变化。

人们利用大众传媒获得的信息，最主要的是新闻信息，其次是娱乐信息。新闻作为对新近或正在发生、发展事物的报道，本身就要求准确、客观。准确的新闻信息可以成为人们行为的参考，为人们的决策提供依据。

人需要工作，但也离不开娱乐。现代社会中人们的生活节奏普遍加快，在紧张繁忙的工作之余，更加渴望在休息的时候能有一些健康、正当的娱乐活动。现代社会里，更多的人选择以大众传媒为娱乐的主要工具和手段。通过这些娱乐活动，一方面放松自己，另一方面提高自身的艺术鉴赏力。

二、大众传媒的社会责任

在市场环境下，大众传媒作为一种产业，存在着经济效益与社会效益二者的冲突，在市场原则下，传媒很容易滑向急功近利的错误轨道。大众传媒将个体传播变成公众传播的同时，也赋予了传媒内容以社会意义，它决定大众传媒必须具有一种社会担当的精神。特别是在产业化运作的过程当中，大众传媒的运作不能仅仅定位于一种投资与利润分配的经济行为，而应该清醒地意识到在"大众"二字之下，媒体的传播在深层次上属于具有特定社会价值的文化行为。这种行为性质对大众传媒的社会角色有着明确的定位要求。

1. 忠实地记录历史

新闻媒介的主要功能之一是传播信息。蔡元培先生说过："新闻之内容，尤异于史也。"做历史忠实的记录者，是传媒社会责任的题中之义。作为社会信息系统的大众传媒，已经成为整个社会结构中至关重要的社会公共部门，渗透并深刻影响着我们的生活，悄无声息却势不可挡。面对千变万化、难以把握的复杂现实，已有的经验和知识很难应对层出不穷的问题和矛盾，受众越来越多地依靠媒体了解身边发生的事情，依靠媒体对自己的生活作出基本的判断。受众对真实性的要求，其实质是希望突破自身经验的局限性，最大限度地拓展感受和认知的边界。所以，媒体的报道要准确无误、客观地呈现新闻事件的原貌，尽可能摒弃报道者的个人偏见。但媒体的责任又不仅仅在于尽可能真实地报道各种事件，呈现客观世界的最新变化，还应当对整个社会负责，要站在整个社会的高度去辨别是非，以真实准确的事实为受众提供思考和判断的基础。

2. 提升和增强传媒的公信力

公众的信任是传媒赖以生存的条件。公信力是传媒内在品格的综合体现，其核心是媒介的"信用"问题，它决定媒介的生存与发展，并日益成为传媒竞争的重要砝码。近年来频频发生的假新闻使不少传媒遭遇信任危机，面临丧失公信力的危险。早在2001年，复旦大学新闻学院所做的关于中国传媒"议题设置"的调查就表明，仅有2.6%的被调查者相信传媒完全真实地反映了客观世界，而97.4%的人对传媒或多或少持有怀疑态度。这个民意调查值得传媒及其从业者的高度重视和深省。要增强传媒的公信力，必须做到：坚持新闻的真实性，它是传媒赢得信任的基础；注重舆论的权威性，有分量、有价值、有感召力的舆论，决定传媒的公信力；注重内容和形式的紧密性，受众的关注度与传媒的公信力紧密相连。

3. 增强政治意识、责任意识和大局意识，依法、科学地行使舆论监督的职能

舆论监督是传媒的重要职能，是社会的"减震器"和"解压阀"，是社会自警自省机制的重要一环，有利于社会肌体的自我修复。履行舆论监督的职责，是传媒的立足之本。舆论监督的最终目的是促进社会健康和谐地发展。为此，必须坚持社会效益第一的原则，"着眼建设性，务求真实性，保持平衡性，确保合法性"，以解决问题、改进工作、维护稳定为出发点，既不能为了部门利益或个人私利进行所谓的舆论监督，更不能不顾事实，打着舆论监督的幌子炮制虚假新闻。否则，不仅不能发挥预警作用，反而会招致更大的危机。传媒是生产精神产品的专门化组织，"精神的真正功劳在于对物化的否定"，如果传媒自身也逐渐沦为物化的商品，纷纷扰扰的虚假新闻将大行其道，日益猖獗。

4. 成为一个人文关怀者

媒体提供的不是工厂生产的生活物质产品，而是服务于生活的资讯与观点，是一种精神与生活的价值观。大众传媒不仅仅是一个单纯的信息通道，还是社会个体走出自我之后观察、认识、理解社会的路径与窗口，它是架在个体与社会、当下与未来、物质与精神之间的一道桥梁。大众传媒凭借内容选择与观点树立诠释、建构整个社会的道德规范乃至信任和信仰的标准、原则，它的背后是大众社会公信的期待，它寄托着大众最质朴的真善美的理想追求，蕴涵着大众对于精神与行为的价值取向。大众传媒的此种社会角色要求媒体制作者必须有一种教育情怀。当然，这里所说的教育，不是工具意义上的教育，而是价值意义上的教育。也就是说，大众传媒不仅要传递知识与真理、教导与训诫，还要有一种化育天下子民、悲天悯人的人文情怀。它关注百姓民生，它基于普通人的生活与情感，而又不断地引导他们、提升他们。这就要求媒体工作者要有一种兼善天下的儒者气质，让自己的思想与学识始终处于与业界精英、普通受众平等对话的状态，并从中获取策划灵感和决策营销思路。

5. 成为一个社会前瞻者

大众传媒的市场，只是某个阶段人们表现出来的共同消费需求，具有即时性、功利性，因此，传媒在研究市场的时候，不能只看到市场需求，而不注意传播内容的社会影响，不区分受众的即时需求与长远需求、低级需求与高级需求。大众传媒作为精神产品的特殊性决定了它对市场的分析要更多地关注受众的内心成长，设身处地地考虑哪些事实、资讯与观点会对受众特别是未成年受众产生正确的心灵影响及行为示范。

6. 成为一个文化生成者与建构者

文化的生成与建构功能，要求大众传媒通过编者、作者、读者的三维互动，催生与创造新的文化产品，并凭借自己的媒介优势把一个时代最精华的思想、最文明的成果记录下来、流传下去，成为后世的精神食粮。在各种传统媒体中，书籍与期刊作为文化生成者与建构者的角色似乎比较容易获得认同，但像电视、网络之类的传媒，更多的时候，被人们简单地将它们的功能窄化成娱乐与新闻资讯。事实上，走进家庭的电视以其视听的直观性，让受众可以毫不费力地接受其传播的内容，看电视正成为人们一种自觉或不自觉的生活方式，它的影响面与影响力很多时候是书籍、报纸不可企及的，特别是网络，它正以其开放、互动、快速、大容量、易检索等诸多优势被年轻一代迷恋。因此，提升大众传媒的文化品位，发挥其文化生成与建构功能，当是其发挥社会担当精神的应有之义。[1]

三、现代大众传媒对青少年的影响

大众传媒是人类传播能力发展变化的表现，是指在一定时间内将信息传递给散布在不同地区的个人或群体的媒体。如果按照 20 世纪 80 年代西方传媒界提出的划分标准，它可以分为新传媒和旧传媒两种。旧传媒指的是传统的印刷媒介，如报纸、杂志、书籍等以文字及空间因素来组织的信息，以及广播、电影、电视等旧的电子媒介。在中国，人们习惯于把旧传媒称为传统大众传媒，把新传媒称为现代大众传媒。

现代大众传媒主要由两部分构成：一是由传统大众传媒在技术上的发展而生成；二是由传统大众传媒的相互联姻或与其他新型传媒的结合而产生。计算机、网络的出现，使现代大众传媒发生了嬗变，它使沟通人的精神层面的单向被动的媒体交流形式变为双向互动的媒体交流形式，并以其方便、快捷等优势深入人类日常生活和工作的方方面面。人类凭借以电脑、网络为代表的现代大众传媒，尽享高科技带来的前所未有的便利。

伴随着电脑、多媒体、光纤通信、互联网、信息高速公路的发展，现代大众传媒培育的年轻一代开始成长起来。正如媒体专家指出：今天的孩子在接受、收集、保留信息的方式上将发生根本性的变化，而美国专家预言"互联网小孩正在'接管'社会"。

1. 现代大众传媒对青少年的正面影响

青少年对外部世界充满好奇，迫切希望获得新知识，了解新信息，成为社会认同的一员，因此，他们是大众传媒最热心的读者、听众和观众。从生活方式到处世方式，从价值观到情感交流，小到穿衣戴帽，大到世界观、人生观的形成，大众传媒为他们提供了众多的信息及分析、解释的道理，特别是现代大众传媒集文字、声音、图像于一体，构成了立体化的不同于以往的全新的传播形式。在它身上，青少年许多在现实生活中无法实现的梦想基本可以实现，这对乐于接受新鲜事物、"跟风"心理极强的青少年有着无限的吸引力。事实表明，经常与现代大众传媒接触的青少年得到的信息量较大、知识面较宽，就整体而言，是未接触现代大众传媒青少年所不能相比的，而后者的人数在目前中国的城市里只占很小的比例。现在让我们看看现代大众传媒带给青少年的益处。

（1）学习方面。

首先，现代大众传媒可以调动青少年的眼、耳、手、脑来强化内容的学习。它通过书本上、黑板上无法表达的声像于一体的信息，促使青少年达到最佳的学习效果，学习效率也得

---

[1]　黄耀红. 论大众传媒的社会责任. 出版科学, 2005（1）：39.

到了极大的提高，这恰恰与青少年活泼好动的性格相适应。其次，在众多的现代大众传媒面前，青少年可以自己选择所需的内容或软件作为老师，根据自己的情况，选择学习的时间、内容和方式，对感兴趣的内容加强学习，对不理解的内容重复学习。在与现代大众传媒的交流中，青少年应打消不必要的顾虑和畏惧心理，不怕犯错误，不怕被嘲笑。交流过程中，在青少年自由控制学习进程的同时，现代大众传媒会随时指出其错误所在，引导孩子接受规范化的训练，并且培养他们独立处理问题的能力。再次，现代大众传媒不受距离因素的干扰，学生可以在千里之外的网上接收他所喜爱的老师的教学与培训。

（2）思维方式方面。

以计算机和网络为代表的现代大众传媒具有独特的工作原理和功能，使用它可锻炼青少年的逻辑思维能力，引导他们从全局的角度去观察现代大众传媒所表现出的信息，以一种严谨的科学态度去研究问题、解决问题。另外，计算机、网络上的运行环境大多以英文为主，青少年对现代大众传媒所发出的英文提示信息往往不能立刻、全部理解，这就使得他们必须集中自己的精神，全面细致地观察和分析现代大众传媒所反映出来的信息变化，试用不同的方法，通过不同的途径去解决遇到的问题。这对培养青少年不断探索、不断进取、不屈不挠地克服困难的精神大有好处，还可以培养青少年以一种系统的眼光看待问题和积极利用现代化工具去分析问题、解决问题的意识。除此之外，现代大众传媒还能培养青少年的某些非智力因素中的品质，如兴趣、意志、情感等，喜欢上机、上网的青少年常常用自己的智慧设计出一个个令人惊奇的"小礼物""小发明"，这不仅使孩子的创造力得到了锻炼，也极大地丰富了青少年单调的课余文化生活。

（3）休闲及生活方式方面。

现代大众传媒集看、听、玩于一身，平时一些复杂难懂的生活常识通过现代大众传媒可以惟妙惟肖地展现在生活经验欠缺的青少年面前，使他们如身在其中，一些杂乱、无序的信息与知识会按青少年所需出现在他们面前。坐在家中，青少年利用现代大众传媒就可以听广播、看报纸、看影碟、玩游戏，查阅各种信息与知识、网络购物、享受各种生活服务等。互联网还使青少年的交流方式发生了巨大的变化。由于网络具有广泛性——可以在几千万甚至更多的人中选择自己的交往对象，并可以同时与其中的许多人交往；间接性——不用直接面对面，也不用随时回应对方；安全性——可以不用真实的身份，不必担忧因泄漏隐私而失去面子或危及自身利益。因此，人们很容易在网络这一现代大众传媒上获得满足感与成就感，特别是身心处于特殊时期的青少年，网上交往就更加具有吸引力。他们对情感、新鲜事物的需求十分强烈，但又面临着学习、考试、工作的压力，因此，上网交友、网上聊天就成了缓解压力的主要方式之一，也成了他们的兴趣所在。这也是青少年对现代大众传媒情有独钟、倍加喜爱的原因之一。

值得指出的是：现代大众传媒的电脑、网络、游戏机（一种基于电脑的交互性的多媒体方式）中有许多刺激、好玩的游戏，在它们的面前，青少年没有了考试、升学等巨大压力，大脑成了一个受动而畅通的通道，身心得到了极大的放松，他们似乎回到了天真无邪的婴儿时代。正因如此，生活中有许多学生不分时间、地点沉溺于游戏，甚至在上课时也溜出课堂去玩。有专家也提出：游戏的设计集成了某些较先进的科技知识，青少年在玩游戏的时候会受到潜移默化的影响，学到一些科学知识，因此，一味扼杀青少年玩游戏的做法是不科学的，关键是把握好度。

现代大众传媒是时代发展的产物，是信息社会人们所必须具有的宣传、交流的工具，它在给青少年带来极大益处、产生良好影响的同时，其负面影响也日渐显现。

2. 现代大众传媒对青少年的负面影响

（1）学习方面。

首先，现代大众传媒使青少年读、写、听、笔算、实验动手等能力下降；沉醉于与现代大众传媒的交流，青少年阅读、思考问题的时间大大减少。据一项近期对中国内地9省、自治区、直辖市4 845名青少年进行的调查发现，40%的人除了课本以外基本没有藏书，藏书50册以上的人只有36%，藏书500册以上的人只有2%。阅读量的减少不仅影响了青少年知识结构的平衡，更重要的是极大地影响了他们的各种生活能力。如许多青少年上网玩游戏机操作非常熟练，却写不出流畅的文章，做不好简单的家务。

其次，民族的文化、伦理、习俗的形成离不开人际交流，整日游弋于现代大众传媒中的青少年往往缺乏与教师、家庭成员等的交流，而网络等现代大众传媒中充满着大量没有明确目标的杂乱无章的信息与知识，其中多以文化娱乐及西方发达国家的文化思想、伦理道德、观点论调为主，当然这当中也有许多东西值得我们学习和借鉴，但也有许多东西不适合，特别是世界观、价值观尚未形成，求知欲、探索欲十分强烈的青少年，很容易受到负面的影响。目前，网上流通的基础语言是英语。据维基百科，截至2020年3月25日，W3Techs预测前一百万互联网网站使用的语言文字，英文占59.3%，中文仅占1.3%。这种状况会使青少年崇尚"英语优越论"，学习英语的热情空前高涨，而忽视了对民族语言的学习。此外，利用网络等现代大众传媒学习也对青少年的学习态度提出了严峻的挑战。在网上，只要你支付一定的费用，就有人帮你做作业。同时，为迎合某些家长及教师的心理，各种各样应付考试的软件、题库也充斥着现代大众传媒，这在一定程度上阻碍了素质教育的全面实施。

（2）思维方式方面。

现代大众传媒的高度综合性和高度图像化影响了人们的想象能力及逻辑思维能力的发展，特别是对于自我控制机制尚未完全建立的青少年来说，现代大众传媒高度清晰的图像易使他们过分注重画面的出现，而忽略了问题的产生，放弃了思考、追问事物本质的思维方式。同时现代大众传媒高度形象化的倾向还容易诱导青少年用"看"的思维方式来认知世界，而排斥"想"。按照丹尼尔·贝尔的观念，计算机、网络等现代大众传媒在现代社会共同营造了一种平面化、标准化的"快餐文化"，这种文化消解了传统文化的深度模式，"在体裁上，产生出一种距离的销蚀现象，其目的是获得即刻反应、冲撞效果、同步感和煽动性。审美距离一旦销蚀，思考回味也没了余地，观众被投入经验的覆盖之下"。另外，现代大众传媒带来的信息量庞大、知识紊乱的现象，极易造成青少年患上"信息焦虑病"及精神"早熟"。

（3）休闲及生活方式方面。

现代大众传媒以其独特的魅力无时无刻不在吸引着充满好奇心与幻想的青少年，一有时间他们便会陶醉于现代大众传媒的世界里，这对身体正处于生长发育的青少年产生了极大的危害。据有关专家介绍，长时间坐在计算机等现代大众传媒面前的青少年30%或患有缺铁性贫血、近视，脊椎及身体其他部位的疾患概率也明显偏高。

现实生活中，为了减轻学习、工作上的压力，现代大众传媒已经成为许多青少年精神上的寄托，尤其是游戏、上网等，青少年更是乐此不疲。为了能玩游戏、能上网，他们中有的忘记了学习、忘记了工作、忘记了上课、忘记了道德规范，甚至忘记了一切，走上了违法犯罪的道路。哈佛大学著名的精神专家阿尔文·波圣（A. Bosen）博士指出：没有头脑，但在智力上却是无争议的电脑游戏正在教唆孩子，暴力是某种可能接受的方式，是表达愤怒的一种合理手段，而游戏中的色情甚至反动的内容也同样对青少年产生了极大的消极影响，而且，在网络上青少年们收集、观看、探讨着本不属于他们关心的问题，沉迷于以损害别人数据为乐的操作中。因此，有专家说，现代大众传媒犹如一把"双刃剑"，它既可以带领青少年披荆斩棘奔向未来，又会导致他们走向鲜花遮掩的陷阱。联合国教科文组织呼吁："别让因特网伤了儿童。"

不管怎样，现代大众传媒正以一种全新的方式冲击着我们这个多元的世界，它正以一种惊人的力量改变着人们的日常生活、工作与学习，我们在欣喜地赞美其带给人类巨大益处的同时，决不能忽视它给正在成长的青少年造成的种种消极影响。对于可能或正在出现的负面影响，我们应积极采取对策，防患于未然，使这种负面影响降到尽可能低的程度，使广大青年学生能在现代大众传媒为主要交流工具的信息时代健康、快乐地成长。

思考题

1. 当前大众传媒有哪些特点？
2. 现代大众传媒对青少年有哪些影响？
3. 现代大众媒体的社会责任是什么？

第三编
科技与环境

第十二章　资讯科技与社会

第一节　资讯科技的概况

　　资讯科技（也译为"信息技术"）是信息的获取、传输、处理、存储、显示和应用技术，如遥感技术、遥测技术、通信技术、计算机技术、光盘技术、各种显示终端技术等，是将最新的电子和通信技术应用在处理、传送及检索资料和讯号方面。随着电脑、电讯和办公室自动化的普及，资讯科技已逐渐为各行各业带来崭新的运作模式，影响范围包括零售批发及进出口业、通信业、金融业、保险业、房地产业及商业服务业、公用事业和政府部门等，资讯科技推动着各个科技环节的发展，冲击着我们的日常生活，电脑网络、电子晶片及数码科技将彻底融入人类的衣食住行。

　　随着社会的转型，人们逐渐脱离过去以农业为主的生活，进入了一个由电脑与传播科技所组成的资讯社会。半导体、集成电路的使用增多给人们的生活带来了便利；电脑的使用促进了办公室自动化、产业自动化及家庭自动化；激光科技，如磁碟机、碟片、影像传真机及文件处理系统已普及；有线电视与通信卫星结合，使电视的功能发挥至最佳。资讯社会应用许多新的传播媒体，如电视、电话、电子邮件、电子报讯（teletext）、电视传讯（video-text）、电话影视（videophone）、电子会议（teleconference）等，正缔造全面电子化的环境。

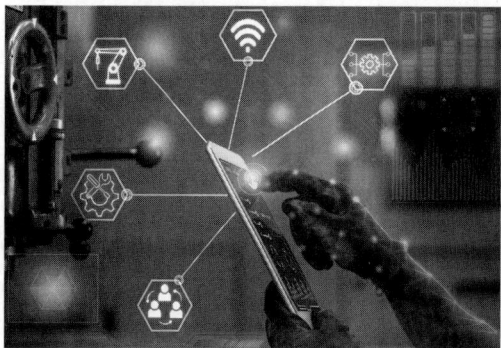

工程师控制焊接重型自动化

玩电子游戏

资讯科技确实带给人们崭新的生活，提高了生活与工作效率，通信卫星更使得"天涯若比邻"成为可能。然而，电讯跨越国境，使跨境资讯流程成为国际法的新焦点；资讯的溢播或外溢，如邻国电视卫星以节目强势，造成一定程度上的文化问题，出现了"文化新殖民"的说法。

新传播科技的普及，使知识差距的问题更加尖锐。大多数人应用资讯，只停留在休闲与日常生活处理的层次，只有少数教育程度较高者才能将其利用在生产工作与学术研究上。如今，资讯如同金钱、权力、声望、生产资源，成为人类价值体系的一部分，资讯分配的不均必然导致价值分配的不均，造成社会问题。

此外，对于广大的受众而言，由于各类媒体将内容整合成数字化资料，消费者只需轻点鼠标，就可以得到资讯或视听娱乐。但对于资讯社会而言，有人则担心是否会使新闻内容贫乏，同质性高，甚至新闻的独立性将会因此丧失。

第二节　资讯科技改变我们的生活方式

信息技术的飞速发展引发了社会信息化。"每9个月互联网用户增长一倍，信息流量增加一倍，线路带宽增加一倍"，这一事实被称为"新摩尔定律"。由于资讯科技的发展，人类社会已经从以物质能量为主的生产力转换到以信息知识和技术为主的生产力，从工业经济转换到知识经济，从以读写为主的时代转换到以视听为主的时代，即虚拟时代、数字时代。虚拟就其本身来说，是数字化方式的构成。首先，它是人类中介系统的革命。人类第一次中介系统的革命，是语言符号系统的发明，它创造了人类思维空间和符号空间，促进了人类文明的长足发展。而虚拟则是在思维空间中发生的革命，它在思维空间中创造出了虚拟空间、数字空间、视听空间和网络世界，使不可能的梦想在人类历史上第一次成为一种现实。虚拟这场中介革命，使人类由以前的语言符号文明进入到更高级的数字文明。其次，虚拟性激发了人们创造能力的巨大发展。对于虚拟而言，现实只是许多可能性中的一种，在虚拟空间中，还有别的可能性，虚拟使现实中的不可能在虚拟空间中复活、再生、创造发展，从而使人的潜能得到充分的发挥。在信息科学技术的影响下，虚拟时代、数字时代已经到来。

一、资讯科技对人类社会的影响

（1）因特网上存在一些令人不安的问题：高科技犯罪率有所上升；反科学、伪科学、不健康的甚至有害的信息泛滥；有些人有目的地发布不符合事实的信息，误导人们对真实情况的认知；个人隐私、企业秘密难以保全，黑客攻击甚至造成通信中断，网络瘫痪。

（2）资讯贫富不均现象将日益明显。掌握资讯、具备资讯操作能力、拥有资讯硬件设备者（无论是个人或国家），将掌控政策、文化资源；反之，则受制于资讯富有者。这样将导致严重的资讯鸿沟问题。

（3）人群关系改变。人们通过网络沟通的情形逐渐普遍，匿名、虚拟、不负责任的人群关系将造成新的社会问题。有的人因为对媒介系统、内容的不满或遭阻绝、排斥，而与社会隔阂日深。

（4）社会秩序重整。资讯资源重新分配，形成新职业、新阶级。

（5）影响人们工作、生活的方式。信息化建立了一个规模庞大、四通八达的网络通信系统，信息作为最有效、最有价值的资源，改变了传统的生活方式。通过网络体系，人们的观念互相流通、渗透、影响，这有利于人们按照共同利益协调行为。网络技术的发展，使人们的工作方式发生了很大变化，由以前的按时定点上班变为可以在家上班，通过网络体系处理各种资料和信息。人们的访友、购物、会议、娱乐等许多事情都可以通过网络进行。在不远的将来，人们还可能通过居住网络住宅、使用网络冰箱、乘坐网络汽车等，进入科技家庭的生活模式，体验科技带给人们的便利。人们的生活质量和工作效率都将大大提高。

二、资讯科技对文化的影响

过去，传播被视为文化事业，蕴涵着深层的文化传承、文化创新的意义，因此，传播事业的经营者、从业人员，以及其相关业务，都有特定的行业规范、专业要求。如今，跨媒体、跨国家现象普遍，只要有资金，不论任何背景，人人都可通过数字电子媒介，超越国界，避开法规，成为资讯的提供者、接收者。长此以往，必然对文化造成深远影响。

（1）文化低落或提升。就通俗、流行文化的发展来看，语言、文字将趋于通俗、低俗（此点可从大学生使用社交网络、软件的内容分析证明）。同时，一些新创的符号语言（如情绪符号），将从数字媒介延伸至一般生活中，成为当代流行文化的特色。

（2）文化多元。不同族群（如年龄、职业、喜好）的形成，不同价值观的凝聚，是增加了文化的相互主观性（intersubjectivity）还是加深了分歧？这是个值得探讨的问题。

（3）文化霸权与文化倾销。西方先进国家的文化产品，在其政治、经济、科技的优势之下，向第三世界或其他国家倾销，形成文化帝国主义的局面，而被倾销的国家则成为其殖民地，逐渐丧失自己的文化特色。

三、资讯科技对经济增长方式的影响

在工业社会中，经济的发展主要是靠资源投入的方式来实现，工业化加工资源的方式是一种高消耗、高污染的实现方式，这种方式必然会导致自然资源日益枯竭、工业污染加剧、环境退化。而信息科学技术引发的社会信息化，为各国摆脱高投入、高消耗、高污染的经济发展方式提供了技术可能。信息化的开展开创了经济增长的新方式，即依靠科技进步，而不是依靠高资源消耗、高资金投入来促进经济增长。目前，在发达国家中，科技进步对经济增长的作用率已达60%～80%。

四、资讯科技对教育方式的影响

资讯科技的发展及应用，给教育方式带来巨大影响，表现在：第一，教育投资的重心将由物质资源转向信息资源。工业社会中，教育以消耗物质资源如校舍、桌椅、粉笔等维持，因此教育投资的重心主要是物质资源的投入。而信息化社会，由于信息具有无损使用、无损分享、不可分割等特点，使其取代自然资源、资金、人力等成为最重要的资源，投资的重心也将转变为信息的开发上，因为信息产品是开发费用高、使用费用低的产品，其低廉化使用是建立在高投入开发的基础上的。因而，教育一旦依赖于信息资源，则其开发问题将制约教育的网络化发展，教育的投资则由过去重在物质条件的扩充转向信息资源的开发。第二，单一的"班级授课制"将被多样化的网络授课所取代。"班级授课制"这种曾大大提高过教育效率的教学组织形式将被信息技术打破，互联网络应用于教育，改变了传统的固定师生关系，使异地授课、网上学习成为可能。利用互联网可以十分便捷地得到世界各地的教育资料，实现信息交流、资源共享；网络技术的发展也使无法进入学校读书的人可以获得必要的知识；学生无论身在何处，只要有网络计算机终端设备便可上网学习，为学生终身学习的需要奠定了基础。第三，现代信息技术发挥多种媒体功能的优势，通过学习内容的丰富性、学习方式的灵活性，调动学生的多重感官参与学习活动，从而大大提高学习效果。

五、资讯科技对思维方式的影响

思维方式是一定时代的人们的理性认识方式，是按一定结构、方法和程序把思维诸要素结合起来的相对稳定的思维运行样式。思维主体、思维客体和思维中介系统三者结合，构成特定时代的思维方式。进入信息化社会以后，思维主体由个人为主发展到以群体为主，以人脑为主发展到以人－机系统为主；思维客体由以现实为主进入到以虚拟为主；思维中介系统由工业技术中介系统和工业文明所产生的各种物化的思维工具构成转变为网络技术中介系统和信息技术所产生的各种物化的思维工具构成，从而实现思维方式由现实性转换到虚拟性。

六、资讯科技需要提高资讯素养

资讯素养的概念于20世纪70年代在美国提出。大部分学者认为资讯素养是人类基本知识素养的一个重要组成部分。资讯素养的概念是融合于生活当中的，并非专属于某些人，且不限于学术研究领域，而存在于社会、经济、政治等各个领域之中。学习如何学习的技能，用评估、组织、分析等技巧来解决相关问题，更是培养资讯素养所需重视的。资讯素养的概念提出之后，学者们对其定义各有不同，有的学者从资讯素养本身来定义，有的学者则从资讯素养者的观点来定义。在这些定义中，最常被人提及的是美国图书馆学会在1989年的《美国图书馆学会资讯素养委员会总结报告书》中对资讯素养的定义。其具体的定义为：一个人具有知道何时需要资讯的能力，且能有效地寻得、评估与使用所需要的资讯，最后成为一个学会如何学习的人，即为终身学习做准备。也就是说一个人在日常生活中可察觉自己的资讯需求，并且有能力去处理，而这样的能力是经过学习才获得的，那么这样的人就可以称为具有资讯素养的人。一位具有资讯素养的人知道什么时候需要信息并能够用合适的方式将信息呈现出来，从判断思考的角度来了解如何获得信息以解决问题。

第三节 资讯科技的发展趋势

当今世界，信息技术发展日新月异，正加速改变人类的生产生活，推动各产业各环节发生深刻变革。新一轮重大信息技术革新，将不断满足人民群众美好生活需要，促进信息产业价值链提升，提高经济社会发展质量和效益。下面简要概述资讯科技的发展趋势。

趋势一：超高清视频进入千家万户

超高清视频是指每帧像素分辨率在4K（一般电视为3 840×2 160像素）及以上的视频。4K、8K超高清视频的画面分辨率分别是高清视频的4倍和16倍，并在色彩、音效、沉浸感等方面实现全面提升，带来更具震撼力、感染力的用户体验。2018年，中央广播电视总台和广东广播电视台分别开通了4K超高清频道。展望未来，4K/8K超高清视频的高分辨率、高帧率、高色深、宽色域、高动态范围、三维声等技术日臻成熟，超高清频道将陆续开通，超高清电视节目将逐渐增多，4K 电影、4K 纪录片、4K/8K 点播频道将日益丰富。消费者将体验到更多优质的 4K 超高清视频内容，对超高清视频的认知不断提高，对 4K 的需求不断增长，形成整个产业生态链的良性循环。超高清视频与安防、制造、交通、医疗等行业的结合，将加速智能监控、机器人巡检、远程维护、自动驾驶、远程医疗等新应用新模式孕育发展，驱动以视频为核心的行业实现数字化、智能化转型。

超高清视频进入千家万户

趋势二：虚拟现实技术应用遍地开花

虚拟现实（含增强现实、混合现实，简称 VR/AR/MR）是融合应用了多媒体、传感器、新型显示、互联网和人工智能等多种前沿技术的综合性技术，有望成为下一代通用计算平台，对人类认识世界、改造世界的方式方法带来颠覆式变革。它与教育、军事、制造、娱乐、医疗、文化艺术、旅游等领域的深度融合，具有巨大的市场潜力。

玩虚拟现实模拟器

展望未来，随着虚拟现实产品与技术的不断进步，虚拟现实技术的行业应用需求将日益明晰，应用场景也更加丰富。虚拟现实技术应用将在制造、教育、交通、医疗、文娱、旅游等领域快速铺开。虚拟现实技术正进入我国航天、航空、汽车等高端制造领域，成为促进制造业创新转型升级的新工具。虚拟现实技术和医疗、养老、教育等领域进一步深入融合，将创新社会服务方式，有效缓解医疗、养老、教育等社会公共资源不均衡问题，促进社会和谐发展。

趋势三：智能家居产品深入人心

智能家居产品，是指使用了语音交互、机器深度学习、自我调控等技术的智能家居产品，具有自然交互、智能化推荐等智能能力。智能家居产品的典型代表是智能音箱。智能家居产品已经不仅单纯具有使用功能，还可以作为管理家庭场景的物联网接口。

智能家居

展望未来，智能音箱、智能电视、智能门锁、智能照明、智能插座、智能摄像头等智能家居硬件产品将更加普及，智能家庭控制系统将更加安全智能。家居产品将从被动处理信息和任务，演变为自觉、主动地以自感知、自学习、自决策、自适应的方式完成任务。软硬件产品结合将由智能化单品向以用户为中心的智慧家庭演进，多种家居产品将根据用户自定义实现联动，实现人工智能操作，为居民提供更方便、更愉悦、更健康、更安全的生活体验。

趋势四：量子信息技术进入产业化阶段

量子信息技术是用量子态来编码、传输、处理和存储信息的一类前沿理论技术的总称。

量子特有的多维性、不可分割性和不可复制性，使其突破了现有信息技术的物理极限和运算速度极限，在安全通信、加密/解密、金融计算等方面具备巨大的发展潜力和应用前景。

展望未来，量子信息技术将走向产业化，主要集中于量子通信、量子计算、量子测量三大领域。量子通信的形式包括量子密钥分发、量子隐形传态、量子密集编码、量子纠缠分发等。其中，量子密钥分发是我国量子保密通信最典型的应用。量子计算机硬件实现形式主要包括超导、半导体、离子阱三种。量子测量将应用到科学探索、技术标准、国防军事等各领域前沿。

趋势五：5G 全产业链加速成熟

5G，即第五代移动通信。每一代移动通信都可由"标志性能力指标"和"核心关键技术"进行定义。5G 的标志性能力指标为 Gbps 级用户体验速率，核心关键技术包括大规模天线阵列、超密集组网、新型多址、全频谱接入和新型网络架构等。

展望未来，5G 全产业链加速成熟，正快速步入商用阶段。5G 网络产品、基带芯片、模组解决方案已初步达到商用终端产品要求。今后，5G 在各领域的创新应用将日益活跃，围绕超高清视频、虚拟现实、智能驾驶、智能工厂、智慧城市的应用探索将成为热点。

5G 网络信号科技快速发展

智慧城市

趋势六：车联网方兴未艾

车联网是指以车内、车与车、车与路、车与人、车与服务平台的全方位网络连接为基础，按照约定的通信协议和数字交互标准进行无线通信和信息交换的信息物理系统。智能网联汽车搭载先进的车载传感器、控制器、执行器等装置和车载系统模块，融合现代传感技术、控制技术、通信与网络技术，具备信息互联共享、复杂环境感知、智能化决策与控制等功能。

展望未来，车联网产业的发展将促进汽车、电子、信息通信、道路交通运输等行业深度融合。汽车网联化、智能化水平将不断提升，从驾驶辅助到有条件自动化到完全自动化，不断演进。具有高级别自动驾驶功能的智能网联汽车和基于第五代移动通信技术设计的车联网无线通信技术（5G－V2X）将逐步实现规模化商业应用，"人—车—路—云"将实现高度协同。

趋势七：军民信息化融合日益紧密

"军民信息化融合"主要包含两个层面的内容：一是"军转民"，即军用信息技术在民用领域的拓展；二是"民参军"，将民营企业的先进信息技术运用于国防军事工业制造体系内。

随着信息化技术的不断发展，信息化在社会生活和军民领域的应用越来越广泛，以信息化带动工业化和国防事业的发展成为未来的必然趋势，信息化领域的军民融合越来越紧密。军民信息化融合的发展方式不断转变，军民信息化融合的范围不断拓展，军民信息化融合的形式进一步丰富，军民信息化融合的制度日益完善。军队与社会在信息基础建设、信息技术研发和信息人才培养等方面将加快资源流动、优势互补。

信息网络

现代汽车配件厂工作的自动焊接机器人（机械臂）

趋势八：智能制造稳步推进

智能制造发展全面推进，生产方式加速向数字化、网络化、智能化变革，智能制造供给能力稳步提升。智能制造和工业互联网不断融合，工业互联网平台将成为企业发展智能制造的重要着力点。数字化工厂建设速度加快，形成若干可复制、可推广的智能制造新模式，智能制造标准体系逐步完善。智能制造向制造业的全领域推广，将带动制造业转型升级，提升行业竞争力。

趋势九：云计算潜力巨大

云计算应用细分领域不断拓展，其应用从互联网行业向工业、农业、商贸、金融、交通、物流、医疗、政务等传统行业不断渗透。随着数字经济的发展，数字化转型需求旺盛，云计算潜力不断被激发，云服务市场保持快速增长。企业将信息系统向云平台迁移，利用云计算加快数字化、网络化、智能化转型。云计算企业将进一步强化云生态体系建设。

趋势十：大数据迭代创新发展

大数据产业链不断完善，大数据硬件、大数据软件、大数据服务等核心产业环节规模不断扩大，业务覆盖领域不断扩大。大数据技术及应用处于稳步迭代创新期，大数据计算引擎、大数据 PaaS 平台及工具和组件成为企业标配，大量结合人工智能技术的大数据应用将大量落地。八大国家大数据综合试验区引领示范作用明显，将加快区域经济结构转型升级。工业大数据在产品创新、故障诊断与预测、物联网管理、供应链优化等方面将不断创造价值，持续引领工业转型升级。

小资料

弹性半导体制成可穿戴神经形态芯片
模拟大脑的人工智能可实时分析健康数据①

　　美国芝加哥大学普利兹克分子工程学院的研究人员开发了一种灵活、可拉伸的计算芯片，该芯片通过模仿人脑来处理信息。发表在《物质》杂志上的该项成果有望改变健康数据的处理方式。

　　研究人员表示，这项工作将可穿戴技术与人工智能和机器学习相结合，创造出一种功能强大的设备，可直接分析人体的健康数据。目前，人们要深入了解自己的健康状况，需要前往医院或诊所。在未来，人们的健康可通过可穿戴电子设备持续追踪，甚至可在症状出现之前检测到疾病。

　　研究团队新设计的芯片可从多个生物传感器收集数据，并使用尖端的机器学习方法得出关于一个人健康状况的结论。重要的是，它可以穿戴在身上并与皮肤无缝融合。

　　研究人员找到了一种聚合物，这种聚合物可用于制造半导体和电化学晶体管，而且具有拉伸和弯曲的能力。他们利用这种聚合物制成一种芯片设备，可基于人工智能对健康数据进行分析。该芯片称为神经形态计算芯片，不像典型的计算机那样工作，其功能更像人脑，能够以集成的方式存储和分析数据。

　　研究人员表示，还需要做更多的工作来测试该设备在推断健康和疾病模式方面的能力。但最终，它将用于向患者或医生发送警报或自动调整药物。

思考题

1. 通过调研，总结中国香港和新加坡的资讯科技各有什么特点？
2. 资讯科技对我们的生活有什么影响？
3. 我们应该如何正确利用资讯科技？
4. 学习了资讯科技的发展趋势，你有什么感受呢？

----

① https://www.cas.cn/kj/202208/t20220810_4844291.shtml.

第十三章　环境污染与环境保护

　　200 多年来，随着工业化进程的深入，大量温室气体，主要是二氧化碳的排出，导致全球气温升高、气候发生变化。世界气象组织（WMO）公布的《2021 年全球气候状况》报告指出，温室气体浓度、海平面上升、海洋热量和海洋酸化四项关键气候变化指标在 2021 年创下新纪录，这是人类活动造成全球规模变化的又一明确迹象，将对可持续发展和生态系统产生有害和持久的影响。

　　WMO 的报告指出，过去七年是有记录以来最热的七年，而我们看到下一个"有记录以来的最热一年"只是时间问题。此外，全球变暖也使得南极冰川开始融化，导致海平面升高，有些冰川损失已经达到不可逆转的地步，这将对一个已有超 20 亿人面临缺水危机的世界产生长远影响。芬兰和德国学者公布的一项调查显示，21 世纪末海平面可能升高 1.9 米，远远超出此前的预期。如果照此发展下去，南太平洋岛国图瓦卢将是第一个消失在汪洋中的岛国。报告显示，全球大气温室气体浓度曾在 2020 年达到历史新高，当时全球二氧化碳浓度达到 413.2ppm（1ppm 为百万分之一），为工业化前水平的 149%。大气中温室气体浓度在 2021 年和 2022 年初继续上升。一些生态系统正在以前所未有的速度退化。气温上升增加了海洋和沿海生态系统不可逆转的风险。高温干旱威胁粮食安全，越来越多的国家面临饥荒风险。

　　美国媒体发表的一项研究指出，地球发烧也给人类的健康造成了巨大的危机。第一，过敏加重。研究显示，随着二氧化碳水平和温度的逐渐升高，花期提前来临，花粉生成量增加，使春季过敏加重。第二，物种正变得越来越"袖珍"。随着全球气温上升，生物形体逐渐变小，这已在苏格兰羊身上初见端倪。第三，肾结石增加。由于气温升高，脱水现象增多，研究人员预测，到 2050 年，将新增泌尿系统结石患者 220 万人。第四，传染病暴发。水环境温度升高使蚊子和浮游生物大量繁殖，登革热、疟疾和脑炎等时有暴发。第五，夏季肺部感染加重。温度升高，凉风减少会加剧臭氧污染，极易引发肺部感染。第六，藻类泛滥引发疾病。水温升高导致蓝藻迅猛繁衍，从市政供水体系到天然湖泊都会受到污染，从而引发消化系统、神经系统、肝脏和皮肤等方面的疾病。

第一节　环境问题的产生与发展

一、环境问题的概念和分类

环境问题是指因自然变化或人类活动而引起的环境破坏和环境质量变化，以及由此给人类的生存和发展带来的不利影响。环境问题的表现形式是多样的，给人类和自然平衡带来的危害也不同。

环境问题可以按多种方式进行分类：

1. 广义的环境问题和狭义的环境问题

广义的环境问题包括人为原因引起的环境问题和自然原因引起的环境问题。狭义的环境问题仅指人为原因引起的环境问题。

2. 第一环境问题和第二环境问题

自然原因引起的环境问题，又称第一环境问题、原生环境问题或自然灾害。第一环境问题是自然界自身变化造成的环境污染和生态破坏，如火山爆发、地震、洪水、冰川运动等造成的环境问题。第一环境问题是人类无法控制的，其危害后果也难以被人们所估量。因而人类对这类环境问题主要是采取预防措施，减少或避免危害后果的发生。

人为原因引起的环境问题，又称第二环境问题或次生环境问题，有的国家称为"公害"。第二环境问题是人类的生产和生活违背自然规律，不恰当地开发、利用环境所造成的环境污染和生态破坏。这类环境问题主要是由人类活动引起的，因而可以通过对人类活动的调整而减少或避免其发生，也可以采取有效手段加以治理。由于人类活动量大面广，对环境的影响无时不在、无处不在，因此这类环境问题发生的数量多、影响范围大，是环境科学和环境法主要研究的环境问题。

应当注意的是，原生环境问题和次生环境问题往往难以截然分开，它们之间常常存在着某种程度的因果关系和相互作用。

3. 环境污染和生态破坏

人为原因引起的第二环境问题又分为两类，即环境污染和生态破坏。

（1）环境污染。

环境污染是因人类对资源的不合理利用，使有用的资源变为废物进入环境，引起环境质量下降而有害于人类及其他生物的正常生存和发展的现象。

环境污染有不同类型：按环境要素可分为大气污染、水污染、土壤污染等；按污染物的性质可分为生物污染、化学污染和物理污染等；按污染物的形态可分为废气污染、废水污染、固体废物污染、噪声污染、辐射污染等。

由"能量"造成的污染，亦称为环境干扰，即人类活动所排出的能量进入环境，达到一定的程度，对人类产生不良的影响。环境干扰包括噪声、电磁波干扰、振动、热干扰等。所以，环境污染又可划分为物质性环境污染、能量性环境污染（环境干扰）。

（2）生态破坏。

生态破坏，是人类不合理地开发、利用自然环境，过量地向环境索取物质和能量，使得自然生态环境的恢复和增殖能力遭到破坏的现象。

生态环境被破坏的主要原因是人类超出环境生态平衡的限度开发和使用资源。如过度放牧引起草原退化，滥采滥捕使珍稀物种灭绝和生态系统生产力下降，植被破坏引起水土流失，等等。生态环境破坏的类型主要有森林覆盖率下降，草原退化，水土流失，土壤贫瘠化、沙漠化，水源枯竭，气候异常，物种灭绝等。

环境污染和生态破坏都是人类不合理开发、利用环境的结果，二者是互相联系的，不能截然分开。严重的环境污染会导致生物死亡从而破坏生态平衡，使生态环境遭受破坏；生态环境被破坏也会降低环境的自净能力，加剧环境污染的程度。

4. 第一代环境问题和第二代环境问题

从环境问题的区域性和全球性来看，我们可以把环境问题分为第一代环境问题和第二代环境问题。

（1）第一代环境问题。

第一代环境问题主要是指环境污染和生态破坏造成的区域性影响。其中主要有：煤和其他化石燃料引起的大气污染；重工业废水、有机废水、城市生活污水等引起的水污染；工业固体废物和城市垃圾所造成的污染；滥伐、过度放牧和不合理开荒造成的植被减少和生态破坏；土地不合理开发引起的水土流失、沙漠化；资源不合理开发利用导致的能源和其他矿产资源、水资源短缺。

（2）第二代环境问题。

第二代环境问题主要是指全球性环境问题。它的规模和性质、对人及其他生物的影响、预测或解决这些问题的难度都超过第一代环境问题。第二代环境问题早已存在，但在 20 世纪 80 年代以后才逐渐引起人类的重视。其中主要有：酸雨、臭氧层破坏、温室效应及全球气候变化、生物多样性锐减、森林减少、水土流失和沙漠化、人口问题、城市环境与城市生态、突发性环境污染事故、大规模的生态破坏、危险废物在全球转移。前八个问题被学者称为"全球性八大环境问题"。

二、典型的公害事件及其发展特点

1. 震惊世界的八大公害事件及其教训

（1）比利时马斯河谷烟雾事件。

在比利时境内沿马斯河 24 千米长的一段河谷地带，即马斯峡谷的列日镇和于伊镇之间，分布了许多重型工厂，包括炼焦、炼钢、电力、玻璃、炼锌、硫酸、化肥等工厂，还有石灰窑炉。1930 年 12 月 1 日开始，整个比利时由于气候反常被大雾覆盖。在马斯河谷还出现逆温层，雾层尤其浓厚。在出现这种反常气候的第 3 天，这一河谷地段的居民有几千人呼吸道发病，其中 63 人死亡，为同期正常死亡人数的 10.5 倍。发病者包括不同年龄的男女，症状为流泪、喉痛、声嘶、咳嗽、呼吸短促、胸口窒闷、恶心、呕吐。咳嗽与呼吸短促是主要发病症状。死者大多是年老和有慢性心脏病与肺病的患者。尸体解剖结果证实：刺激性化学物质损害呼吸道内壁是致死的原因，其他组织与器官没有毒物效应。据推测，事件发生时工厂排出的有害气体在近地表层积累是导致病人死亡的元凶。

（2）美国洛杉矶光化学烟雾事件。

20 世纪 40 年代初，每年的夏季至早秋，只要是晴朗的日子，美国洛杉矶的上空就会出现一种弥漫天空的浅蓝色烟雾，使整座城市的上空变得浑浊不清。这种烟雾使人眼睛发红、咽喉疼痛、呼吸憋闷、头昏、头痛。1943 年以后，烟雾更加肆虐，以致远离城市 100 千米以外的海拔 2 000 米的高山上的大片松林也因此枯死，柑橘减产。1955 年，因呼吸系统衰竭死亡的 65 岁以上的老人达 400 多人；1970 年，75% 以上的市民患上了红眼病。

光化学烟雾是由汽车尾气和工业废气排放造成的，一般发生在湿度低、气温在24℃～32℃的夏季晴天的中午或午后。汽车尾气中的烯烃类碳氢化合物和二氧化氮被排放到大气中后，在强烈的阳光紫外线照射下，吸收太阳光的能量，变得不稳定。原有的化学链遭到破坏，形成新的物质。这种化学反应被称为光化学反应，其产物是有剧毒的光化学烟雾。

（3）美国多诺拉烟雾事件。

1948 年 10 月 26 日至 31 日，在美国宾夕法尼亚州多诺拉镇发生了急性大气污染事件。该镇地处河谷，当时气候潮湿寒冷，地面处于静风状态，加之有雾和很大范围的逆温层，烟雾覆盖全镇，空气中弥漫着刺鼻的二氧化硫气味。发病人数有 5 911 人，占全镇总人口的43%，其中 17 人死亡。患者初期症状是呼吸道、眼、鼻、喉感到不适；轻度中毒患者的症状是眼痛、喉痛、流涕、干咳、头痛、肢体酸乏；中度中毒患者的症状是痰咳、胸闷、呕吐和腹泻；重度的症状是综合性的。死者介于 52 岁与 84 岁之间，均为心脏病或呼吸系统疾病患者。事件发生时虽未做环境测定，但据估计二氧化硫浓度为 0.5～2.0ppm，并存在明显的尘粒，所以推断二氧化硫及其氧化产物与空气中飘尘的联合作用是致病的关键因素。

（4）英国伦敦烟雾事件。

1952 年 12 月 5 日开始，逆温层笼罩伦敦，城市处于高气压中心位置，垂直和水平的空气流动均停止，连续数日空气寂静无风。当时伦敦冬季多使用燃煤采暖，市区内还分布着许多以煤为主要能源的火力发电站。由于逆温层的作用，煤炭燃烧产生的二氧化碳、一氧化碳、二氧化硫、粉尘等气体与污染物在城市上空蓄积，引发了连续数日的大雾天气。期间由于毒雾的影响，不仅大批航班取消，甚至白天汽车在公路上行驶都必须打开大灯，行人行走困难。据史料记载，在 12 月 5 日到 12 月 8 日的 4 天里，伦敦市死亡人数达 4 000 人，在此之后两个月内，又有近 8 000 人因为烟雾事件而死于呼吸系统疾病。

（5）日本熊本水俣病事件。

日本氮肥公司 1925 年建厂，1953 年发现水俣病患者，历时 28 年；1959 年才查清病因，距建厂 34 年；1967 年该公司承认其排污行为带来了危害，距建厂 42 年；1973 年，水俣病受害者赢得了诉讼的最终胜利，距建厂 48 年。这充分体现了环境污染的长期性、潜伏性及诉讼的艰难性。

（6）日本富山骨痛病事件。

1955—1972 年，日本富山县神通川流域锌、铅冶炼厂等排放的废水污染了神通川水体，两岸居民利用河水灌溉农田，使稻米和饮用水含镉而中毒，出现骨骼严重畸形、剧痛，身体缩短，骨骼易折等症症。1963 年至 1979 年 3 月，共有患者 130 人，其中死亡 81 人。

（7）日本四日市哮喘病事件。

四日市位于日本东部伊势湾海岸，1961 年，石油化工业和工业燃烧重油排放的废气严重污染了大气，天空终年烟雾弥漫，全市平均每月每平方千米降尘量为 14 吨（最多达 30 吨），大气中二氧化硫含量浓度超过标准 5～6 倍，大气中烟雾厚达 500 米，其中飘浮着多种有毒有害气体和金属粉尘，很多人出现头疼、咽喉疼、眼睛疼、呕吐等症状，哮喘病患者剧增。1964 年，该市有 3 天烟雾不散，致使一些哮喘病患者痛苦地死去。1967 年，又有一些哮喘病患者因不堪忍受疾病的折磨而自杀。1970 年，哮喘病患者人数达 500 多人。1972 年，达 817 人，其中死亡 10 余人。到 1979 年 10 月底，确认患有大气污染性疾病的患者人数为

775 491 人。

（8）日本米糠油事件。

1968 年，日本九州爱知县一个食用油厂在生产米糠油时，因管理不善，操作失误，致使米糠油中混入了在脱臭工艺中使用的热载体多氯联苯，造成食物油污染。由于当时把被污染了的米糠油中的黑油做成了鸡饲料，造成九州、四国等地区的几十万只鸡中毒死亡。随后出现人患病的报告，病人初期症状为皮疹、指甲发黑、皮肤色素沉着、眼结膜充血，后期转为肝功能下降、全身肌肉疼痛等，重者会出现急性肝坏死、肝昏迷，以至于死亡。在政府 3 个多月内的调查里，确诊 325 名患者（112 家），平均每户 2.9 个患者，证实该病有明显的家庭集中性。此后，全国各地患病人数逐年增多（以福冈、长崎两县最多）。到 1977 年已死亡 30 余人。截至 1978 年 12 月，日本有 28 个县正式承认有 1 684 名患者（包括东京都、京都郡和大阪府）。

从以上八大公害事件中，我们可以得到几点教训：重金属污染对人体健康的威胁很大；地形不利和气候异常会加剧大气污染的危害；城市规划必须考虑防治公害；要重视环境污染监测工作，预防为主。

2. 新八大公害事件和公害事件发展的特点

有学者将以下公害事件合称为新八大公害事件：

（1）意大利塞维索化学污染事故。

1976 年 7 月 10 日，意大利塞维索的伊克梅萨化工厂逸出三氯苯酚，其中含有剧毒化学品二噁英（简称 TCDD），造成严重的环境污染，使多人中毒。该厂周围 8.5 公顷范围内所有居民被迁走，1.5 千米内植物均被填埋，在数公顷土地上铲除几厘米厚的表土层。二噁英的毒性比滴滴涕（DDT）高出 1 万倍，有致癌和致畸后果。事隔多年，当地居民中畸形儿的比例仍极高。由于 TCDD 已渗透到工业和生活中，难以防范，故这次事故发生后，引起了公众恐慌。

（2）美国三里岛核电站泄漏事故。

1979 年 3 月 28 日凌晨 4 时，美国宾夕法尼亚州的三里岛核电站第 2 组反应堆的操作室里，红灯闪亮，汽笛报警，涡轮机停转，堆心压力和温度骤然升高。2 小时后，大量放射性物质溢出。6 天后，堆心温度才开始下降，蒸气泡消失——引起氢爆炸的威胁免除了。100 吨铀燃料虽然没有熔化，但 60% 的铀棒受到损坏，反应堆最终陷于瘫痪。事故发生后，全美震惊，核电站附近的居民惊恐不安，约 20 万人撤出这一地区。美国各大城市的群众和在建核电站地区的居民纷纷举行集会示威，要求停建或关闭核电站。美国和西欧一些国家不得不重新检查发展核动力计划。

（3）墨西哥液化气爆炸事件。

这是世界最大的液化气爆炸事件，发生在北美洲墨西哥首都墨西哥城。1984 年 11 月 9 日，墨西哥首都近郊的一座液化气供应站发生爆炸，对周围环境造成严重危害，造成 54 座储气罐爆炸起火，死亡 1 000 多人，伤 4 000 多人，毁房 1 400 余幢，致使 30 000 多人无家可归。这次液化气大爆炸，给墨西哥城带来了灾难，使社会经济及人民生命遭受了巨大的损失。

（4）印度博帕尔农药泄漏事件。

1984 年 12 月，在印度博帕尔市发生了重大公害事件。美国联合碳化物公司下属的一家农药厂发生地下储罐毒气泄漏，泄漏的毒气为异氰酸甲酯，是制造农药杀虫剂等化工产品的中间产物。这种毒气小剂量会引起发炎，大剂量就会在喉部和肺部引起糜烂与炎症，急剧呛咳，最后窒息而死。这次事故致使 2 500 人死亡，20 多万人不同程度地中毒，其中 10 万人终身残疾。毒气泄漏还污染了大量的食品和水源、牲畜和其他动物，使生态环境遭到严重破坏。

（5）苏联切尔诺贝利核电站泄漏事故。

1986 年 4 月 26 日当地时间 1 点 24 分，苏联的乌克兰共和国切尔诺贝利核能发电厂发生严重泄漏及爆炸事故。事故导致 31 人当场死亡，上万人由于放射性物质远期影响而致命或重病，至今仍有受放射线影响而畸形的胎儿出生。外泄的辐射尘随着大气飘散到苏联的西部地区、东欧地区、北欧的斯堪的维亚半岛，乌克兰、白俄罗斯、俄罗斯受污染最为严重，由于风向的关系，据估计约有 60% 的放射性物质落在白俄罗斯的土地上。此事故引起大众对苏联的核电厂安全性的关注，也间接导致了苏联的解体。苏联解体后独立的国家包括俄罗斯、白俄罗斯及乌克兰等每年仍需投入经费与人力解决这次灾难的善后及居民健康保健等问题。因事故而直接或间接死亡的人数难以估算，且事故后的长期影响到目前为止仍是个未知数。2005 年，一份国际原子能机构的报告认为，当时有 56 人丧生（47 名核电站工人及 9 名儿童患上甲状腺癌），并大约有 4 000 人最终将会因这次意外所带来的疾病而死亡。

切尔诺贝利

切尔诺贝利隔离区普里皮亚季波利斯亚酒店的辐射依然超标

（6）瑞士巴塞尔赞多兹化学公司莱茵河污染事故。

1986 年 11 月 1 日，瑞士巴塞尔赞多兹化学公司发生火灾，装有约 1 250 吨剧毒农药的钢罐爆炸，大量有毒物质随着灭火用水流入下水道，排入莱茵河。污染物是有毒化学品。

（7）全球大气污染。

（8）非洲大灾荒。

比较新旧公害事件，可以总结出公害事件发展的特点：

（1）污染源增多，既包括对人体健康的影响，又包括生态环境的破坏。污染源除了工业生产以外，还包括社会生活、交通运输、开发活动乃至政府决策等多方面的人类活动。

（2）危害范围大，持续时间长，后果严重。

（3）长期环境污染的综合效应，对环境造成更深、更广的危害。

（4）公害发生的频率加快。

（5）从发达国家的环境问题扩展到发展中国家的环境问题。

（6）从第一代环境问题扩展到第二代环境问题。

三、环境问题的产生与发展历程

1. 环境问题的萌芽阶段（工业革命以前）

工业革命以前虽然已出现了城市化和手工业作坊（或工场），但工业生产不发达，由此引起的环境污染问题不突出，主要是生态破坏型的环境问题。

在该阶段，人类经历了从以采集狩猎为生的游牧生活到以耕种和养殖为生的定居生活的转变。随着种植、养殖和渔业的发展，人类社会开始第一次劳动大分工。人类从完全依赖大自然的恩赐转变为自觉利用土地、生物、陆地水体和海洋等自然资源。人类的生活资料有了较以前稳定的来源，人类的种群开始迅速扩大。人类社会需要更多的资源来扩大物质生产规模，于是便开始出现烧荒、垦荒、兴修水利工程等改造活动，这导致了严重的水土流失、土壤盐碱化或沼泽化等问题。但此时的人类还意识不到这样做的长远后果，一些地区因而发生了严重的

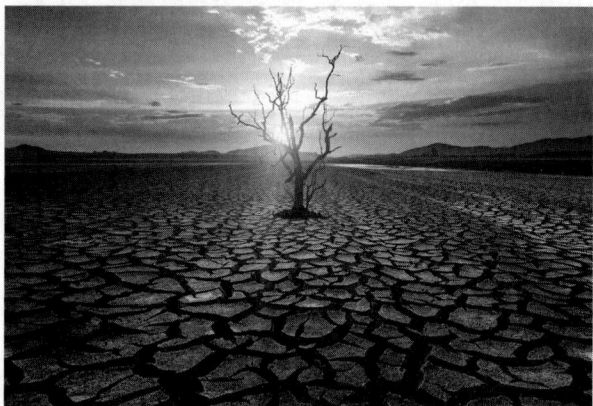

干旱的土地

环境问题，主要是生态退化。较突出的例子是，古代经济发达的美索不达米亚，由于不合理的开垦和灌溉，后来变成了不毛之地；中国的黄河流域，曾经森林广布，土地肥沃，是文明的发源地，而西汉和东汉时期的两次大规模开垦，虽然促进了当时的农业发展，可是由于森林骤减，水源得不到涵养，造成水旱灾害频繁、水土流失严重、沟壑纵横、土地日益贫瘠，给后代造成了不可弥补的损失。但总的说来，这一阶段的人类活动对环境的影响还是局部的，没有达到影响整个生物圈的程度。

2. 环境问题的发展、恶化阶段（工业革命至20世纪50年代前）

蒸汽机发明和广泛使用以后，大工业日益发展，生产力有了很大的提高，环境问题也随之发展且逐步恶化。

18世纪后期欧洲的一系列发明和技术革新大大提高了人类社会的生产力，人类开始插上技术的翅膀，以空前的规模和速度开采、消耗能源和其他自然资源。新技术使英国、欧洲和美国等地在不到一个世纪的时间里先后进入工业化社会，并迅速向全世界蔓延，在世界范围内形成发达国家和发展中国家的差别。工业化社会的特点是高度城市化。这一阶段的环境问题跟工业和城市同步发展。先是由于人口和工业密集，燃煤量和燃油量剧增，发达国家的城市饱受空气污染之苦，后来这些国家的城市周围又出现日益严重的水污染和垃圾污染，工业三废、汽车尾气更是加剧了这些污染公害的程度。

3. 环境问题的第一次高潮（20世纪50年代至70年代）

20世纪50年代以后，环境问题更加突出，震惊世界的公害事件接连不断，1952年12月的英国伦敦烟雾事件，1953—1956年的日本熊本水俣病事件，1961年的日本四日市哮喘病事件，1955—1972年的日本富山骨痛病事件等，在五六十年代形成了第一次环境问题高潮。这主要是由以下因素造成的：

（1）人口迅猛增加，都市化的速度加快。

（2）工业不断集中和扩大，能源的消耗大增。

（3）大工业的迅速发展逐渐形成大的工业地带，而当时人们的环境意识还很薄弱，第一次环境问题高潮的出现是必然的。

当时，在工业发达国家，环境污染已达到严重程度，直接威胁到人们的生命和安全，成为重大的社会问题，激起广大人民的不满，也影响了经济的顺利发展。1972 年的斯德哥尔摩人类环境会议就是在这种历史背景下召开的。这次会议对于人类认识环境问题的进程来说是一个里程碑。工业发达国家把环境问题提上了国家议事日程，包括制定法律、建立机构、加强管理、采用新技术。20 世纪 70 年代中期，环境污染得到了有效的控制，城市和工业区的环境质量有明显改善。发达国家普遍花大力气对这些城市环境问题进行治理，并把污染严重的工业搬到发展中国家，较好地解决了国内的环境污染问题。随着发达国家环境状况的改善，发展中国家却开始步发达国家的后尘，重走工业化和城市化的老路，城市环境问题有过之而无不及，同时伴随着严重的生态破坏。

4. 环境问题的第二次高潮（20 世纪 80 年代以后）

第二次环境问题高潮伴随着环境污染和大范围生态破坏，在 20 世纪 80 年代初开始出现，在全球范围内出现了不利于人类生存和发展的征兆。人们共同关心的影响范围大和危害严重的环境问题有三类：一是全球性的大气污染，如温室效应、臭氧层破坏和酸雨；二是大面积生态破坏，如大面积森林被毁、草场退化、土壤侵蚀和沙漠化；三是突发性的严重污染事件，如印度博帕尔农药泄漏事件（1984 年 12 月），苏联切尔诺贝利核电站泄漏事故（1986 年 4 月），瑞士塞尔赞多兹化学公司莱茵河污染事故（1986 年 11 月），中国松花江污染事件（2005 年 11 月）等。

松花江污染事件，发生在 2005 年 11 月 13 日下午 1 时 40 分左右，中国石油吉林石化公司（简称吉化公司）双苯厂（又称 101 厂）某个装置发生爆炸，后来又发生连续爆炸，附近居民听到五六次爆炸声，很多居民楼的玻璃被震碎，有的房屋墙皮都被震了下来。在相隔数千米之外的吉林市区，都可看到松花江北岸的化工区浓烟滚滚。爆炸造成 70 人受伤，6 人失踪，数万人要疏散。排出的污水主要通过吉化公司东 10 号线进入松花江。据专家测算，约有 100 吨左右的苯类污染物进入了松花江水体，属于重大环境污染事件。11 月 20 日至 22 日，污水团流经黑龙江肇源断面时，硝基苯和苯最大超标倍数分别为 29.9 倍和 2.6 倍。流经黑龙江三站断面时，硝基苯和苯最大超标倍数分别为 3.8 倍和 0.08 倍。

水资源短缺在全球范围内普遍发生，其他资源（包括能源）也相继出现将要耗竭的信号。这一切都表明，生物圈这一生命支持系统对人类社会的支撑已接近它的极限，还表明了环境问题的复杂性和长远性。

这些全球性大范围的环境问题严重威胁着人类的生存和发展，不论是公众还是政府官员，也不论是发达国家还是发展中国家，都普遍对此表示不安。

四、当前人类面临的主要环境问题

（1）臭氧层破坏。

（2）温室效应。

（3）酸雨蔓延。

（4）人口剧增。

（5）森林锐减，物种灭绝。

（6）淡水匮乏与水体污染。

（7）垃圾成灾。

受酸雨侵蚀大佛变色

受酸雨影响的枯木森林

五、21世纪中国面临的十大环境问题

（1）大气污染问题。

（2）水污染问题。

（3）垃圾处理问题。

（4）土地荒漠化和沙灾问题。

（5）水土流失问题。

（6）旱灾和水灾问题。

（7）生物多样性破坏问题。

（8）世贸组织与环境问题。

（9）三峡库区环境问题。

（10）持久性有机物污染问题。

保护环境，保护地球

小资料

可生物降解电路助电子产品更好回收①

科技日报2022年8月30日报道，随着时间的推移，电子垃圾问题会变得更严重。最近，美国能源部劳伦斯·伯克利国家实验室和加州大学伯克利分校的一个研究团队提出了一种潜在的解决方案：一种能够完全回收的、可生物降解的打印电路。他们在《先进材料》杂志上报告了这种新设备，这一进步可让垃圾填埋场中的可穿戴设备和其他柔性电子产品分流，并减轻重金属废物对健康和环境的危害。

在此前的一项发表于《自然》杂志上的研究中，研究团队发现，将洋葱伯克霍尔德氏菌脂肪酶（BC-脂肪酶）等纯化酶嵌入塑料材料中，可加速其降解。此次，研究团队用的

① http://digitalpaper.stdaily.com/http_www.kjrb.com/kjrb/html/2022-08/31/content_540911.htm.

不是昂贵的纯化酶，而是更便宜的、现成的 BC – 脂肪酶"混合物"。这大大降低了成本，有助于电路的大规模生产。

研究人员开发出一种可打印的"导电墨水"，该墨水由可生物降解的聚酯黏合剂、银片或炭黑等导电填料和市售的酶混合物组成。墨水的导电性来自银或炭黑颗粒，可生物降解的聚酯黏合剂充当胶水。

研究人员用一台带有导电墨水的 3D 打印机，在硬质可生物降解塑料、柔性可生物降解塑料和布料等各种表面上打印电路图案，证明了墨水可附着在各种材料上。墨水干燥后，就会形成集成电路装置。

研究人员表示，该电路或可作为瞬态电子设备中使用的一次性塑料的可持续替代品，例如，生物医学植入物或环境传感器之类的设备，会在一段时间内分解。

第二节 控制环境污染的措施

近些年来，不少电影探讨环保主题，美国前副总统戈尔策划了纪录片《绝望真相》。与环保纪录片《第 11 小时》（*The 11th Hour*）一样，该片提醒世人若不采取行动，未来天灾将更加频繁，地球有可能在数十年内便到达末日。

2009 年 6 月 5 日，《地球很美有赖你》在全球 87 个国家同步免费公映，片中以一幕幕壮丽的大自然美景和人类给地球造成的伤痕唤醒大家对地球这个美丽家园的爱与责任，乐观地珍惜现在仍有的 50% 雨林及其他珍贵的地球资源。片中镜头大多从高空拍摄，俯视地球上 54 个国家和 120 个地区的美景，每一个镜头都是让人屏息的美丽景观。地球看上去很美，虽然大气中明明有过量的二氧化碳，河川正惨遭污染，鱼类惨遭滥捕，大海依然那么蓝，令观众反思多年来人类对环境造成的破坏，生物种类已越来越少，生物正面临第六次大灭绝，没有生物能逃避，包括人类。

2010 年上映的环保题材电影《绿水》，用悬疑的故事表现环保题材。影片讲述了一伙盗墓贼盗宝未果却受困墓道之中，靠着饮用墓道中绿色的水而存活并逃出古墓，但随后相继离奇死亡。环保局环境监察大队大队长带着环保工作人员展开深入的调查。几经波折，最终发现原来是一家非法电镀厂偷排六价铬剧毒废水，并在关键时刻封堵排污口，确保了百万人的饮用水安全。

一、控制大气污染的措施

1. 控制总硫排放

目前炼油厂主要的脱硫工艺有两种，一种是重馏分加工过程中释放出的硫化氢，被该工艺产生的冷凝水洗涤吸收，并与氨结合生成硫化铵，通过酸性水汽提可以分离出较高纯度的硫化氢；另一种是轻馏分（干气、液化气）中的硫化氢，用胺液吸收，吸收液再经蒸汽汽提并把溶剂与硫化氢形成的不稳定化合物分解，获得较纯的硫化氢气体。所有较纯的硫化氢气体通过制硫装置回收硫黄，尾气（达到国家排放标准）通过烟囱向高空排放。

2. 降低汽油发动机排放污染

汽油发动机废气中的有害排放物，主要是燃烧过程结束后在燃烧室内形成的。然而，在排气系统中发生的化学反应，又可使化合物浓度降低或升高，从而使排出的废气成分发生某些变化。降低汽油发动机排放污染的主攻方向是降低排放尾气中的 CO、HC 和 NO$_x$ 的含量。

二、土壤的修复技术

1. 重金属污染土壤的修复

目前，修复重金属污染土壤的方法很多，主要有物理、化学、植物和微生物等方法。其中，植物和微生物的方法近年来得到了特别重视，并取得了显著进展。

重金属污染土壤修复的物理方法主要有换土法、热处理法等。换土法是将污染土壤通过深翻到土壤底层，或在污染土壤上覆盖新土，或将污染土壤挖走换上未被污染的土壤的方法。该方法工程量大，费用高，只适用于小面积的、土壤污染严重的状况。热处理法是通过加热的方式，使土壤中的挥发性重金属如汞、砷等挥发并收集起来进行回收或处理。该法工艺简单，但能耗大，操作费用高，且只适用于易挥发的重金属。

化学修复是利用重金属与改良剂之间的化学反应从而对土壤中的重金属进行固定、分离提取等。该技术的关键在于选择经济有效的改良剂，常用的改良剂有石灰、沸石、碳酸钙、磷酸盐和促进还原作用的有机物质等。

植物修复是一种经济、有效且非破坏性的修复技术，主要利用自然生长或遗传培育的植物对土壤中的污染物进行固定和吸收。根据其作用过程和机理，重金属污染土壤的植物修复技术可分为植物提取、植物挥发和植物稳定三种类型。

微生物对被重金属污染的土壤具有独特的修复作用，虽然它不能降解和破坏重金属，但可以降低土壤中重金属的毒性、吸附积累重金属、改变根际微环境，从而提高植物对重金属的吸收、挥发或固定效率。

2. 有机污染土壤的修复

由于有机污染难降解、毒性大，其污染土壤的修复技术成为研究热点。有机污染土壤的修复方法主要包括物理化学修复法、植物修复法和微生物修复法等。

物理化学修复法主要是通过溶剂洗脱、热脱附、吸附和浓缩等物理、化学过程将有机化合物从土壤中去除。表面活性剂是常用的污染土壤清洗剂，它能改进憎水性有机物的溶解性和生物可利用性；热脱附法是指通过加热将土壤中的污染物变成气体从土壤表面或孔隙中去除的方法。

化学降解是将土壤中的有机化合物分解或转化为其他无毒或低毒性物质，主要包括化学修复技术、光催化修复技术、电化学修复技术、微波分解及放射性辐射分解修复技术等。但是化学修复技术费用高，可能对环境造成二次污染，可操作性差。此外，对于大规模的土壤污染，化学治理方法存在具体操作上的困难。

植物修复法是利用植物的生长吸收、转化、转移土壤中的有机污染物，如战争残留物（TNT、GTN）、多氯酚（PCBS）和三氯乙烯（TCE）等。植物去除有机污染物的机制主要包括：植物对有机污染物的直接吸收；植物的分泌物和酶直接分解有机污染物；植物通过提高微生物的数量和活性去除污染物。目前利用植物修复比较成功的是杨树、柳树和紫花苜蓿等。

微生物修复法是利用微生物的生命代谢活动来降低土壤中有毒有害物质的浓度，使土壤环境部分或完全恢复到原状态。该方法有着物理、化学治理方法无可比拟的优越性：处理费用低；处理效果好，对环境的影响低，不会造成二次污染，不破坏植物所需的土壤环境；处理操作简单，可以就地进行处理。

三、控制食物污染的措施

（1）食品安全法规的健全与实施。

（2）加强食品生产全程质量管理。

（3）建立食品安全信息与检测体系，建立和完善食品监测与追溯制度。

（4）发展复合肥料和缓释化技术，加强无公害农药的开发和应用。

（5）强化农产品源头的监督和管理。

（6）科学饮食，因人而膳。

人们的膳食结构与习惯是由种族（血统或基因）、气候、地域、性别、年龄等诸多因素决定的。随着强化食品的不断出现，人们希望通过食用某种强化食品来增强人体功能，但强化并非多多益善，过度强化会适得其反。如摄入过量硒可引起中毒，而且目前尚无特效解毒剂。补充微量元素和维生素的科学途径是天然食品的多样化，提倡膳食平衡。只有在机体微量元素和维生素缺乏或因某种原因摄入不足时，才宜在医生指导下选用相应的制剂。在环境受到污染的情况下，长期偏食某一种食品，可能会受到更大的危害，因此要广开食谱，不能偏食，这样才能降低受害的概率。同时，要尽量减少或避免食用那些可能富集了更多污染物的食品。

四、减少塑料袋的使用

塑料袋（胶袋）是市民日常生活的必需品，然而质地"顽强"的塑料袋是环境大敌，因为它既不能自动分解，燃烧时还会释放有毒气体，因此被废弃的塑料袋只能埋在垃圾填埋区内。

减少滥用塑料袋已成为世界潮流，很多国家和地区陆续推出一系列减用塑料袋的措施，甚至立法禁用塑料袋。当我们不使用塑料袋时，可以使用什么代替品呢？这些代替品是否真正环保呢？

1. 咸水草

在塑料袋普遍使用之前，咸水草是香港市民最常用的捆扎工具。虽然环保，但购买海鲜时，会产生弄污街道的问题。

2. 环保袋

很多店铺为响应环保，纷纷推出可循环利用的环保袋。也有塑料袋制造商表示，环保袋也是以塑胶为原材料，同样会引起环保问题。现在环保袋滥发情况严重，而市民循环利用的意识薄弱，也会出现环保问题。

3. 纸袋

很多外国政府以征税或立法的方式来减少塑料袋的使用，因此纸袋成为最受欢迎的购物袋。不过，制造纸袋需要大量砍伐树木，消耗重要的天然资源，而且循环再利用的效率不高。

4. 可生物分解塑料袋

普通塑料袋埋于地下时，大约需要 400 年才可完全分解，可生物分解塑料袋则只需 4 ~ 20 年的时间，就可被泥土中的细菌分解。不过生产可生物降解塑料袋的成本高，比一般塑料袋高出 10 倍，而且处理垃圾时要特别将它们分门别类，才可以加速分解过程，因此普及程度不高。

5. 藤篮、竹篮

二十世纪六七十年代，家庭主妇们都习惯带个藤篮或竹篮购物。但是篮子不便于携带，而且使用篮子放置菜，不能有效分隔，容易产生卫生问题。

减少塑料袋的使用　　　　　　　　　　　　　提倡用藤篮、竹篮等买菜

五、以绿色科技推动人与自然和谐发展

绿色科技是指以保护人体健康和人类赖以生存的环境，促进经济可持续发展为核心内容的一切科技活动。主要包括绿色产品和绿色生产工艺的设计、开发，消费方式的改进，以及环境理论、技术和管理水平的研究、提高等环节。

1994 年，美国环保局科技计划中把绿色技术分为深绿色技术和浅绿色技术。深绿色技术是指污染治理技术，以保护"绿色"为主，如垃圾无害化处理技术、污水处理技术、预防病虫害技术和防风治沙技术等；浅绿色技术则是指清洁生产、能源资源的节约和综合利用等技术，以推进"绿色"化发展为主，如电动汽车开发技术、聚乙烯生产新工艺、高效节能技术及生物技术等。

从理论上说，绿色科技并不是一个独立的学科或领域，而是科技发展的全新理念和导向。绿色科技是一种形象的说法，实质上就是能够促进人类的长远生存和发展。大力发展绿色科技的根本目的在于努力减少或减轻科技对环境和生态的消极影响，促进人与自然的和谐发展。

六、强化末端治理技术

企业在生产中预防污染，可大大降低污染物的产生量。末端治理指在生产过程的末端，对存在的污染物质进行处理。传统的思想是生产中产生什么废物，末端治理就处理什么废物，而忽略了处理中污染物的资源化和"三废"的综合防治。

1. 污染物的资源化

从废水中提取有用的污染物质，可降低废水的浓度，创造经济效益，如印染企业从丝绸精练液中提取丝胶，从碱减量废水中提取对苯二甲酸，从织物退浆水中回收 PVA 等。回收的 PVA 可用于生产，丝胶和对苯二甲酸可用于其他工业，产生一定的经济效益。对苯二甲酸、PVA 的提取，还可改善废水的可生化性，有利于后续污水处理。

2. "三废"的综合防治

通过以废治废，花费很少费用，达到治理污染的效果。

例如，印染企业煮练工序产生的碱性废水，如直接进入废水处理设施，会对设施造成一定冲击，如用酸来中和需要一定的费用，而锅炉烟气脱硫需要大量的碱性水，若把煮练工序的碱性废水用于锅炉烟气脱硫，不仅可使烟气达到脱硫效果，还可使碱性废水得到中和。

废水的脱色问题一直困扰着印染企业，为了达到脱色的目的，企业往往采取活性炭吸附、次氯酸氧化等昂贵的处理方法，但存在着活性炭再生困难、次氯酸氧化后产生氯胺的问题。印染企业中有大量的煤渣和粉煤灰，而煤渣和粉煤灰具有较好的吸附性能，可用于废水的脱色。脱色效果因染料的性质不同而异，一般去除率为 60%~80%，个别为 90%，COD 和总固体含量也有所下降。

除了在企业中开展综合防治外，还应根据当地的实际情况开展污染物的集中处理，如企业对废水进行适当预处理后，再进入集中污水处理厂处理，以及热能采用集中供热的方式，都便于污染物的集中处置。这种方法不仅可减少污染治理设施的重复投资，集中处理形成的规模效应还可有效降低污染物的处理费用，以及便于污染物的资源化。

小资料

（1）20% 的世界人口，消耗了 80% 的地球资源。（联合国环境规划署，2007）

（2）全球花在武器上的经费多于援助各国发展经费的 12 倍。（斯德哥尔摩国际和平研究所，2008）（经济合作与发展组织，2008）

（3）每天有 5 000 人死于受污染的饮用水，10 亿人无法取得安全的饮用水。（联合国开发计划署，2006）

（4）10 亿人饱受饥饿之苦。（联合国粮食及农业组织，2008）

（5）全球 40% 的耕地已废耕。（联合国环境规划署）

（6）每年有 1 300 万公顷的林地消失。（联合国粮食及农业组织，2005）

（7）1/4 的哺乳动物、1/8 的鸟类、1/3 的两栖动物濒临绝种危机。生物族群以快于自然增长率一千倍的速度死亡。（世界自然保护联盟，2008）（第 16 届国际植物学大会，1999 年美国圣路易斯市）

（8）75% 的渔产品种类已耗尽或面临耗尽危机。（联合国）

（9）过去 15 年的平均温度，已达到有史以来最高纪录。（美国国家航空航天局戈达德太空研究所）

（10）地球上冰冠的厚度 40 年来减少了 40%。（美国国家冰雪数据中心，2004）

（11）2050 年，可能会产生 2 亿的气候难民。（史登报告第 2 部分第 3 章第 77 页）

（资料来源：http：//edu. singtao. com/lib/article/article_detail. asp？id=1723）

第三节　低碳生活与可持续性发展

一、低碳生活的概念

　　所谓"低碳生活（low-carbon life）"，就是指尽量减少生活作息时所耗用的能量，从而降低二氧化碳的排放量。低碳生活，对于普通人来说是一种生活态度，是一个愿不愿意和大家共同创造低碳生活的问题。我们应该积极提倡并去实践低碳生活，要注意四个"节约"，即节电、节水、节油、节气，从点滴做起。除了植树，还有人买运输里程很短的商品，有人坚持爬楼梯，形形色色，有的很有趣，有的不免有些麻烦。但关心全球气候变暖的人们却把减少二氧化碳的生存方式实实在在地带入了生活。

　　转向低碳生活方式的重要途径之一，是戒除以高耗能源为代价的"便利消费"嗜好。"便利"是现代商业营销和消费生活中流行的价值观。不少便利消费方式在人们不经意中浪费着巨大的能源。例如，据制冷技术专家估算，超市电耗70%用于冷柜，而敞开式冷柜的电耗比玻璃门冰柜高出20%。由此推

低碳生活，可持续发展的城市

算，一家中型超市敞开式冷柜一年多耗约4.8万度电，相当于多耗约19吨标煤，多排放约48吨二氧化碳，多耗约19万升净水。上海约有大中型超市近800家，超市便利店6 000余家。如果大中型超市普遍采用玻璃门冰柜，只需举手之劳，一年便可节电约4 521万度，相当于节省约1.8万吨标煤，减排约4.5万吨二氧化碳。在中国，年人均二氧化碳排放量为2.7吨，但一个城市白领即便只有40平方米居住面积，开1.6升车上下班，一年乘飞机12次，碳排放量也只有2 611千克。由此看来，节能减排势在必行。如果说保护环境、保护动物、节约能源这些环保理念已成为行为准则，那么，低碳生活更是我们急需建立的绿色生活方式。

　　"低碳生活"虽然是新概念，但提出的却是世界可持续发展的老问题，它反映了人类因气候变化而对未来产生的担忧，世界对此问题的共识日益增多。全球变暖等气候问题致使人类不得不考量目前的生态环境。人类意识到生产和消费过程中出现的过量碳排放是出现气候问题的重要因素之一，因而要减少碳排放就要相应优化和约束某些消费和生产活动。尽管仍有学者对气候变化原因有不同的看法，但"低碳生活"理念至少顺应了人类未雨绸缪的谨慎原则和追求完美的心理与理想。

　　哥本哈根气候变化峰会自2009年12月7日开幕以来，就被冠以"有史以来最重要的会议""改变地球命运的会议"等各种重量级头衔。会议试图建立一个温室气体排放的全球框架，也让很多人对人类当前的生产和生活方式开始了深刻的反思。纵然世界各国仍旧与减排问题进行着艰苦的角力，但低碳这个概念几乎得到了广泛认同。

二、养成低碳生活习惯

低碳是一种生活习惯，是一种自然而然地节约身边各种资源的习惯。当然，低碳并不意味着要刻意去节俭，刻意去放弃一些生活的享受，只要你能从生活中的点点滴滴做到多节约、不浪费，同样能过上舒适的低碳生活。

低碳生活就是返璞归真地去进行人与自然的活动，主要是从节电、节气和回收三个环节来改变生活细节，包括以下一些低碳的良好生活习惯：

（1）每天的淘米水可以用来洗手、擦家具，干净卫生，自然滋润。

（2）将废旧报纸铺垫在衣橱的最底层，不仅可以吸潮，还能吸收衣柜中的异味。

（3）喝过的茶叶渣，把它晒干，做成茶叶枕头，既舒适，又能帮助改善睡眠。

（4）出门购物，自己带环保袋，无论是免费或者收费的塑料袋，都减少使用。

（5）出门自带水杯，减少使用一次性杯子。

（6）多用永久性的筷子、饭盒，尽量避免使用一次性的餐具。

（7）养成随手关闭电器电源的习惯，避免浪费用电。

（8）用节能灯替换 60 瓦的灯泡；不开汽车，改骑自行车或步行。

（9）在使用电脑时，尽量使用低亮度，开启程序应少点等，这样可以节电。

（10）如果可以，尽量少看电视。建议多看书，既可以节电，也可以增长知识。

（11）少用纸巾，重拾手帕；保护森林，低碳生活。

（12）每张纸都双面打印，这相当于保留下半片原本将被砍掉的森林。

小资料

永磁磁浮空轨列车是这样"飞"起来的①

一列红白相间的磁浮列车缓缓升空，乘客坐在空轨列车中，透过车窗俯瞰热闹繁华的城市。车轨在上，列车在下，这条看似"镜像"翻转后的列车线路，并非科幻作品中的场景，而是真实发生在我们的身边。

2022 年 8 月 9 日，世界首列永磁磁浮空轨"兴国号"在江西成功首发。在这条工程实验线上，空轨车辆悬浮运行，酷炫的技术为未来交通发展带来了无限遐想。

磁浮列车被称为 21 世纪理想的超级特别快车。目前，国内在建空轨项目均采用轮式空轨列车，与传统轮式空轨列车相比，永磁磁悬浮列车则完全不依靠橡胶轮子行驶，永久磁铁与轨道相斥并在槽口中线保持悬浮状态。依靠磁铁异极相吸、同极相斥的特性，"兴国号"空轨列车就是在"磁性"中"飞"起来的。依托源自稀土永磁材料的特殊性能——斥力，在不需要额外通电，不需要额外其他辅助设备的条件下，空轨列车结合电磁导向实现零摩擦，仅需电机驱动即可运行。"兴国号"是永磁磁浮技术与单轨技术的完美结合，其"飞"起来还需依托智能定位与通信信号系统、轨道支撑与供电系统、运行控制与安全保障系统等功能模块。

永磁磁浮空轨项目是继常导磁浮、超导磁浮之后，发展的又一种新型轨道交通模式，我国具有完全自主知识产权。

---

① http：//digitalpaper.stdaily.com/http_www.kjrb.com/kjwzb/html/2022 - 08/19/content_540474.htm.

思考题

1. "八大公害事件"指哪八大事件？对我们有什么启示？
2. 环境问题发展的新趋势是什么？
3. 请问你有低碳生活的习惯吗？你愿意对现有的生活习惯做哪些有益的改变？
4. 从下面的生物圈 2 号案例中，你可以得到什么启示？

1986 年，美国人巴斯为了扩展人类新的生存空间，出资 2 亿美元在美国亚利桑那州的沙漠区动工兴建了世界瞩目的生物圈 2 号。1991 年 9 月 26 日，来自世界各地的 8 位志愿者参与了生物圈 2 号的实验计划。计划设计在密闭状态下进行生态与环境研究，以帮助人类了解地球是如何运作的，并研究在仿真地球生态环境下人类是否适合生存。

生物圈 2 号占地面积约 1.27 公顷，体积容量达 20 多万立方米。其主要是由玻璃帷幕和钢架所构筑的仿真生态群系，包括热带雨林、稀树草原、沼泽地、海洋（含珊瑚礁岸）、沙漠等五类荒野生物群带，以及人类的农田、微型城市及技术圈等三种人造地区。生物圈 2 号是一个密闭系统，其中大约涵纳了大气（17 万立方米）、淡水（1 500 立方米）、咸水（3 800 立方米）、土壤（17 000 立方米）、生物（3 800 ~ 4 000 种），以及人类（四男、四女）等。在生物圈 2 号中的微型城市的内部，配置了实验室、医疗设备、厨房、寝室、餐厅、健身房、盥洗设施，以及图书室、观察室等。这种温室型的实验室，其运转所需的能源，主要靠太阳能和外部供输的电力，具备密闭生态实验室中空气热胀或冷缩的调节功能。

在 1991 年至 1993 年的实验中，研究人员发现：生物圈 2 号的氧气与二氧化碳的大气组成比例，无法自行达到平衡；生物圈 2 号内的水泥建筑物会影响正常的碳循环；多数动植物无法正常生长或繁殖，其灭绝的速度比预期的要快。经广泛讨论，确认生物圈 2 号的实验失败，未达到原先设计者的预定目标，这证明了在已知的科学技术条件下，人类离开地球将难以生存。同时证明，地球仍是人类唯一能依赖与信赖的生存系统。

虽然生物圈 2 号的实验目标并未达到，但是这也给人类上了很好的一课：大自然并非我们想象的那样简单，在复杂、巨大的系统关联中，可能每一缕轻风都是不可或缺的；人不是万能的，人类要依赖地球存活；人类要懂得顺应自然，珍爱大自然的一切，才能与地球万物持续发展。

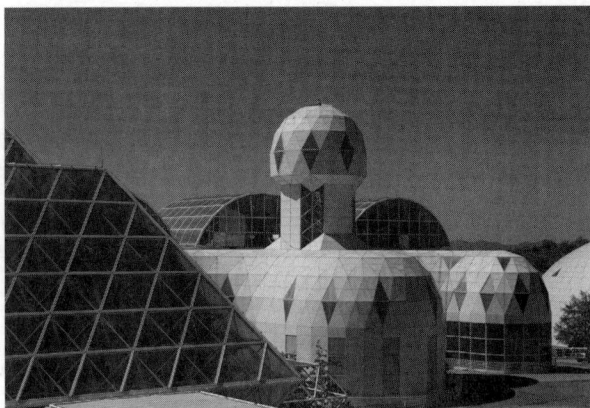

生物圈 2 号

第十四章 生物科技与伦理

第一节 科技新成果

一、2019 年十大科学突破

《科学》杂志官网在 2019 年 12 月 19 日的报道中，选出了 2019 年度十大科学突破，其中不乏中国科学家的身影。

1. "直视"黑洞

为了一窥黑洞"真容"，科学家联合遍布全球的 8 个射电天文台，通过甚长基线干涉测量技术，模拟出口径和地球直径相当的望远镜——事件视界望远镜。这一望远镜拍摄下的首张黑洞照片，使人类第一次看见了位于星系中心的引力"怪兽"。这个黑洞位于 M87 星系的中央，质量是太阳的 65 亿倍。

看见黑洞不仅再次证明了爱因斯坦理论的正确性，也为将来揭开与黑洞有关的种种谜题奠定了基础。进一步研究或许能为构建"大一统理论"带来新线索，这无疑是一个里程碑式的成就。

人类首张黑洞照片凝聚了全球 200 多位科学家的心血，其中包括多名来自中国的科学家。中国科学院上海天文台台长沈志强对媒体表示，中国科学家在望远镜观测、后期数据处理和结果理论分析等方面做出了突出的贡献。

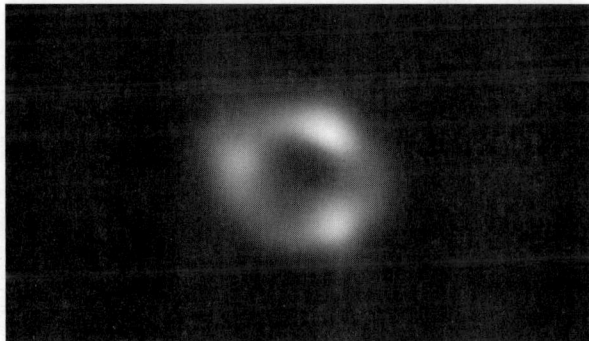

黑洞

2. 与丹尼索瓦人"面对面"

大约 40 年前，一位佛教僧人在青藏高原边的白石崖溶洞中发现了一个奇怪的人类颌骨。他意识到这个长着巨大白齿的下颌很特别，就把它交给了另一个和尚，后者把它捐赠给了学者。但没人知道这到底是什么。

2019 年 5 月，由中国科学院青藏高原研究所、兰州大学和德国马普进化人类学研究所学者领衔、多家境内外科研院所参与的青藏高原丹尼索瓦人研究发表于《自然》杂志上。研究揭示，一件发现于中国甘肃省甘南州夏河县白石崖溶洞的古人类下颌骨化石距今已有16万年，是除西伯利亚阿尔泰山地区丹尼索瓦洞以外发现的首例丹尼索瓦人化石，也是目前青藏高原的最早人类活动证据。

在古 DNA 高度降解的情况下，研究团队运用古蛋白质分析方法，通过分子学信息来判断古老化石的归属。蛋白质中的氨基酸序列蕴含了个体演化的一些信息，尽管这种遗传信息相较 DNA 信息是非常小的，但在夏河人化石中发现了丹尼索瓦人特有的蛋白质，这为确定其为丹尼索瓦人提供了最主要的证据。

有学者指出："这块下颌骨表明，丹尼索瓦人的地理分布区域比我们以前认为的要广泛得多，海拔也更高。"化石仅保存了古人类下颌骨的右侧，下颌骨附着第一臼齿和第二臼齿，其他的牙齿仅保留牙根部分，颌骨形态粗壮原始，臼齿较大，可以很清楚地看到它没有下巴，这说明它不是现代人化石。

早期研究表明，丹尼索瓦人的遗传物质已经发生了一种突变，该突变有助于在青藏高原这种高海拔—低氧环境中的生存。今天的西藏人群基因中也有同样的突变，这可能证实了丹尼索瓦人对青藏高原上的藏族人群和夏尔巴人群有基因贡献——高寒缺氧环境基因（EPAS1）。

3. "量子霸权"

2019 年 10 月，谷歌研究人员称实现了名为"量子霸权"的里程碑。"量子霸权"指量子计算机最终超越最先进的超级计算机。谷歌表示，他们的 Sycamore 量子处理器能在 200 秒内完成世界上最强大的超级计算机需要 10 000 年才能完成的计算，但国际商用机器公司（IBM）对此提出了质疑。

不管怎样，这凸显了商业公司对量子计算领域的浓厚兴趣。目前，多国政府、多家公司都在这一前沿领域展开激烈竞争，希望能够拔得头筹。

4. 肠道微生物对抗营养不良

每年都有数百万严重营养不良的儿童无法完全康复，即使他们吃饱了，仍然会发育不良和体弱多病。十年的研究已经找到了一个根本原因：他们的肠道微生物尚未成熟。2019 年，一个国际团队在这项研究的基础上，提出了一种低成本且易于获得的补充剂，可以优先刺激有益肠道细菌的生长。这些补充剂在小规模试验中表现良好，目前正在进行更大规模的临床试验，以观察其在预防发育迟缓方面的效果。

早期的研究发现，营养不良无法康复儿童的肠道微生物组具有婴儿微生物组的特征，而更成熟的微生物组是对营养做出良好反应的关键。研究小组首先确定了代表成熟肠道菌群的15 种细菌。他们还确定了包括蛋白质在内的血液标志物，这些标志物标志着营养不良的影响得以恢复。然后，他们测试了发展中国家容易找到的各种食物组合，以观察微生物组的反应，首先是对小鼠的反应，然后是对猪的反应，最后是对一小群营养不良儿童的反应。

作为食品补充剂的标准成分，奶粉和大米对关键细菌的扩散几乎没有什么帮助，但含有鹰嘴豆、香蕉、大豆和花生粉的补充剂有助于肠道菌群的成熟。经过短暂的临床试验后，服用补充剂的儿童血液中含有更多的蛋白质和代谢物，这些都是正常生长的标志。

更多的儿童正在接受更长时间的随访，以观察这些变化是否会对发育迟缓起作用，这意味着改善微生物组可能会帮助解决这一全球性问题。美国芝加哥大学的医学家 Eric Pamer 表示，如果可以在医院以外的家中提供治疗，那么影响可能是巨大的。

5. 小行星撞击地球及其带来的影响

大约 6 600 万年前，一颗小行星无情地撞上地球，最终导致全球 76% 的物种（包括大型恐龙）灭绝。

但这里存在大量未解之谜：这些物种如何灭绝、何时灭绝以及生态系统恢复的速度如何？现在，科学家通过分析位于墨西哥尤卡坦半岛 193 公里宽的希克苏鲁伯陨石坑的岩层，勾勒出了撞击后 24 小时的细节。结果表明，撞击导致了野火，引发了海啸，并向大气中喷射了大量硫，太阳被遮蔽，全球降温，从而使大量生物灭绝。研究还表明，海洋生态系统的恢复快于预期。

6. 最遥远天体的特写

2019 年 1 月 1 日，美国国家航空航天局（以下简称美国航天局）的新视野号探测器飞掠雪人形状的小行星"天空"（Arrokoth），这颗远在 64 亿公里外的天体是人类探测器迄今拜访过的最遥远天体。新视野号传回的数据不仅向我们展现了一个从未见过的奇异世界，也有望向我们揭示更多与太阳系起源和演化有关的谜题。

7. 实验室成功培育古菌

日本一个研究小组历时 12 年，成功从深海沉积物中培育出一种神秘微生物 MK－D1。对 MK－D1 基因组进行的测序表明，它是阿斯加德（Asgard）微生物群中的一员。阿斯加德并非细菌，而是一种完全独立的生命分支——古菌。

研究人员确认培育出的这种古菌携带真核基因；此外，2019 年也有研究人员在其他古菌 DNA 片段中确定了更多真核基因。包括人类在内的所有动物和植物都是真核生物。因此，最新研究朝揭示包括人类在内的终极祖先迈出了重要一步，我们有望在这一古菌的引领下继续探寻生命的起源。

8. FDA 批准首个囊性纤维化三联疗法

2019 年 10 月，基因药物迎来一座里程碑：美国食品药品监督管理局（FDA）批准了对大多数囊性纤维化（CF）病例有效的疗法，用于治疗年龄 12 岁以上 CF 患者。

这种被称为 Trikafta 的三联疗法可纠正肺部疾病最常见突变产生的影响，对于那些发生突变的病患（约占所有 CF 患者的 90%），它可将 CF 从进行性疾病转变为更易控制的慢性疾病。自 CF 基因 CFTR 面世以来，科学家历时 30 年研究，才最终推出 Trikafta 疗法。

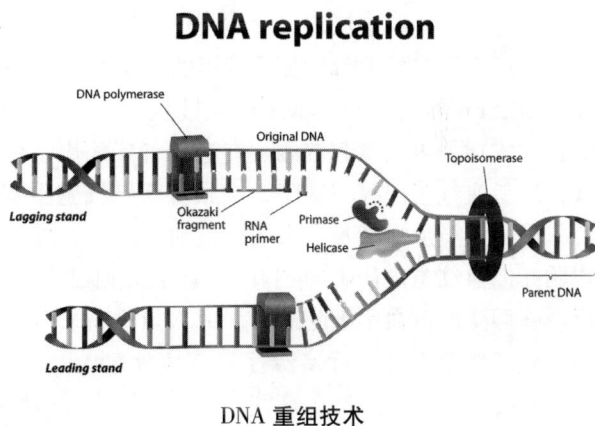

DNA replication

DNA 重组技术

9. 人类终于拥有对抗埃博拉病毒的有力武器

1976 年，刚果民主共和国雨林中突然出现了一种新病毒：埃博拉病毒。自此，它就成为致命且无法治愈感染的代名词，但 40 多年后，人类今年终于拥有了对抗埃博拉病毒的有力武器。

2019 年，科学家们最终确定了两种药物，可大大降低该病的死亡率。一种是从 1996 年埃博拉疫情幸存者体内分离出来的抗体；另一种是在具有人源化免疫系统小鼠体内产生的三种抗体的混合物。在随机试验中，接受这两种药物之一的患者中约有 70% 存活下来；而不使用任一抗体的患者只有约 50% 存活下来。

10. AI 战胜多人扑克

2019 年 7 月，由 Facebook 与卡内基梅隆大学合作开发的一款新型人工智能系统 Pluribus 扑克机器人，在 6 人无限制德州扑克比赛中击败了 15 名顶尖选手，其中包括多位世界冠军。这是 AI 首次在超过两人的复杂对局中击败人类顶级玩家。

Pluribus 通过自我博弈的方式从零开始进行训练，最终达到超越人类的水平。

二、2020 年十大科学突破

2020 年 12 月 17 日，美国《科学》杂志公布了其评选出的 2020 年十大科学突破，其中，新冠疫苗的研发居于榜首。

1. 新冠疫苗点亮希望之光

2020 年初发现的新冠病毒以惊人的速度席卷全球。当全世界陷入恐慌之时，2020 年 1 月 12 日，中国科学家向世界卫生组织提交了新冠病毒基因组序列信息，为全世界科学家寻找应对和防控新冠肺炎疫情奠定了基础，研制新冠疫苗的工作也拉开了序幕！

此后，多名科学家纷纷投身于新冠肺炎疫苗的研制工作。截至 2020 年 12 月 10 日，全球有 162 种候选疫苗正处于研发阶段，其中 52 种候选疫苗已经进行临床试验，有些疫苗已经公布了三期临床试验的结果。此外，2020 年与新冠病毒相关的研究论文激增。截至 12 月中旬，在同行评审期刊上发表的论文超过 20 万篇，而在非同行评审期刊上发表的文章则更多。

2. CRISPR 治疗血细胞病变首获成功

2012 年被称为 CRISPR 的革命性基因编辑工具问世，它赋予了研究人员改造农作物和动物的新力量，同时也激起了学术界的伦理争论。

2015 年，CRISPR 入围了当年的十大科学突破，2020 年更是斩获了诺贝尔化学奖。如今，CRISPR 在治疗两种基因缺陷性疾病——β - 地中海贫血与镰状细胞病上取得了临床上的首次成功，再次掀起波澜。在这两种疾病患者中，前者血液内携带氧气的血红蛋白水平较低，后者血红蛋白存在缺陷，导致镰状红细胞阻塞血管。

研究人员从患者身上采集了造血干细胞，然后利用 CRISPR 破坏了一个在成人体内会阻止胎儿期血红蛋白产生的"开关"。胎儿血红蛋白可以对抗镰状突变的影响。在病人接受化疗清除病变的造血干细胞后，研究人员又将 CRISPR 处理过的细胞注入患者体内。

3. "特殊患者"开启治疗艾滋病新策略

研究人员称，虽然对这些"特殊患者"的新认知不会直接导致治愈艾滋病，但它开启了一种新策略，可以让其他感染者在没有治疗的情况下活几十年。

与所有逆转录病毒一样，艾滋病病毒（HIV）会将其遗传物质整合到人类染色体内，在那里创造出"储存库"，免疫系统无法检测到，抗逆转录病毒药物也无能为力。

尽管如此，HIV 藏身于何处会产生不一样的结果。2020 年，一项针对 64 名 HIV "特殊患者"的研究表明，在没有使用抗逆转录病毒药物的情况下，他们体内的病毒载量仍然非常低，这揭示了病毒在整合到基因组中位置的重要性。

4. 世界上最古老的狩猎场景面世

2019 年 12 月，澳大利亚科学家报告了一幅在印度尼西亚发现的洞穴艺术画作，这幅作品描绘了一些类人形象狩猎猪和水牛的画面。研究人员使用铀系法，为这幅 4.5 米宽的岩石艺术作品进行了测年，结果发现其至少可追溯至 4.4 万年以前，是迄今已知的最早狩猎场景。

研究人员认为，画中出现的半兽人可能表明，印度尼西亚的洞穴艺术早在人类首次在欧洲进行艺术创作之前，就表现了关于人与动物联系的宗教式思考。

5. 科学家反对种族偏见，支持多样性

2020 年五六月份，反对种族偏见的抗议在美国愈演愈烈，不仅普通民众，就连科研人员也参与其中。2020 年 6 月 10 日，全球有 5 000 多名科学家罢工，声援在美国发生的抗议活动。两家著名杂志《科学》和《自然》与他们一起停止营运。

6. 发现快速射电暴起源

快速射电暴（FRB）是来自遥远星系的短而强的无线电波闪烁，其起源究竟是哪里？13年来这一问题吸引了无数天文学家。

2020 年 11 月，中外科学家刊文称，他们结合多个卫星及地面望远镜获得的数据认为，银河系内的一颗磁星 SGR 1935 + 2154 是今年观测到的一个快速射电暴的起源。这是人类首次确定一个快速射电暴的起源，也是首次在银河系内观测到快速射电暴。

尽管研究快速射电暴的天文学家相信他们终于找到了一名"肇事者"，但他们仍然不清楚磁星是如何产生快速射电暴的。研究人员认为，它们可能来自磁星表面附近，因为磁场线断裂并重新连接。或者它们可能来自更远的地方，因为冲击波撞击进入带电粒子云内，产生了类似激光的无线脉冲。具体是哪种情况？我们目前只能拭目以待。

7. AI 首次精准预测蛋白质三维结构

50 年来，科学家们一直致力于解决生物学领域最大的挑战之一：预测一系列氨基酸在"变身"为工作蛋白质时会折叠成何种精确三维形状。现在，他们实现了这个目标。

2020 年 12 月 1 日，谷歌旗下的深度思维公司宣布，其新一代 AlphaFold 人工智能系统在国际蛋白质结构预测竞赛上击败了其余参赛选手，精确预测了蛋白质的三维结构，准确性可与冷冻电子显微镜、X 射线晶体学等实验技术相媲美。

研究人员指出，鉴于蛋白质的精确形状决定了它的生化功能，这一新进展可以帮助研究人员发现疾病的发病原理，开发新药，甚至创造出耐旱植物和更便宜的生物燃料。

8. 首个室温超导体面世

自 1911 年超导首次发现以来，寻找室温条件下的超导体一直是众多科学家竞相追求的目标。

此前研究表明，富氢材料在高压下可以将超导温度提高至零下 2 摄氏度左右。此次，美国科学家在最新研究中将可以实现零电阻的温度提高到了 15 摄氏度，但这是在 2 670 亿帕斯卡压力下的一个光化学合成三元含碳硫化氢系统中实现的。这一发现促进了室温超导体的研究工作——这类材料可以带来重大技术变革并节约大量能源。

9. 鸟类聪明程度超出人类想象

2020 年发表的两项研究表明，鸟类的聪明程度超出想象。其中一项研究表明，鸟类大脑的一部分类似于人类的大脑皮层。另一项研究表明，小嘴乌鸦的意识比研究人员想象的还要高，而且其或许能有意识地进行思考。

这种"感觉意识"是人类自我意识的一种基本形式，它在鸟类和哺乳动物中的存在表明，某种形式的意识可以追溯到 3.2 亿年前，可以追溯到我们最后的共同祖先。

10. 全球变暖趋势日益明晰

40 多年前，全球顶尖气候科学家齐聚美国马萨诸塞州，试图厘清一个简单的问题：如果人类继续排放温室气体，地球会变得多热？最基本的气候模型显示，如果大气中的二氧化碳含量比工业化前翻一番，地球最终将变暖 1.5 到 4.5 摄氏度。2020 年，来自世界气候研究计划署的 25 名科学家将气候敏感区间缩小到 2.6 到 3.9 摄氏度之间。这项研究排除了一些最坏的情况，但它几乎确认气候变暖会淹没沿海城市、加剧极端热浪、使数百万人流离失所。

研究人员期待这些清晰的前景激发我们的行动。大气中的二氧化碳含量已达到百万分之 420，离 560ppm 的翻番点已过半。因此，除非在气候变化问题上采取更积极的行动，否则可能在 2060 年达到这一阈值。

三、2021 年十大科学突破

1. 人工智能预测蛋白质结构

2021 年 7 月，世界知名人工智能公司深度思维宣布，已经利用人工智能系统——AlphaFold 预测了人类表达的几乎所有蛋白质的结构，以及其他 20 种生物几乎完整的蛋白质组。AI 预测蛋白质结构将实现广泛应用，提供对基础生物学的见解并揭示潜在的药物靶点。

2021 年 8 月，中国研究人员使用 AlphaFold 2 绘制了近 200 种与 DNA 结合的蛋白质结构图。11 月，德国和美国的研究人员利用 AlphaFold 2 和冷冻电镜绘制了核孔复合物的结构图。现在，科学家正使用 AlphaFold 2 来模拟奥密克戎变体刺突蛋白突变的影响。通过在蛋白质中插入更大的氨基酸，突变改变了它的形状——也许足以阻止抗体与其结合并中和病毒。

2. 解锁古老泥土 DNA 宝库

科学家们从洞穴地面的土壤中解锁了一个更大的古代 DNA 宝库。研究人员使用这种"泥土 DNA"来重建世界各地穴居人的身份。

在西班牙的 Estatuas 洞穴，核 DNA 揭示了 8 万至 11.3 万年前生活在那里的人类的遗传特征和性别，并表明尼安德特人的一个谱系在 10 万年前结束的冰川期之后取代了其他几个谱系。在美国佐治亚州 Satsurblia 洞穴有 2.5 万年历史的土壤中，科学家们发现了来自以前未知的尼安德特人系的女性人类基因组，以及野牛和现已灭绝的狼的遗传痕迹。通过将墨西哥奇基维特洞穴中 1.2 万年前的黑熊 DNA 与现代熊 DNA 进行比较，科学家们发现，在最后一个冰河时代之后，洞中黑熊的后代向北迁徙至阿拉斯加。

3. 实现历史性核聚变突破

2021 年 8 月，美国国家点火装置（NIF）产生了一种聚变反应，这种反应产生的能量比点燃它所需的激光能量更多。NIF 使用世界上最高能量激光的脉冲来压缩胡椒粒大小的氢同位素氘和氚胶囊。这种方法每次发射产生 170 千焦的聚变能量——远低于 1.9 兆焦的激光输入。但 8 月 8 日的记录显示，该能量飙升至 1.35 兆焦。研究人员认为这是燃烧等离子体的结果，这意味着聚变反应产生了足够的热量，可以像火焰一样通过压缩燃料传播。

4. 抗新冠强效药出现

数据显示，美国默克公司的抗病毒药物莫奈拉韦可将未接种疫苗的高危人群的住院或死亡风险降低 30%；而辉瑞公司的抗病毒药物 PF－07321332，如果在出现症状的 3 天内开始服用，则可使住院率降低 89%。科学家们强调，抗病毒药物不能取代疫苗接种，但它们仍然至关重要。如果新的奥密克戎变体导致突破性感染激增，它们的重要性将更加突出。

5. "摇头丸"可治疗创伤后应激障碍

一项多中心、随机、对照试验发现，3,4 – 亚甲基二氧基甲基苯丙胺（MDMA），也就是我们常说的"摇头丸"的主要成分，显著减轻了创伤后应激障碍（PTSD）患者的症状。76 名受试者，部分接受了 3 次 MDMA 治疗，部分接受了安慰剂指导治疗课程。2 个月后，67% 的接受 MDMA 治疗的患者不再有 PTSD 症状，而安慰剂组则仅有 32%。

6. 单克隆抗体治疗传染性疾病

2021 年单克隆抗体（MAB）开始在对抗新冠病毒和其他威胁生命的病原体，包括呼吸道合胞病毒（RSV）、HIV 和疟疾寄生虫等方面显现出效果。到 2021 年底，已有 3 种用于治疗新冠病毒的单克隆抗体获得 FDA 紧急使用授权。科学家还正在开发针对流感、寨卡病毒和巨细胞病毒的单克隆抗体。两个旨在预防所有婴儿呼吸道合体病毒（RSV）的候选药物被寄予厚望。单克隆抗体或将成为传染病武器库中的"标配"。

7. 洞察号首次揭示火星内部结构

自"扎根"火星以来，美国国家航空航天局的洞察号火星探测器在其着陆点测量了大约 733 次地震。科学家基于其中 35 次地震的数据，揭示了火星的内部结构，估计了火星地核的大小、地幔的结构和地壳的厚度。这也是科学家第一次使用地震数据来探测地球以外行星的内部，这是了解火星形成和热演化的重要一步。

8. 粒子物理学的标准模型出现"裂缝"

2021 年 4 月 7 日，美国费米国家加速器实验室进行的缪子反常磁矩实验显示，缪子的行为与标准模型理论预测不相符。研究报告称，巨大的、不稳定的类电子粒子——缪子，比最初预测的更具磁性。此外，实验室里的质子加速器也可以大量制造缪子。研究人员现在正在仔细检查计算结果，如果成立，并且理论和实验结果之间的差异持续存在，可能将标志着有 50 年历史的粒子物理标准模型的预言失败，或打开物理学变革之门。

9. CRISPR 基因编辑疗法对人类疗效首次证明

基因编辑工具 CRISPR 于 2020 年首次显现出或可治愈镰状细胞病和 β – 地中海贫血患者的功能。2021 年，科学家们更进一步，直接在人体内部署 CRISPR – Cas9。在小型研究中，该策略减少了一种有毒的肝脏蛋白质，并适度改善了遗传性失明患者的视力。2021 年 6 月 26 日，美国 Intellia 医药公司和再生元公司的科学家们在 6 名患有一种名为转甲状腺素淀粉样变性病的罕见疾病的患者身上测试了他们的治疗方法。结果显示，所有参与者的畸形蛋白质水平均有所下降，其中两名接受高剂量注射的人的蛋白质水平平均下降了 87%。

10. 体外胚胎培养为早期发育研究打开新窗户

通常，老鼠胚胎在母鼠体外生长的时间为 3 到 4 天。但在 2021 年 3 月，一个团队报告了一个将这一期限延长到 11 天的方案。该研究进展有望为子宫外孕育人类铺平道路。此外，还有科学家设计了被称为"胚泡"的关键胚胎阶段的替代品。一个研究小组从人类胚胎干细胞中复制了胚泡，并诱导了多能干细胞（IPS）。另一项研究发现，转化为诱导性多能性细胞的皮肤细胞会产生囊胚状结构。这些人造胚泡并不是真正的胚胎，但其中一些可作为某些研究的替代方案以减少伦理争议。2021 年 5 月，国际干细胞学会宣布放宽人类胚胎培养"14 天规则"，进一步提振了该领域的研究。

小资料

肿瘤免疫治疗潜在靶点被发现①

中国科学技术大学生命科学与医学部周荣斌、江维教授团队联合转化医学与创新药物国家重点实验室唐任宏博士团队，在《科学》杂志上在线发表研究论文。他们发现了下丘脑－垂体轴及其产生的激素 α－MSH，可以通过 α－MSH 受体 MC5R 促进髓系造血和免疫抑制性的髓系细胞产生，从而促进肿瘤生长，MC5R 有望成为一个潜在的肿瘤免疫治疗新靶点。

肿瘤患者经常遭受抑郁、恐惧、焦虑等精神或情感应激困扰。且流行病学研究发现长期抑郁、压力会加速肿瘤的发展并削弱肿瘤免疫治疗的效果，这表明神经系统及其介导的应激反应在肿瘤生长和免疫调控中发挥了重要作用。

该研究的创新性体现在三个方面：发现了一条介导肿瘤免疫抑制的神经内分泌通路，即下丘脑－垂体－骨髓（HPB）轴；发现 MC5R 作为一个新的应激受体，感应下丘脑－垂体信号，从而促进髓系造血；发现 MC5R 可以作为一个潜在的肿瘤免疫治疗新靶点。

周荣斌表示，下一步，团队一方面将继续筛选和鉴定机体感应损伤、应激信号的新型免疫受体，揭示其免疫和疾病机制；另一方面将围绕 MC5R 等靶点，开发具有免疫干预功能的治疗药物。

第二节　生物科技对人类的影响

自 20 世纪 50 年代以来，生物科学在微观和宏观两方面都得到迅速发展，并产生了现代生物技术产业，深刻影响了人类社会的生活、生产和发展。随着多莉绵羊于 1997 年"出世"，不少科学家都说遗传工程所代表的"生物科技"时代已悄然来临，一场第四波的革命浪潮，已经在酝酿当中了。

生物科技在许多领域正在发挥越来越重要的作用：遗传工程产品在农业领域无孔不入，遗传工程作物开始在美国农业中占有重要位置；生物技术在医学领域取得显著进展，已有一些遗传工程药物取代了常规药物，医学界从基因研究中多方面获利；克隆技术的进展为拯救濒危物种及探索多种人类疾病的治疗方法提供了前所未有的机会。目前，研究人员正准备将生物技术推进到更富挑战性的领域。但近年来"警惕遗传学家行为"的声音越来越受到重视。遗传密码使基因研究人员能深入到人们的内心深处，并给他们提供了操纵生命的工具，然而他们是否能使遗传学朝好的研究方向发展还不能预料。

随着生命科学与基因工程的发展，被寄予厚望以解决人口爆炸问题的转基因食品、克服器官败坏的异种生物器官移植在 21 世纪将变得平常。也有科学家预计，利用低温基因静止状态的人体冰冻法突破死亡大限的梦想会在 2050 年成为事实。

英国《星期日泰晤士报》曾引述科学家的话：由于基因研究、器官复制和老化生物学等各方面的突破，科学家相信再过半个世纪，医学的进展将把目前男性 75 岁、女性 79 岁的

---

① https：//www.cas.cn/cm/202208/t20220817_4844810.shtml.

平均寿命推高 50 年，2000 年出生的小孩，将有可能活到 130 岁，而且大多数时候处于活跃、健康的状态。

由英国医学权威撰写的一本名为《临床未来》的书籍预测，在未来 50 年里，视神经和脊髓等神经纤维的损伤将能修复，瘫痪者有望重新站立，失明者也可重见光明。脑细胞移植技术的进展，也可能使帕金森氏综合征和阿尔茨海默氏症等老年疾病的治疗大为改观。

甚至有人预测，把活着的人脑移植到大量复制的人体内，从而实现某种意义上的"再生"是可能的。这个"你"——连同知识、经验等各种记忆体和个性、性情，还可第三代、第四代地延续……

当代生物科技主要包括基因工程、细胞工程、胚胎工程等。

一、基因工程（DNA 重组技术）

基因工程是一把双刃剑，我们既要发挥基因工程中能造福人类的部分，也要抑制它的害处。

1. 转基因食品

例如，科学家可以把某种肉猪体内控制肉的生长的基因植入鸡体内，从而让鸡也获得快速增肥的能力。但是，转基因有高科技含量，吃了转基因食品中的外源基因可能会改变人的遗传性状，如吃了转基因猪肉可能会变得好动，喝了转基因牛奶易患恋乳症等。中国华中农业大学的张启发院士认为："转基因技术为作物改良提供了新手段，同时也带来了潜在的风险。基因技术本身能够进行精确的分析和评估，从而有效地规避风险。对转基因技术的风险评估应以传统技术为参照。科学规范的管理可为转基因技术的利用提供安全保障。生命科学基础知识的科普和公众教育十分重要。"

2. 军事上的应用

生物武器已经使用了很长的时间，细菌、毒气都令人为之色变。但是，现在传说中的基因武器更加令人胆寒。

3. 环境保护方面

我们可以针对破坏生态平衡的动植物，研制出专门的基因药物，既能高效地杀死它们，又不会对其他生物造成影响，还能节省成本。例如，一直危害我国淡水区域的水葫芦，如果某种基因产品能够高效杀灭它们的话，每年就可以节省几十亿元。

4. 医疗方面

人类基因组就是内含控制人体运作指令、为数大约 10 万的整套基因。由此获得的资料可以在短时间内对疾病的诊断及治疗方式造成革命性变化，人类第一次可在分子水平上全面地认识自我。制药公司可以针对个人的特别需求设计治疗的策略，根据个人的基因结构给予不同的药物。新的医疗模式可能是：治疗病人，而不是治疗疾病。

目前，已发现的遗传病有 6 500 多种，其中由单基因缺陷引起的就有约 3 000 多种。因此，遗传病是基因治疗的主要对象。第一例基因治疗是美国在 1990 年进行的。当时，两个年龄分别为 4 岁和 9 岁的小女孩由于体内腺苷脱氨酶缺乏而患了严重的联合免疫缺陷症。科学家对她们进行了基因治疗并取得了成功。这一开创性的工作标志着基因治疗已经从实验研究阶段过渡到临床试验阶段。1991 年，中国首例 B 型血友病的基因治疗临床试验也获得了成功。

目前，科学家正在研究胎儿基因疗法。如果现在的实验疗效得到进一步确证的话，就有可能将胎儿基因疗法扩大到其他遗传病的治疗上，以防止新生儿罹患遗传病，从而从根本上提高后代的健康水平。

5. 基因工程药物

基因工程药物是重组 DNA 的表达产物。广义地说，凡是在药物生产过程中涉及基因工程的，都可以成为基因工程药物。因此，这方面的研究具有十分诱人的前景。

基因工程药物研究的开发重点是从蛋白质类药物，如胰岛素、人生长激素、促红细胞生成素等的分子蛋白质，转移到寻找较小分子蛋白质药物。对疾病的治疗思路也日益开阔，从单纯的用药发展到用基因工程技术或基因本身作为治疗手段。

现在，还有一个引起大家关注的问题，就是许多过去被征服了的传染病，由于细菌产生了耐药性而卷土重来。据世界卫生组织报道，现已出现全球肺结核病危机。本来即将被消灭的结核病死灰复燃，而且出现了多种耐药结核病。据统计，全世界现有 17.22 亿人感染了结核病菌，每年有 900 万新结核病人，约 300 万人死于结核病，相当于每 10 秒钟就有一人死于结核病。科学家还指出，在今后的一段时间里，将有数以百计的感染细菌性疾病的人无药可治，同时病毒性疾病日益增多，防不胜防。

与此同时，科学家也在探索应付的办法。他们在人体、昆虫和植物种子中找到了一些小分子的抗微生物——多肽，它们的分子量小于 4 000，仅有 30 多个氨基酸，具有强烈的广谱杀伤病原微生物的活力，有可能成为新一代的"超级抗生素"。除了可以用它来开发新的抗生素外，这类小分子多肽还可以在农业上用于培育抗病作物的新品种。

6. 培育农作物新品种

科学家在利用基因工程技术改良农作物方面已取得重大进展，一场新的绿色革命近在眼前。这场新的绿色革命的一个显著特点就是生物技术、农业、食品和医药行业将融合在一起。

尽管有不少消费者，特别是欧洲国家的消费者对转基因农产品心存疑虑，但是专家指出，利用基因工程改良农作物势在必行。这首先是因为全球的人口压力不断增加。专家估计，今后 40 年内，全球的人口将比目前增加一半，为此，粮食产量需增加 75% 方可满足需求。另外，人口老龄化对医疗系统的压力也不断增加，开发可以增强人体健康的食品十分必要。

7. 分子进化工程

分子进化工程是继蛋白质工程之后的第三代基因工程。它通过在试管里对以核酸为主的多分子体系施以选择的压力，模拟自然中的生物进化历程，以达到创造新基因、新蛋白质的目的。现在，科学家已应用此方法，通过试管里的定向进化，获得了能抑制凝血酶活性的 DNA 分子。这类 DNA 具有抗凝血作用，它有可能代替溶解血栓的蛋白质药物，来治疗心肌梗死、脑血栓等疾病。

8. 生物芯片技术

近年来，以基因芯片为代表的生物芯片技术发展迅速。目前，生物芯片技术已广泛应用到分子生物学、疾病的预防、诊断和治疗，新药研发，环境污染监测等诸多领域。

9. 基因技术引发争议

当美国 40% 的农田种植了经过基因改良的作物，消费者大都泰然自若地购买转基因食品时，此类食品在欧洲何以遭遇一浪高过一浪的喊打之声？从直接社会背景看，目前欧洲流行"转基因恐惧症"情有可原。从 1986 年英国发现疯牛病，到比利时污染鸡查出致癌的二噁英和可口可乐在法国导致儿童溶血症，欧洲人对食品安全颇有些风声鹤唳，关于转基因食品可能危害人类健康的假设如条件反射一般让他们闻而生畏。

二、细胞工程

用一根嫩枝条就可以培育出十万株以上的幼苗，用高产奶牛的耳细胞做供体就可以生产出众多的高产奶牛，这些都可以通过细胞工程技术来实现。

1. 植物细胞工程

（1）植物组织培养。

植物组织培养（plant tissue culture）就是在无菌和人工控制条件下将离体的植物器官、组织、细胞培养在人工配制的培养基上，给予适宜的培养条件，诱导其产生愈伤组织、丛芽，最终形成完整的植株。

早在 1902 年，德国植物学家哈伯兰特（Haberlandt）就提出了高等植物的器官和组织可以不断地分割，直至单个细胞的观点，预言植物体细胞在适宜的条件下，有发育成完整植株的潜力，提出了植物细胞全能性的设想，并且用植物细胞组织进行了培养实验。他虽然未能获得再生植株，却是植物组织培养的开创者。直到 56 年以后的 1958 年，美国植物学家斯图尔德（F. C. Steward）等人第一次用胡萝卜根的韧皮部细胞证实了植物细胞的全能性。细胞全能性包

试管培养植物

含两个方面的含义：培养细胞可再生成植株；培养细胞生产次生代谢物。

20 世纪 60 年代以后，植物组织培养进入迅速发展阶段，并逐步走向生产应用，如快繁脱毒、单倍体育种、种子资源保存、生产次生代谢产物等，也为人工种子、细胞融合、转基因植物等奠定了基础。

利用植物分生组织进行培养可以使新长成的植株脱去病毒。利用这种方法生产无病毒苗的农作物有马铃薯、甘薯、大蒜、草莓、苹果、香蕉等，并已大规模应用于生产。离体快繁技术可以使一些植物的扩增速度比常规方法快数万倍乃至百万倍，而且产生的幼苗遗传背景均一，重复性好，不受季节和地区限制。离体快繁技术在观赏植物、园艺植物、经济林木和无性繁殖作物上已得到广泛应用。

人工种子（artificial seed），就是以植物组织培养得到的胚状体、不定芽、顶芽和腋芽等为材料，经过人工薄膜包装得到的种子。人工种子在适宜的条件下同样能萌发长成幼苗。

（2）植物体细胞杂交。

植物体细胞杂交（plant somatic hybridization）就是将不同种的植物体细胞，在一定条件下融合成杂种细胞，并把杂种细胞培育成新的植物体的技术。

植物体细胞杂交可以克服植物有性杂交的不亲和性、打破物种之间的生殖隔离、扩大遗传重组范围。

2. 动物细胞工程

（1）动物细胞培养和核移植技术。

动物细胞培养（animal cell culture）就是从动物机体中取出相关的组织，将它分散成单个细胞，然后放到适宜的培养基中，让这些细胞生长和增殖。所需要的条件有：无菌、无毒、营养（糖、氨基酸、促生长因子、无机盐、微量元素等）、温度和 pH、气体环境。

1907 年，美国生物学家哈里森（Harrison）在无菌条件下用淋巴液做培养基，培养蛙胚神经组织存活了数周，并观察到神经细胞突起的生长过程，由此奠定了动物组织体外培养的基础。

细胞原代培养时可以分散成单个细胞培养，也可以用细胞群（团）、组织块培养，经传代培养后，最终都为细胞培养。

动物核移植是将动物的一个细胞核移入一个已经去掉细胞核的卵母细胞中，使其重组并发育成一个新的胚胎，这个新的胚胎最终发育为动物个体。

动物克隆技术被生物科学家誉为"生物原子弹"，各国都在竞相发展这一高新技术。动物克隆技术分胚胎克隆技术和体细胞克隆技术。胚胎克隆技术是指采集母体动物的卵子，在体外培养成熟以后，去掉它自身的遗传物质 DNA，再采集多细胞的动物胚胎，在体外分离出一个个单细胞，将其细胞核移植到去核的卵子中，构成克隆胚胎，经动物体外培养后移植到动物体内，让其妊娠产子。体细胞克隆技术与胚胎克隆技术相比，其技术难度更大。它是从成年动物身体上取一点组织，分离出一个个细胞，将细胞核移植到去核的卵子内就可构成克隆胚胎，然后将其移植到动物受体内妊娠产子。

（2）动物细胞融合与单克隆抗体。

动物细胞融合（cell fusion），也称细胞杂交（cell hybridization），是指两个或多个动物细胞结合形成一个细胞的过程。

目前，动物细胞融合技术最有价值的应用就是单克隆抗体的制备。我们以制备单克隆抗体为例来说明这一问题。我们知道，体内产生的特异性抗体种类可多达百万种以上，但是每一个 B 淋巴细胞只分泌一种特异性抗体，如果仅取一个脾细胞（含 B 淋巴细胞）和一个瘤细胞杂交，我们不能确定该脾细胞分泌的抗体是否就是我们所需要的；若用大量的脾细胞和瘤细胞进行融合，就可以从融合细胞中筛选出能分泌所需抗体的杂交瘤细胞。

细胞工程在农业、环境及医药等方面应用非常广泛。

三、胚胎工程

胚胎工程（embryo engineering）是指对动物早期胚胎或配子所进行的多种显微操作和处理技术，如体外受精、胚胎移植、胚胎分割、胚胎干细胞培养等技术。经过处理后获得的胚胎，还需移植到雌性动物体内产生后代，以满足人类的各种需求。

胚胎移植（embryo transfer）是指将雌性动物的早期胚胎，或者通过体外受精及其他方式得到的胚胎，移植到同种的生理状态相同的其他雌性动物的体内，使之继续发育为新个体的技术。

胚胎切割（embryo splitting）是指采用机械方法将早期胚胎切割成 2 等份、4 等份或 8 等份，由此获得同卵双胎或多胎的技术。

胚胎干细胞（embryonic stem cell）简称 ES 细胞或 EK 细胞，是从早期胚胎或原始性腺中分离出来的一类细胞。ES 细胞具有胚胎细胞的特性：在形态上，表现为体积小、细胞核大、核仁明显；在功能上，具有发育的全能性，即可以分化为成年动物体内任何一种组织细胞。

2003 年 10 月 8 日凌晨 3 时 18 分，中国首例体细胞克隆牛的胚胎移植后代克隆牛"蓓蓓"在山东莱阳农学院动物胚胎工程中心实验场呱呱坠地。克隆牛"蓓蓓"是采用最新的玻璃化超快速冷冻技术和超数排卵技术繁殖的新型克隆牛。

克隆牛"蓓蓓"是中国成功繁殖的首例和第二例胎儿皮肤上皮细胞克隆牛"康康"和"双双"的后代。2001 年，中国研究人员对"康康"和"双双"进行了超数排卵处理，于 2003 年 1 月 2 日，从"双双"体内采集到 13 枚符合国际胚胎移植标准的可用胚胎（这是国际上首次对体细胞克隆牛进行超数排卵处理试验并获得可用胚胎）。研究人员将这些标准胚胎经过玻璃化超快速冷冻处理后，移植到中国黑白花奶牛"梨花"的子宫内，结果获得妊娠。采用超数排卵技术会给畜牧业带来巨大的变革，促使良种克隆牛快速繁育得到实现，这一切将大大地带动畜牧业产业化的发展。

1. 治疗性克隆与生殖性克隆

（1）两种克隆的定义。

治疗性克隆，是指"利用克隆技术产生特定细胞和组织（皮肤、神经或肌肉等）用于治疗性移植"（国际人类基因组组织伦理委员会，1999 年 3 月）。

生殖性克隆，是指将克隆技术用于生育目的，即用于产生人类个体。

（2）治疗性克隆与干细胞研究密切相关。

人类基因中大约有 25 亿种排列，任何两个人的大部分基因是相同的，25 亿种中大概只有几千个不相同，这使每个人的样貌不同，并影响眼睛的颜色、抵抗疾病的能力及智力等。人体中称为干细胞的细胞就包含所有遗传信息，是具有强大的多方向分化潜能和自我更新能力的一类未分化细胞。在理论上，一个干细胞就能复制出一个人，多莉绵羊就是基于类似原理进行的实验。科学家从绵羊的乳腺中抽取了一个干细胞，把它植入另一只羊的胚胎细胞中，事先把胚胎细胞中原有的基因去掉，这样一来胚胎细胞就只有供者的遗传基因，繁殖出来的小绵羊就与供者绵羊完全一样。撇开伦理道德及社会舆论不谈，再过几十年，复制器官、检测胎儿基因上的缺陷、通过基因工程"设计"出完全健康的胎儿等，并不是难事。

干细胞按分化潜能可分为全能干细胞、多能干细胞和专能干细胞三种类型。全能干细胞是指可以发育成一个完整个体的未分化细胞，如受精卵。多能干细胞是指能分化成除胎盘之外的所有其他组织细胞的未分化细胞，如 ES 细胞，它的分化能力仅次于受精卵。专能干细胞是指与特定器官和特定功能相关的一类干细胞，如神经干细胞、造血干细胞等。

干细胞按来源不同又可分为胚胎干细胞和成体干细胞两大类。胚胎干细胞来自胚胎，如上述 ES 细胞和 PGCS 细胞；成体干细胞来自已出生的人的体内，如人体各种组织中的干细胞。

干细胞的应用前景非常广阔，如可用于细胞治疗、基因治疗、药物筛检和毒性检测、生物体发育机制研究等。其中最吸引人的应用是，将干细胞分化成某一特定的细胞、组织，甚至器官，通过移植，使之再建起受损的组织，甚至器官。例如，将干细胞在体外分化为胰岛细胞，注入病人胰脏，通过细胞增殖，构成病人新的胰岛组织，它可以替代病人受损的胰岛组织，使依赖注射胰岛素维持生命的病人得到根治。再如医学上，移植骨髓治疗白血病等。科学家预言，干细胞有可能用于治疗人类几乎所有的组织坏死性或退行性疾病。它将是人类医疗史上的一次革命。

采用干细胞治疗时，要有一定数量分化的细胞，并要解决免疫排斥难题。为此，科学家将病人健康的体细胞核取出来，移植到去核卵细胞中，构建克隆人胚胎，然后再从胚胎中分离 ES 细胞，供研究和应用。

英国著名理论物理学家霍金（Hawking）教授曾大胆预测，经过基因改造的人类将会出现。他说："为了经济理由，我们允许在动植物身上进行基因改造，迟早有人会在人体做类似实验。"到时候，我们是不是也会像改造动植物那样，随意改造人的身体？如果是这样的话，将来的人类会变成什么样呢？

2. 关于试管婴儿技术的伦理问题的争论

（1）代孕问题。

代孕如果不具有商业性质，只是出于亲属之间的情谊互相帮忙，再加上精、卵来自夫妻双方，并不会引起什么争议。而有些子宫健全的妇女，为了免受怀孕和分娩痛苦的折磨，或者为了保持苗条的体型，要别人替自己生孩子，这样就引出了一系列伦理争论。在英国、美国等国家，20 世纪 80 年代就出现了代孕行业，这些"出租子宫"妇女的情况很复杂，但是她们当中大部分是穷人，代孕所得到的报酬足以应付经济上的燃眉之急，由此引发了严重的伦理之争。

（2）精子银行或胚胎银行。

①精子银行。

在做试管婴儿的人当中，有不少夫妻是因为男方没有精子、精液或者精子不正常等，需要他人提供精子，做体外受精。在中国，法律规定不能进行精子买卖，只能通过相互馈赠或者通过精子库获得，但对获得者有严格的资格认定：如男方必须是无精症、少精症、弱精症、畸精症等患者；男方是长期接触放射线或有毒化学物质的人员；男方出生于某种遗传病家庭或输精管已结扎而不能恢复等。同时，还要在保证书上签字，保证承担所出生孩子的一切法律责任和义务。

但是在国外，精子银行完全是商业性质，它的运转是为了赢利，于是就牵扯出了一系列伦理道德问题：

a. 体外受精所需精液量很少，精子银行可以将同一批号的精液提供给很多妇女使用，这样势必造成一大批同父异母的兄弟姐妹，如果将来他们相互进行婚配，岂不导致近亲结婚？中国法律规定，一位捐精者的精子只能供给五位妇女进行卵子受精。

b. 有的捐精者已经死亡，但是他的精液仍然保存在精子银行中，继续供给妇女使用。而且有人希望自己死后，能用自己的精液去做体外受精，以便让"自己"继续"存活"在这个世界上。

c. 有可能通过精液传播传染性疾病。

d. 一些精子银行向顾客透露捐精者更多的个人资料，由于孩子难以割断与捐精者（生物学父亲）的情结，可能引发一系列社会和法律问题。

②胚胎银行。

在做试管婴儿的过程中，通过体外受精得到的胚胎往往是有富余的。为了防止胚胎移植不能一次成功，人们就把这些富余的胚胎冷冻起来，以备下一次再用。另外，有的妇女为了能在自己认为合适的时候怀孕，趁年轻时将自己的卵子取出，与丈夫的精子通过体外受精做成胚胎冷冻起来，以供将来使用。由此又引出一系列伦理问题：

a. 冷冻在低温库中的胚胎是要收费的，有人做试管婴儿时胚胎移植一次就成功了，对那些冷冻的胚胎置之不理；有的人也许压根儿就忘了自己在胚胎银行里还保存着冷冻胚胎，胚胎银行又无法与他们取得联系，于是就引出了对这些"多余""无主"的胚胎怎么处置的问题。能不能将这些胚胎杀死或抛弃，或者提供给科学家做研究？在西方人眼里，一个胚胎就是一条生命。但是争论归争论，在既不交费，又找不到认领人的情况下，胚胎银行只能坚决把胚胎处理掉。

b. 如果男女分手了，但是在胚胎银行里又存有用他们精子、卵子做的胚胎，是把胚胎放入女方子宫中孕育，还是把它毁掉？如果男女双方意见不一，就难以处理。因为某些西方国家规定，只有征得男女双方的同意，才能将冷冻胚胎植入女方子宫孕育。但是，有人认为决定权在女方手里，因为胚胎只有在女方的子宫中才能孕育成婴儿。这是游走于人情与法律之间的难题。

c. 如果委托人突然间都去世了怎么办？曾有一对富有的美国夫妇，将由他们精子、卵子做的胚胎冷冻在澳大利亚墨尔本的一所不孕症治疗中心。在一次外出旅行中，因飞机失事，这一对夫妇都去世了。于是就有人提出，是不是应该把胚胎植入代孕母亲的子宫，让孩子出生以继承遗产？还是不管胚胎，将财产交给他们的亲戚继承，抑或交给国家处置？由此引出这样的问题：冷冻胚胎应该具有什么样的道德地位和法律地位？

③人工多胞胎。

在一片争议声中，全球已有超过300万个试管婴儿出生，有人甚至大规模植入胚胎，创造生育多胞胎的奇迹。美国一名33岁妇女，在医生的协助下将6个受精胚胎植入子宫，其中两个在生育治疗及药物刺激下再度进行细胞分裂，最终，罕见的8胞胎诞生了。8胞胎顺利出世是一件可喜的事，但是这一做法引起了道德争议。有人批评这位妇女不顾及自己抚养子女的能力，在已有6名子女的情况下再度怀有8胞胎，会加重家庭负担。为她植入受精卵的医生也因此受到医学界人士的非议，指责他漠视医疗道德，忽视妇女及胎儿的健康。有专家表示，多胞胎通常会早产，出生后的婴儿亦要面对长期的健康问题，甚至有夭折的危险。

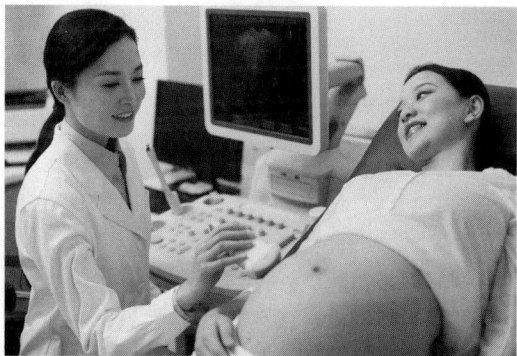

孕妇在医院做B超检查

多胞胎

小资料

1. 中国首例试管婴儿

1988年3月10日，中国内地首例试管婴儿郑萌珠在北医三院出生。2008年2月25日，即将满20岁的郑萌珠回到出生地北京，看望了为她接生的"神州试管婴儿之母"张丽珠教授。此外，另有11名试管婴儿也从全国各地赶来，参加了试管婴儿20年的聚会。

郑萌珠的母亲当年已经39岁，由于两侧输卵管阻塞，一直没能怀孕。在张丽珠教授的带领下，北医三院利用体外受精技术，使这位母亲成功受孕。当年出生时体重才3 900克的女婴，如今已经是一名大学生了。

2. 筛选婴儿特征

科学家声称已有能力协助父母选择婴儿的特征，这将给人类未来的进化带来更大的争议和冲击。据报道，美国纽约的一名医生打算开展"量身定做"婴儿的业务，让父母根据自己的喜好选择婴儿的性别，以及眼睛、头发和皮肤的颜色，据称成功率接近100%。

思考题

1. 你知道哪些科学最新成果，有什么感想呢？
2. 生物科技在哪些方面改变和改善了人类生活？
3. 谈谈你对转基因食品的看法。
4. 谈谈你对克隆技术的认识。

第十五章　太空探索与社会

第一节　人类在太空探索方面的成果

1957 年 10 月 4 日，苏联发射世界上第一颗人造地球卫星。

1961 年 4 月 12 日，苏联发射东方号载人飞船，尤里·加加林成为第一个进入太空的人。

1965 年 3 月 18 日，苏联发射上升二号飞船，列昂诺夫进行第一次人类太空行走。

1969 年 7 月 21 日，美国阿波罗十一号飞船登上月球，阿姆斯特朗成为世界上第一个登上月球的人。

1970 年 4 月 24 日，中国发射第一颗人造地球卫星东方红一号。

1971 年 4 月 19 日，苏联发射了世界第一个空间站礼炮一号。

1981 年 4 月 12 日，美国首架航天飞机哥伦比亚号试飞成功。

1986 年 1 月 28 日，美国挑战者号航天飞机在升空 73 秒后爆炸，机上 7 名航天员全部遇难。

1986 年 2 月 20 日，苏联发射了能在轨道扩展的和平号空间站，设计寿命 5 年，和平号于 2001 年 3 月 23 日按计划坠落，实际运行 15 年。

1998 年 11 月 20 日，国际空间站第一个组件——曙光号功能舱发射升空，标志国际空间站的建设正式开始。

2001 年 4 月 30 日，首位太空游客、六十岁的美国人蒂托造访国际空间站。

2003 年 2 月 1 日，美国哥伦比亚号航天飞机在着陆前 16 分钟爆炸，7 名航天员不幸遇难。

2003 年 10 月 15 日，中国成功发射神舟五号载人飞船，把中国第一位航天员杨利伟送入太空。

2004 年，勇气号火星车在火星上发现针铁矿，证实火星

东风卫星发射中心（吴非摄）

上曾经有水活动。

2005 年 7 月 4 日，美国深度撞击号探测器释放的彗星撞击器成功撞击坦普尔一号彗星的彗核。

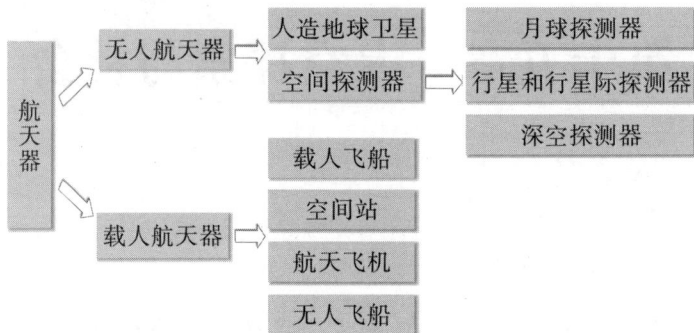

太空的长征阶段图

一、人类太空探索的历程

人类飞向太空的梦想，有文字记载的历史至少有数千年。古代中国就有"嫦娥奔月"的美丽传说。西方航天学界认为，中国明朝人万户（又名万福）是历史上第一个尝试用火箭飞天的人，因此西方航天学界将月球上的一座环形山命名为"万户"，以表纪念。14 世纪末，万户坐在装有 47 个当时最大的"窜天猴"（一种爆竹）的椅子上，双手各持一大风筝，试图借助火药的推力和风筝的升力实现飞行的梦想。尽管这次试验失败了，但万户被公认为载人航天技术的世界第一人。

19 世纪中叶，法国人凡尔纳的小说《从地球到月球》几乎启发了所有的现代航天先驱，但人类对太空的无限遐想一直都停留在小说层面。20 世纪，人们关于宇宙空间的科学概念已逐渐形成，世界各国活跃着一大批航天先驱。

1903 年，美国科尼岛开设了第一家月亮公园。花 50 美分就能登上一辆雪茄状的带翼的车，车身剧烈摇晃，然后登上一个月亮模型。

同一年，美国人莱特兄弟在空中飞行了 59 秒。同时，一位自学成才的俄罗斯人康斯坦丁·焦乌科夫斯基，发表了题为《利用反作用仪器进行太空探索》的文章。他在文内演算，一枚导弹要克服地球引力就必须以 1.8 万英里的时速飞行，他还建议建造一枚液体驱动的多级火箭。

1921 年 12 月，"现代火箭之父"——美国科学家罗伯特·戈达德研制出人类历史上第一台液体火箭发动机。但是，戈达德的研究遇到了许多困难：缺少科研经费，挑剔的舆论界讥笑他连高中物理常识都不懂，还整天幻想做"月亮人"。但戈达德没有为这些困难所动摇，经过 20 年的努力，他终于换来了回报。1941 年 1 月，戈达德制作的使用新发动机的火箭可到达 2 000 多米的高度，载重 447 千克，呈现现代火箭的雏形。

"二战"结束后，美国和苏联在航天领域展开了激烈竞争。1957 年 10 月 4 日晚，一枚火箭携带着世界上第一颗人造地球卫星斯普特尼克一号在苏联的拜科努尔航天发射场发射成功，标志着人类航天时代的真正到来。

但是，当时的载人航天非常危险，安全指数只有 50%。在苏联首次载人太空之旅的前一年里，载人飞船的 6 次试发中有 3 次以悲剧告终：一次因为定位系统出故障未能返回地球；一次是发射时发生爆炸；另一次则是完成飞行任务返回时与大气层发生剧烈摩擦，导致飞船失火。

正是因为这些不成功的事例，苏联首次太空之旅迟迟未能定下日期。最初，苏联确定的首航太空的宇航员是邦达连科。不幸的是，1961 年 3 月 23 日，邦达连科在紧张训练时舱内燃起大火，他因严重烧伤而死亡，成为航天史上第一位遇难的宇航员。

1961 年 4 月 12 日，首次载人航天发射即将开始。当时，谁也没有把握这次能成功。苏联曾有人建议让尚未生儿育女的宇航员戈尔德·季托夫来执行这次任务。当时负责载人航天研究工作的苏联宇航专家谢尔盖·科罗列夫却坚持选用经验更为丰富的尤里·加加林，尽管他已是两个孩子的父亲。临飞前，科罗列夫安慰加加林说："尤里，你不要紧张。不论你着陆到哪个角落，我们都能找到你。"

这话丝毫没能减少加加林 108 分钟太空之旅的险情：飞船气密传感器发生故障，发射前数分钟内不得不重新拧紧舱盖上的 32 个螺栓；通信线路一度中断，表示飞船失事的数字"3"跳出；第三级火箭脱离后飞船急剧旋转；返回时，飞船胡乱翻滚……然而，加加林绝处逢生，奇迹般地完成了人类首次太空之旅。

美国东部时间 2004 年 21 日 9 时 45 分（北京时间 21 日 21 时 45 分）左右，一架名为"白色骑士"的喷气式飞机搭载着美国一家私营企业研发的宇宙飞船一号从加利福尼亚州莫哈韦沙漠一家机场的升空跑道上起飞。约 1 小时后，飞机飞抵 15 千米高空，释放出宇宙飞船一号。宇宙飞船一号于当日平安返回地面，宣告人类历史上首次完全由私人企业进行的载人太空飞行获得成功。

二、登月计划

苏联成功发射第一颗人造地球卫星并把第一名航天使者送入太空的成就，使美国受到强烈刺激。为了打破苏联的航天优势，1961 年 5 月 25 日，美国总统肯尼迪批准了航空航天局的阿波罗登月计划，并在国会上表示美国将在十年之内将人送上月球。

这对于当时还没有把人送上太空的美国来说是非常困难的。为了解决技术上的诸多问题，美国几乎动用了它的所有资源。超过 2 万家来自美国与其他 80 个国家的公司、200 多所大学参与了阿波罗登月计划。有人估计，将近 1 000 万人直接或间接参与了登月计划。

然而，即使投入如此巨大，美国载人登月飞行的技术还是相对落后的：当时的通信导航系统比现在的手机还迟钝，在紧急时候，宇航员根本无法与地面联系，只能自己解决；宇航员只能吃"牙膏饭"；飞船防震系统和防辐射系统也不够完善，宇航员极有可能在太空中遭遇各种射线的毒害；微重力问题也没有得到彻底解决，宇航员极有可能出现肌肉萎缩、骨骼硬化等症状，等等。

通过不断总结经验，1969 年 7 月 21 日格林尼治时间 12 时 56 分，美国宇航员阿姆斯特朗走出阿波罗十一号的登月舱，在月球上印下了人类的第一个脚印，迈出了"人类巨大的一步"。至此，人类探索太空的旅程翻开了新的一页。

载人航天工程的复杂性决定了这必然是一项充满着风险与挑战的事业。从邦达连科算起，至今已经有多名航天员献出了宝贵的生命。然而，人类在探索太空的征程中绝不会停下前进的脚步，迎接探索者的必将是光辉的未来。

随着空间应用需求的日益增大、载人航天等主要技术的不断成熟和空间军事活动的需要，加上近 10 年来对月球探测的新发现，尤其探测到月球两极有大量的冰存在，引起了各国极大的兴趣，促使探月热再度兴起。

有冰就可以融化成水，水电解后分解成氧，可供航天员呼吸；水分解的氢气，可成为火箭的燃料。

月球的土壤中含有大量的氦 - 3，可供月球开发能源和为地球提供核能原材料。月岩中还有钛铁矿、铀、钾、磷和稀土元素等，具有巨大的开发应用前景。

月球表面拥有高真空、弱磁场、弱重力、高洁净的环境，是研究空间化学、空间物理、生命科学与材料科学的理想场所。所以，月球成为 21 世纪深空探测的首要目标，各国均制订了探索月球的具体计划。

航天员登上月球

太空中的地球

三、航天，梦想成真

1. 神舟系列火箭和载人航天

运载火箭指运载航天器并使之加速到所需宇宙速度而进入轨道的火箭，一般由 2 到 3 级的火箭组成。运载火箭需要有足够的推力来推动自身质量和人造卫星、飞船、航天飞机等有效载荷，克服地球重力，带着航天器飞向太空。运载火箭的推力来自燃烧室中燃料的燃烧，燃烧气体通过喷管喷出，产生一个向上的力（反作用力），这个力正好与所喷出气体的力（作用力）相等。巨大的推力可以把近 10 吨重的有效载荷送入预定轨道。卫星要具有每秒 7.9 千米的飞行速度，即第一宇宙速度。如果是载人飞船，运载火箭需有特设的应急救生系统，包括救生装置和故障检测系统。一般称为"逃逸救生塔"的救生装置安装在火箭的顶端。

到目前为止，中国共研制了二十几种不同类型的长征系列火箭，能发射近地轨道、地球静止轨道和太阳同步轨道的卫星。国家航天局公布，截至 2021 年 12 月，中国长征系列火箭共实施 207 次发射，发射成功率为 96.7%。

中国发射神舟号飞船的长征二号 F 运载火箭，为全液体推进剂发动机，火箭总高58.343 米，起飞质量 479.8 吨。芯级直径 3.35 米，四台液体发动机助推器直径 2.25 米，整流罩最大直径 3.8 米。推进剂采用四氧化二氮（N_2O_4）和偏二甲肼 $[(CH_3)_2NNH_2]$。

作为航天发射工具的火箭推进器，目前主要有三种：全液体燃料火箭发动机；以液体燃料火箭发动机为芯级，固体燃料火箭发动机为助推器，捆绑成大型运载火箭；全固体多级火箭发动机，可发射小型卫星。

2003 年 10 月 15 日 9 时整，我国自行研制的神舟五号载人飞船在中国酒泉卫星发射中心发射升空。9 时 9 分 50 秒，神舟五号准确进入预定轨道。这是中国首次进行载人航天飞行。乘坐神舟五号载人飞船执行任务的航天员是 38 岁的杨利伟，他是我国自己培养的第一代航天员。在太空中围绕地球飞行 14 圈，经过 21 小时 23 分、60 万千米的安全飞行后，他于 16 日 6 时 23 分在内蒙古主着陆场成功着陆返回。

中国航天火箭

杨利伟穿的宇航服

2005 年 10 月 12 日至 17 日，我国成功进行了第二次载人航天飞行，也是第一次将两名航天员——费俊龙、聂海胜同时送上太空。

2008 年 9 月 25 日，我国第三艘载人飞船神舟七号成功发射，三名航天员翟志刚、刘伯明、景海鹏顺利升空。27 日，翟志刚身着我国研制的"飞天"舱外航天服，在身着俄罗斯"海鹰"舱外航天服的刘伯明的辅助下，进行了 19 分 35 秒的出舱活动，标志着中国成为世界上第三个掌握空间出舱活动技术的国家。2008 年 9 月 28 日傍晚，神舟七号飞船在顺利完成空间出舱活动和一系列空间科学试验任务后，成功降落在内蒙古中部阿木古朗草原上。

2011 年 11 月 3 日，神舟八号与天宫一号完成刚性连接，形成了组合体，这是中国首次进行的交会对接航天飞行任务。

2012 年 6 月 18 日，神舟九号与天宫一号实施自动交会对接，载人飞船首次自动对接目标飞行器，宇航员是景海鹏、刘旺和刘洋（女），飞行时间 12 天。

神舟十号于 2013 年 6 月 11 日发射升空，于 2013 年 6 月 23 日与天宫一号目标飞行器实现手控交会对接，于 2013 年 6 月 26 日在内蒙古主着陆场安全着陆，飞行时间 15 天。航天员是聂海胜、张晓光和王亚平（女）。在组合体飞行期间，航天员进驻天宫一号，并开展航天医学实验、技术实验及太空授课活动。

神舟十一号于 2016 年 10 月 17 日发射升空，2016 年 10 月 19 日与天宫二号实现自动交会对接工作，形成组合体，于 2016 年 11 月 18 日进入返回程序，返回舱降落主着陆场，完成载人任务。宇航员是景海鹏、陈冬，飞行时间 32 天。神舟十一号为中国空间站建造运营和航天员长期驻留奠定了坚实的基础。

2021 年 6 月 17 日，神舟十二号载人飞船发射入轨，采用自主快速交会对接模式成功对接于天和核心舱前向端口，与此前已对接的天舟二号货运飞船一起构成三舱（船）组合体。航天员聂海胜、刘伯明、汤洪波成为天和核心舱的首批"入住人员"，并在轨驻留 93 天，开展舱外维修维护、设备更换、科学应用载荷等一系列操作。8 月 20 日，航天员进行了约 6 小时的出舱活动，9 月 16 日神舟十二号载人飞船撤离空间站组合体，9 月 17 日 13 时 30 分许，神舟十二号载人飞船返回舱在东风着陆场安全着陆。

2021 年 10 月 16 日，神舟十三号载人飞船发射并进入预定轨道，顺利将翟志刚、王亚平、叶光富3名航天员送入太空 。11月7日，神舟十三号飞行乘组进行首次在轨紧急撤离演练，同日晚，航天员翟志刚进行出舱活动。12月26日，神舟十三号航天员乘组第二次出舱。

2022年4月16日9时56分，神舟十三号载人飞船返回舱在东风着陆场成功着陆，飞行时间183天，神舟十三号载人飞行任务取得圆满成功。

2022年6月5日，神舟十四号载人飞船发射成功。6月5日成功对接于天和核心舱径向端口，航天员陈冬、刘洋（女）、蔡旭哲依次进入天和核心舱。6月6日，航天员乘组成功开启天舟四号货物舱舱门，在完成环境检测等准备工作后，顺利进入天舟四号货运飞船。7月25日，神舟十四号航天员乘组成功开启问天实验舱舱门，顺利进入问天实验舱。

东风航天城（吴非摄）

2. 中国航天事业重要节点

（1）早期探索。

1956年，钱学森受命组建中国第一个火箭与导弹研究机构，这是中国航天梦的开端。

1970年4月24日，中国第一颗人造地球卫星东方红一号发射。

1975年11月26日，中国发射了一颗返回式人造地球卫星。

1981年9月20日，中国用一枚运载火箭发射了三颗科学实验卫星。

（2）嫦娥系列。

2007年10月24日，嫦娥一号卫星发射，前往月球。主要探测目标是获取月球表面的三维立体影像；分析月球表面有用元素的含量和物质类型的分布特点；探测月壤厚度和地球至月亮的空间环境。嫦娥一号完成使命后撞向月球预定地点。

嫦娥二号卫星于2010年10月1日发射，获得了分辨率优于10米月球表面三维影像、月球物质成分分布图等资料；进入日地拉格朗日L2点环绕轨道进行深空探测等试验；飞越小行星4179（图塔蒂斯），成功开展拓展试验。

嫦娥三号探测器于2013年12月2日发射，12月14日成功软着陆于月球，15日完成着陆器、巡视器分离，并陆续开展了"观天、看地、测月"的科学探测和其他预定任务。

2018年12月8日，嫦娥四号探测器发射。2019年1月3日，嫦娥四号成功着陆在月球背面，月球车玉兔二号到达月面开始巡视探测。2019年1月11日，嫦娥四号着陆器与玉兔二号巡视器完成两器互拍。

2020 年 11 月 24 日，成功发射嫦娥五号探测器，开启我国首次地外天体采样返回之旅。

（3）天宫空间实验室。

天宫一号是中国第一个目标飞行器，于 2011 年 9 月 29 日发射，飞行器全长 10.4 米，最大直径 3.35 米，由实验舱和资源舱构成。2011 年 11 月 3 日与神舟八号飞船对接，2012 年 6 月 18 日与神舟九号飞船对接，神舟十号飞船在 2013 年 6 月 13 日与天宫一号完成自动交会对接。2018 年 4 月 2 日，天宫一号完成任务，目标飞行器再入大气层，落入南太平洋中部区域，绝大部分器件在再入大气层过程中烧蚀销毁。

天宫二号是中国自主研发的第二个空间实验室，于 2016 年 9 月 15 日发射成功，也是中国第一个真正意义上的空间实验室。2016 年 10 月 19 日神舟十一号飞船与天宫二号自动交会对接成功。2016 年 10 月 23 日天宫二号的伴随卫星从天宫二号上成功释放。

（4）天问系列。

中国行星探测任务被命名为"天问系列"，首次火星探测任务被命名为"天问一号"。2020 年 7 月 23 日，长征五号遥四运载火箭托举着天问一号探测器，在中国文昌航天发射场点火升空。中国首辆火星车命名为祝融号。2021 年 5 月 15 日，科研团队根据祝融号火星车发回的遥测信号确认，天问一号探测器成功着陆于火星乌托邦平原南部预选着陆区，我国首次火星探测任务着陆火星取得圆满成功。2021 年 5 月 22 日，祝融号火星车已安全驶离着陆平台，到达火星表面，开始巡视探测。

2022 年 7 月 24 日，长征五号 B 遥三运载火箭搭载中国空间站问天实验舱，在海南文昌航天发射场发射升空。

（5）北斗导航系统。

中国北斗卫星导航系统（BeiDou Navigation Satellite System，缩写 BDS）是中国自行研制的全球卫星导航系统，是继美国全球定位系统（GPS）、俄罗斯格洛纳斯卫星导航系统（GLONASS）、欧洲伽利略卫星导航系统（Galileo Satellite Navigation System）之后的第四个成熟的卫星导航系统。

（6）"中国天眼"。

世界最大单口径射电望远镜——500 米口径球面射电望远镜（FAST）于 2016 年 9 月 25 日落成启用。脉冲星是国际大型射电望远镜观测的主要科学目标之一。FAST 被誉为"中国天眼"，是世界上最强大的脉冲星搜寻利器。截至 2021 年 4 月，中国科学家利用 500 米口径球面射电望远镜（FAST）开展的巡天观测，新发现了 201 颗脉冲星，其中包括一批最暗弱的脉冲星、挑战当代银河系电子分布模型的大色散量脉冲星、40 颗毫秒脉冲星、16 颗脉冲双星、一批模式变化和消零脉冲星以及射电暂现源等。

3. 太空试验产品

中国是农业大国，人多地少。所以，中国的航天技术有其特色，即航天技术为国民经济发展服务、为农业服务。现已利用返回式卫星和神舟号飞船育种，搭载试验农产品 1 200 多种。例如，培育出华航一号水稻新品种，亩产 600 千克，生育期缩短了 10 天，产量提高了 20%，已推广 100 亩；宇宙一号番茄，经四代培育，亩产达 6 000 千克，比原品种提高了 50%，维生素含量也有所提高，目前已推广万亩；培育出太空莲三号等新品种，亩产达 120 千克，比原品种提高了 88%，个大粒重，超过出口莲子标准，已成为江西省星火计划扶贫支柱项目；还有小麦、大豆、黄瓜、红豆、油菜、甜椒等。神舟三号飞船上搭载的九枚乌鸡蛋，在国家家禽测定中心的孵化箱里，经过 21 个昼夜，一雄两雌的三只太空乌鸡破壳而出，这是一次可贵的尝试。

四、寻寻觅觅：外星生命在哪里

1. 通向火星之路漫长

火星和地球的距离在 8 000 万千米以上，飞往火星的宇宙飞行器的起飞时间不是随意设定的。宇宙飞行器利用地球公转速度进入飞向火星的"迁移轨道"时，火星必须恰巧出现在正前方，这种机会大约 26 个月才有一次，称为飞向火星的"窗口"。这扇窗口每次开启的时间仅有几周，稍纵即逝。这样飞向火星也需要 10 个月时间。同样，当宇宙飞行器载着宇航员从火星返回地球时，也要等待 10 ~ 20 个月，等待下一次"窗口"的开启。即使宇宙飞行器的出发和返回都采用最佳、最经济的飞行路线，来回也要 18 个月。但是这样的时机很少，加上宇航员登上火星后的工作时间，登陆火星来回至少需要 2 ~ 3 年的时间。除技术难题以外，如何让宇航员在这样漫长的太空飞行生活中保持心理稳定和身体健康也是研究人员十分关注的问题。由于飞行时间长，供宇航员生活所用的饮用水、食物、氧气及火箭的燃料等物资的需求量比较大，这也增加了飞向火星的难度。

人类何时登陆火星虽然还没有一个具体的时间表，但是国际火星登陆计划已经宣布，由俄罗斯航天局、美国航天局、欧洲航天局及有关各国航天制造公司共同组成的机构已经成立。

2022 年 5 月，NASA 公布了为期 30 天的双人火星表面任务初步计划。该计划将在 21 世纪 30 年代末或 40 年代初将宇航员送上火星，并执行相关科学任务。但要将其实现，仍面临很多困难。

2. 机遇号开始两年最漫长火星远征

2004 年 1 月 3 日和 24 日，被巨大的充气气球簇拥着的勇气号和机遇号，在火星表面成功降落。

机遇号火星车还没有高尔夫球车大，在用几天时间完成了对一小堆火星土壤的分析后，就掉头向南进发前往奋进陨坑，开始在另一个世界进行有史以来最长的陆地旅行。

据负责该火星车的科研组估计，机遇号每天大约能行进 110 码（100.58 米）。即使始终保持这个速度，它赶到奋进陨坑也需要两年的时间。

机遇号是从 2004 年开始在火星上进行科研工作的两辆六轮火星车之一。在这段时间里，机遇号和勇气号一直在努力寻找有关火星的过去的重要信息，而且在不断揭示现在这颗红色行星是多么贫瘠、环境是多么恶劣。火星以前曾是一颗类地行星，拥有厚厚的大气层和很多水。

机遇号和勇气号在尘暴中幸存下来，下到陨石坑里，还爬上了一座山。机遇号一直在运行，没出现过故障。勇气号的一个轮子在 2007 年出现过问题，不过这辆小型火星车仍借助剩下的 5 个轮子，继续在这颗红色行星上前行。

机遇号火星车

对这两辆火星车来说，这颗行星上经常突然出现的疾风，对延长它们的寿命起到了很大的作用。因为这些风可以防止火星尘埃在太阳能电池板上堆积，使它们可以不断积聚能量，满足能量供应的需要。

虽然火星现在的环境非常恶劣，但是最新探测显示，它曾经拥有海洋、河流和厚厚的大气层。这些发现引发了两个主要问题：首先，在火星发生大灾难以前，原始生命是否有机会进化？如果它们拥有进化的机会，它们现在是否仍潜藏在火星地表下？其次，火星上到底发生了什么，一颗类地行星是如何突然变成一颗荒芜的行星的？

2015 年 3 月 24 日，机遇号火星车完成了第一次火星马拉松，总里程达到 26.219 英里，用了 11 年零 2 个月的时间。机遇号的任务不是为了马拉松赛跑，而是为了在火星上寻找古老水的痕迹。科学家认为火星在数十亿年前存在液态水，曾经有可能诞生过生命。

截至 2018 年 1 月 25 日，机遇号火星车已在火星上漫游了 14 年多，取得了很大的成绩：完成了 90 个火星日的任务，发现了火星上的第一个陨石、防热护盾岩（Heat Shield Rock）（在子午线高原），并用了超过两年的时间研究维多利亚撞击坑。2019 年 2 月 13 日，由于无法跟探测器取得联系，美国航天局正式宣布结束机遇号火星车的使命，机遇号已经在火星上运作了 15 年，这本身就是它贡献的最大价值。机遇号的行驶距离超过 45.16 千米，它在 2019 年以前是人类在地球以外行驶距离最远的设备，还传回了超过 217 000 张图像，为人类探索地外星系做出了巨大的贡献。

3. 美国航天局宣布发现火星甲烷，可能为生命产物

据英国《太阳报》报道，美国航天局的科学家于 2009 年 1 月 15 日在华盛顿宣布，首次确认火星大气中存在甲烷气体，这一发现为寻找火星生命带来了希望。

在地球大气中，90% 的甲烷气体由生命活动产生。有科学家认为火星上的甲烷气体也很有可能与地球上的类似，源自生命活动。据一些科学家估计，甲烷也可能由火山活动形成。但迄今为止，科学家尚未发现火星上存在任何已知的活火山。更值得关注的是，航天局在水蒸气形成的云层所在区域发现了甲烷，而水蒸气是支持生命产生和存在的至关重要的因素。

专家们推测，生活在地下冰层下方水域的产烷生物以废物的形式将甲烷排出体外。由于甲烷仍存在于火星大气层之中，这些有机生物也应该仍生活在火星之上。欧洲火星快车探测器项目组成员约翰·默里（John Murray）认为，迷你型火星生物可能以"假死"状态存在，并且能够从这种状态中苏醒过来。他发现的压倒性证据显示，火星赤道附近尘埃下方存在一个巨大的冰冻海洋，在这一区域，简单生命体能够以细菌形式"复活"。英国火星专家科林·皮林格（Colin Pillinger）教授认为，从发现甲烷得出的唯一结论是火星上存在生命。

科学家依据在火星地下发现的水冰得出结论，这颗红色星球 20 亿年前也一度被液态海洋覆盖。水仍存在于火星之上的证据是 2007 年发现的，当时火星快车利用穿地雷达研究火星南极周围区域。2008 年，美国航天局发射的凤凰号火星登陆器在火星上挖到了冰块，被挖掘出来之后，这些冰块快速蒸发成气体。在声称发现了火星存在生命的证据之后，美国航天局经常遭到同行的质疑。1996 年，美国航天局宣布在来自火星的一颗陨石中发现了已成化石的有机生物，但其他科学家对这一发现深表怀疑。

4. 美国航天局将发射宇宙飞船搜寻类地行星

美国航天局于 2009 年 2 月 19 日发表声明，美国首颗用于搜寻类地行星的宇宙飞船开普勒号将于 3 月 5 日发射。在为期 3 年半的任务期内，开普勒号将对大约一万个与太阳类似的恒星系统展开观测，以寻找类地行星和生命存在的迹象。

类地行星是指类似于地球的行星。天文学家认为这些行星上可能孕育生命，因而有研究意义。寻找类地行星面临的一大困难是缺乏观测手段，因为在类似太阳系的遥远星系中，恒

星和行星的距离往往较近，恒星发出的强烈光芒会掩盖行星，使地球上的天文望远镜无法观测到。

五、科学家首次拍到银河中心新生恒星

2009 年 6 月 11 日，据美国《连线》杂志网站报道，科学家在美国天文学协会会议上宣布，斯皮策太空望远镜拍下了首张银河系中心区域新生恒星的照片。科学家利用斯皮策太空望远镜的红外线镜头在银河系中心发现了三颗恒星。这三颗恒星都有很明显的年轻特征，如存在乙炔、氰化氢和二氧化碳等星际气体，这是恒星诞生时的巨大聚变能量所产生的高温作用于周围的星际尘埃的结果。

对于科学家来说，恒星如何在银河系中心区域形成一直是一个谜。众所周知，太空环境非常恶劣，而银河系核心更是残酷异常。银河系核心部分，即银心或银核，是一个很特别的地方，它能发出很强的射电、红外线、X 射线和 γ 射线。有科学家认为那里可能有一个巨型黑洞，据估计其质量可能是太阳质量的 250 万倍。在如此恶劣的环境下，恒星的诞生令人感到惊奇，尤其是观测到新生恒星更令科学家为之兴奋。

银河系物质的主要部分组成一个薄薄的圆盘，叫做银盘。银盘中心隆起的近似于球形的部分叫核球。在核球区域恒星高度密集，其中心有一个很小的致密区，称银河中心。银河中心紧紧地充塞着星际尘埃，因此光学望远镜无法穿透这一神奇的致密区域。银盘外面是一个范围更大、近似球状分布的系统叫银晕，其中的物质密度比银盘中的低得多。银晕外面还有银冕，它的物质分布

银河系

大致也呈球形。银河系并不大，银盘直径近 10 万光年，而银河中心只有 600 光年。科学家对银河中心非常感兴趣，因为这是人类唯一能够仔细观察到的星系核心。

六、解密航天员生活

在飞行期间，航天员的工作和生活主要在飞船密封的乘员舱中进行。为了保证航天员的身体健康、工作效率和生命安全，必须在舱内创造一个接近地面大气的生存环境。舱内的所有设计尽可能做到让航天员感觉舒适、操作方便，配备必要的物质条件和装备。舱内温度在飞船轨道运行期间为 21℃ ±4℃，返回过程中不超过 40℃。呼吸气体为氧、氮混合气体。运行段舱内噪声小于 75 分贝，发射段舱内噪声不超过 125 分贝。飞行过载在正常发射状态下小于 5g（$g = 9.8 \text{m}/s^2$），返回段小于 4g；发射段应急逃逸时小于 13g，一般在 8g 左右。对舱内的大气压、大气的二氧化碳分压、舱内温度都设有报警装置。

人在失重环境中身体是漂浮的，日常活动不需要花大力气，时间长了身体会变得十分虚弱，还会出现骨质疏松、肌肉萎缩等生理现象。为了克服身体的退化现象，航天员必须坚持锻炼。在运动时一般先穿上有一定质量的铠甲式的衣服，以模拟地球重力的拉力，在跑步机上进行锻炼。

为了监测航天员在太空中的身体状况，我国的飞船上为他们准备了特殊的测试"背心"，这种医监设备可以方便地测量航天员的多项生理指标，并在飞船经过地面站时传回相

关数据。一旦发现航天员身体出现异样，地面上的医务人员就会采取相应措施通知航天员，并对其进行治疗。医护人员还在飞船上为他们准备了相应的药品，以备不时之需。

航天食品不仅要能为航天员提供丰富的营养和能量，而且要适合航天员在失重条件下食用。

航天食品一般有多种复水食品，如蔬菜、水果等，包装在有单向阀的复水食品盒内，要求水分含量小于5%，在水温21℃±4℃时，10分钟内基本复原；复水饮料一般是干的粉末，包装在有单向阀、止水夹、塑料插管的复水容器内；罐头食品有主食、鱼类、肉类、禽类、水果、蔬菜等，可为硬罐头包装，要求取食方便，便于开启，主食软罐头包装采用蒸煮袋；自然形态食品如饼干、压缩饼干等点心类，要求不掉渣、不碎裂，大小适中，一口一个；也可以准备适量的调味品等。

中国航天食品的特点主要有：以中式食品为主搭配成的航天膳食具有明显的中餐特色，符合航天员的口味要求，如膳食有主食和副食之分，主食主要以米面类的食物为主，副食讲究荤素搭配，在加工上注重色香味形。我国科技工作者已开发了几十种航天食品，如"鲍鱼""咸水大虾""鱼香肉丝""宫保鸡丁""墨鱼丸""牛肉丸""叉烧肉""红烧猪肉"等。食用时，还可以用加热器加温。

在正常轨道飞行时，飞船绕地球运行，在约350千米的圆轨道上，其轨道周期约为5 390秒，也就是每90分钟航天员就能看到一次日出与日落。这就是说在24小时内，地球上经历了一个白天与黑夜的交替，而在绕地球运行的飞船上，就要经历16次白天和黑夜的交替。有的航天员睡觉时在脸上蒙一块黑色的眼罩布，以习惯这种环境。航天员在太空飞船中是飘浮的，可以在任何地方，以任何姿态睡觉。为了保证航天员的安全和舒适，睡袋必须固定在舱壁上，否则熟睡的航天员会在飞船中到处漂浮，可能会碰撞到设备仪器。当然也要根据工作的需要和分工，制定一定的作息制度。

由于神舟六号飞船在返回舱和轨道舱内新增了一些仪器、设备，两个舱内的空间略显拥挤，因此在太空工作安排上，大多数时间两名航天员分别在不同的舱内工作。只有在飞船发射和返回的特定阶段，两个人才同时待在返回舱。在飞行期间，考虑到始终需要有一名航天员监视飞船的飞行状况，因此在返回舱内只安置了一个睡袋，两名航天员只能轮流睡觉。

航天员在太空中睡眠也会做梦和打鼾。不同的是，在地面打鼾，翻个身一般会停止，但在太空中，无论你怎样翻身打鼾都不会停止，因为在微重力条件下，身体无论处于什么位置，都是一样的。

为了使航天员的居住舱内空气新鲜，保证航天员的身体健康，飞船还设置了环境控制与生命保障系统，对密闭舱不断产生的污染物加以净化。

太空中的宇航员　　　　　　宇航员吃糖果　　　　　　宇航员睡觉

航天员的太空生活是艰险的，但也奇妙而多彩。

在太空中刷牙，不能与在地面一样张开嘴，这样会使水和泡沫到处漂浮，污染飞船的设备。科技人员为中国航天员准备了一种类似口香糖的清洁剂，餐后使用可以达到清洁口腔的效果。用来"刷牙"的还有用无菌纱布做成的纸套和一种能吃的牙膏，既除味又增白。刷牙时尽量闭上嘴，用手指搓洗牙齿和牙龈，将口中剩余的牙膏和水吐在一块布上。

在太空中刮胡子就更困难了，不能使用平常的电动刮胡刀，而是用一种"太空剃刀"和特制的刮胡膏。宇航员必须刮胡须，因为如果发生突然事故，要戴上防毒面具，而胡子可能会影响面具的密封性能。

在太空中洗澡是十分困难的。失重会使水到处飞溅，人随意漂浮，如果长时间飞行，就要研制出一套沐浴装置，要有具有一定压力的喷头，下面还要有真空抽吸装置，还要把沐浴的宇航员固定住。一般情况下，飞行时间不长，航天员只能从带有自动开关的导管中往身上挤肥皂水，用一块类似棉纱的垫布进行擦洗。神舟六号飞船的航天员携带了一种专用的纸巾，出汗后可以用来清洁身体，还有特制的擦脸油用于护肤。

在太空方便是件麻烦事，不仅不能让排泄物飘浮出来，连气味也不能散发。飞船中有专门的废物收集与处理系统，由大小便收集装置、尿液贮箱、废物收集筒、除臭罐、废物收集风机、应急小便收集器及连接软管等组成。

在处理航天员的排泄物时，排泄装置依据太空环境进行了特殊设计，还装有除臭装置。

我国研制的航天服里有一个类似于"尿不湿"的小便收集装置，通过吸水材料把小便变成絮状的固态物，并且能除臭。这是神舟五号的宇航员杨利伟唯一能够使用的"厕所"。神舟六号在轨道舱里安装了一个大小便收集器，机器上有两根管子分别用来对准大便和小便器官，能够强力吸走排泄物，同时通过除臭装置除去异味。大小便训练是神舟六号航天员训练的一个内容。这个看似简单的训练要经过三个阶段：理论上了解—学习设备操作—实际体验，所以一点儿也不简单。

航天员在太空舱中可以利用太空微重力、高洁净度、高真空、高位置、多种宇宙射线、重粒子和交变磁场等特殊环境从事科学研究，进行材料加工、医药生产等；也可以进行对地监测、资源勘查、天气预报、天文观测等活动。

小资料

地球"越转越快"到底是怎么回事①

2022年6月29日，地球自转一周比24小时少了1.59毫秒，这是自从人类用原子钟计时以来最短的一天。7月26日，这一天也很短，比24小时短了1.5毫秒。"怎么一天这么快就过去了？"地球自转的加速让这种感觉似乎不再是错觉。

一直以来，有观点认为，由于"潮汐摩擦效应"的存在，地球自转的速度一直是在轻点"刹车"，变得越来越慢。中国科学院上海天文台研究员段鹏硕向科普时报记者证实了这一观点："虽然近几年地球自转有加速现象，但长期减慢才是大趋势。"

_____

① http://digitalpaper.stdaily.com/http_www.kjrb.com/kjwzb/html/2022-08/19/content_540478.htm.

段鹏硕介绍，从更短的时间尺度来看，地球自转速度的变化是非常复杂和不均匀的，表现出"时快时慢"以及准周期振荡的特点。

"在年际尺度上，地球自转速度会出现几年加快、而后几年又放慢的现象；在季节变化上，地球自转也会在某些月份出现速度增加，而在某些月份出现速度减慢的现象。"段鹏硕分析称，这些不同时间尺度的日长变化实际上体现了不同的地球系统物质运动的过程。

例如，地球自转速度在年际尺度上的变化，与地球内部的地核运动密切相关；而日长的季节变化则更多受到大气、海洋等地球表层因素的影响。

"也就是说，从长期的日长变化形态来看，近两年的地球自转加快现象并不奇怪，属于正常现象。"段鹏硕提醒，这并非意味着"地球变得更有活力"。

实际观测到的地球自转速度变化是多种因素引起的，是地球内外部物质运动共同作用的结果，即来自地球外部的因素（例如气候变化、冰川融化等）引起的日长快速变化叠加在地球内部因素（例如地核运动）导致的日长趋势变化上。最终导致在某一天（例如 6 月 29 日）地球自转速度加快带一个"峰值"，表现为一天长度最短。

第二节　太空探索永无止境

一、太空探索是否"会下金蛋"

事实和理论都说明，航天充满了危险，需要高昂的成本。可几乎没有国家愿意放弃在这方面的投入和探索。原因何在？有媒体指出，除了危险与高成本，太空探索还是"一只会下金蛋的鸡"。

几十年的太空探索极大地推动了人类在天气预报、计算机、医学等方面的技术，如医学扫描仪、胎儿心脏监视器、胰岛素泵，这些先进仪器的每一次更新换代都与航天发展有关。

实际上，航天科技与我们的日常生活息息相关。根据美国航天局的一份材料，太空探索所取得的成果中共有 700 多项应用于人们的日常生活。

航天科技在现代医学中的应用令人瞩目：激光血管造影术、新一代心脏起搏器、红外线温度计、热感应视频仪（不需要手术就可以确定人体内的病变情况的仪器）、血液分析仪等。现在，世界各大医院都设有重症监护病房，这是航天科技最重要的应用之一。重症监护病房中的各种设备，在 20 世纪 60 年代是用来监测在太空遨游的宇航员的身体状况的。

航天科技中的技术革命更是我们今天不可或缺的。便携式计算机就是其中之一。美国当年实施登月计划时，需要一种体积较小的便携式计算机系统来监控太空旅行，便携式计算机的雏形就此诞生。或许，即使人类不努力登上月球，包括信息技术在内的各种高科技也会得到发展，但发展速度可能要比现在慢得多。尽管美国和其他国家为发展航天科技投入了大量的人力、物力、财力，但由此带来的计算机技术的高速发展足以回报投入的成本。

虽然航天科技中许多新技术的最初目标并不是为了在地球上应用，但它们最后都成了造福人类的手段。例如，研究人类暴露在强辐射条件下的后果，寻找避免辐射对宇航员的血液造成危害的方法，使人们找到了治疗白血病、贫血等血液疾病的方法。

航天科技带给全世界人们的知识是丰富的，影响是深远的，把航天科技转化为可实施的工业生产力，转化为可以商用、民用的技术，应该是人类共同努力的目标。

美国国防部高级官员曾宣称：20 世纪 80 年代初提出的星球大战计划所研究的技术中，有 90% 可以民用。从 1995 到 1997 年，仅信息产业一项对美国经济增长的贡献就达 1/3 以上，仅 1997 年就提供了 740 万个就业机会。

20 世纪 80 年代初，为了加快高技术的产业化进程，并以此推动"滞胀"的美国经济摆脱困境，里根政府想到了"以高技术计划盘活政治、经济格局"的高招。著名的星球大战计划由此出台。实践证明，星球大战计划技术在国民经济的重要领域，如航天、能源和计算机等领域的应用极大地刺激了美国经济的好转。

人造卫星

卫星研制也是航天工业的摇钱树。它的投入产出比可达 1：10 以上。美国研制一颗气象卫星，投入两亿美元，每年能减少自然灾害带来的损失达 20 亿美元。此外，一颗普通的电视转播卫星拥有 40 个转发器，运行寿命达 10 年以上，电视卫星成本约一亿美元，而仅一个频道的卫星电视转播收益每年就达数亿美元。

二、月球资源开发及月球基地

自阿波罗十一号飞船首次登月以来，通过对月球多次实地勘探和对月球带回的岩石、土壤进行分析研究，结果表明月球上的资源是丰富的。月球的引力为地球引力的 1/6，如果在月球上建立基地，发射星际飞船，逃逸速度只有每秒 2.4 千米，十分经济；现已发现月球上有大量的轻金属，如铝、钛和铁及生产玻璃用的硅；两极有水冰，分解后得到的氧可供人体呼吸，氢可做火箭燃料等。这些都是人类开发月球、利用月球的有利条件。

1. 太阳能利用

由于月球上没有大气，太阳光不会被散射、吸收和遮盖。每年到达月球上的太阳能辐射大约为 12 万亿千瓦，相当于地球全年能耗量的 2.5 万倍。可以在月球基地建立太阳能电站，将收集到的太阳能用微波传送到地球，使地球长期获得丰富、稳定的电能。

2. 核能发电原材料开发

氦 – 3 原本大量存在于太阳喷射出来的高能粒子流（太阳风）中，由于月球上几乎没有大气和磁场的保护，高能粒子流直接降落到月球表面，久而久之沉积在月球表面的沙粒和岩石中，其总量有 100 万 ~500 万吨，而全世界每年能耗总量只需要用 100 吨氦 – 3 发电就够了。如果能进行大量开发，不但能满足月球开发的能源需求，还可以为 21 世纪地球上的可持续经济发展提供安全无污染（因氦 –3 无中子辐射）的核能原材料。

3. 建设月球基地的设想

重返月球是人类 21 世纪的重要目标之一。天文学家认为，在月球上建立的天文观测台可以不受地球大气层的限制，可以设置一个任何波段的干涉仪阵列，月球是观测宇宙的理想场所；月球也是研究天体化学、空间物理、生命科学与材料科学的理想场所；进行月球资源的开发是工程科学的迫切需要，是人类社会生存和发展的必需；同时，月球还是人类探测太阳系、进入太阳系的中转站，甚至是太空旅客的度假村。

4. 月球军事基地

早在 20 世纪 60 年代初，狂热的美国军人就视月球为夺取战略优势的绝对制高点，由此提出了"水平线"探月计划，打算在月球上建立导弹基地，建成实施全面侦察的太空间谍中心。因为月球的背面总是背离地球的，如果把导弹基地建在月球背面，就连最先进的望远镜也不可能发现。

1952 年 11 月 1 日，美国进行了世界上首次氢弹原理试验，人类的命运由此变得非常危险。然而，这种危险不但没有毁灭人类，反而使人类获得了相对长期的和平，创造了更加美好的生活。

月球基地模拟图

2007 年 10 月 4 日是人类迈进太空时代 50 周年纪念日。一些美国科学家和工程师于 2007 年 9 月下旬在美国加州理工学院举行纪念活动，对人类的太空探索活动进行了回顾和展望。他们认为，未来 50 年人类的太空探索活动将更加精彩。

位于洛杉矶郊外的喷气推进实验室是美国航天局的主要太空研究基地之一。该实验室主任埃拉奇在纪念活动上说，从载人登月到把无人探测器送往其他行星，在仅仅一代人的时间里，人类在太空探索领域就取得了惊人成就。

埃拉奇指出，50 年前人类几乎还不知道怎样发射探测器，而 50 年后人类发射的火星车正在火星上漫游，还有探测器在绕土星轨道飞行。如今，人类探测器已有能力探索太阳系的每一颗行星，人类正在研究宇宙的起源，并能监测地球每天发生的变化。他说，上述进展令人难以置信，"我相信今后 50 年我们还会取得更多成就"。

参加纪念活动的美国前宇航员施密特认为，过去 50 年，人类在太空探索方面扩大了视野，有了新的选择。人类确立了自己在太阳系中的地位，并知道月球和火星上有资源，这些资源最终将支持人类不依赖地球而生存。

加州理工学院的迪莫塔基斯教授在纪念活动上预测，组成地球的物质在宇宙总物质中只占很小的比例，未来 50 年中，人类也许能够在其他星球上发现生命存在的迹象。

一名宇航员要想在自己的有生之年（工作 40 年），遨游太阳系，飞向宇宙空间，必须使火箭飞行速度达到光速的 1/10，即每秒 3 万千米。为此必须开发新的火箭推进装置，如核能火箭、激光火箭、电火箭、太阳能火箭、反物质火箭、电子发动机等。

思考题

1. 阐述中国航天探索的历程。
2. 对于探索火星，你有什么感想呢？
3. 航天员在太空中是怎样生活的？
4. 发展航天技术有什么意义？

第十六章　能源与资源

第一节　能源与城市发展

能源是可以直接或经转换提供人类所需的光、热、动力等任一形式能量的载能体资源。可见，能源是一种呈多种形式的且可以相互转换的能量的源泉。确切而简单地说，能源是自然界中能为人类提供某种形式能量的物质资源。

现在，世界上的能源供应量锐减，我们必须在能源枯竭之前开发新的能源。我们在开发新能源的同时必须保护能源，若能源被严重污染，恐怕还没等到能源枯竭，能源早已不能用了。

在漫长的发展过程中，能源因素对城市发展起着重要的作用。总体而言，能源对城市选址、规模、人口迁移和城市形象等都有着重要和独特的影响。城市发展的历史是对能源依赖性逐渐增强的历史。

一、能源的分类

第一类是与太阳有关的能源。太阳能除可直接利用它的光和热外，它还是地球上多种能源的主要源泉。目前，人类所需能量的绝大部分直接或间接来自太阳。

第二类是与地球内部的热能有关的能源。地球是一个大热库，从地面向下，随着深度的增加，温度也不断升高。

第三类是与原子核反应有关的能源。这是某些物质在发生原子核反应时释放的能量。原子核反应主要有裂变反应和聚变反应。

第四类是与地球—月球—太阳有关的能源。地球、月亮、太阳之间有规律的运动，造成相对位置发生周期性的变化，它们之间产生的引力使海水涨落而形成潮汐能。

二、能源的重要性

能源是人类生存和发展的重要物质基础，也是当今国际政治、经济、军事、外交关注的焦点。中国经济社会保持持续快速的发展，离不开有力的能源保障。

人类的能源利用经历了从薪柴时代到煤炭时代，再到油气时代的演变，在能源利用总量不断增长的同时，能源结构也在不断变化。每一次能源时代的变迁，都伴随着生产力的巨大飞跃，极大地推动了人类经济社会的发展。随着人类使用能源特别是化石能源的数量越来越多，能源对人类经济社会发展的制约和对资源环境的影响也越来越明显。

我国是一个发展中的大国和能源匮乏的国家，人口占世界总人口的22%，而人均能源资源占有量不到世界平均水平的一半。我国是世界上第二大能源消耗国。2003年，进口石油9 112万吨，并且呈快速增长态势。2004年，中国的石油需求增长约为每天84万桶，占

石油开采

2003年和2004年世界总增长的33%。2008年中国共消耗了3.65亿吨原油。2009年中国石油消耗量超过4亿吨，进口量达21 888.5万吨，2009年中国石油、原油对外依存度双破51%。随着国内原油需求的增多，国际石油价格的风吹草动立刻就会影响国内的油价，能源安全已经摆在了国人的面前。

1. 能源是现代经济社会发展的基础

现代经济社会的发展建立在高水平的物质文明和精神文明的基础上。要实现高水平的物质文明，就要有社会生产力的极大发展，有现代化的农业、工业和交通物流系统，以及现代化的生活设施和服务体系，而这些都需要能源。

2. 能源是经济社会发展的重要制约因素

20世纪50年代以来，中国能源工业从小到大，不断发展。但在经济发展过程中，能源供给不足的矛盾十分突出。只要固定资产投资规模扩大、经济发展加速，煤电油运就会出现紧张，成为制约经济社会发展的瓶颈。中国是一个人口众多的发展中国家，要达到较高水平的现代化还有很长的路要走。随着经济社会持续发展和人民生活水平不断提高，能源需求还会继续增长，供需矛盾和资源环境制约将长期存在。

3. 能源安全事关经济安全和国家安全

能源安全中最重要的是石油安全。20世纪70年代发生的两次世界石油危机，导致发达国家经济减速和全球经济波动。21世纪以来，石油价格不断攀升，油价上涨对全球经济特别是石油进口国经济产生较大影响，一些国家甚至因石油涨价引发社会动荡。一些地区的冲突和局部战争，也有深刻的能源背景。由于国内资源制约等因素，中国保障能源供应特别是油气资源供应需要利用国际、国内两个市场、两种资源。

三、城市节能与发展

现代意义的节约能源并不是减少使用能源、降低生活品质，而是提高能效、降低能源的消耗，也就是"该用则用、能省则省"。

1. 汽车节能

新能源汽车是指采用非常规的车用燃料作为动力来源（或使用常规的车用燃料、采用新型车载动力装置），综合车辆的动力控制和驱动方面的先进技术，形成的技术原理先进、具有新技术、新结构的汽车。

新能源汽车包括四大类型：混合动力电动汽车（HEV）、纯电动汽车（BEV，包括太阳能汽车）、燃料电池电动汽车（FCEV）、其他新能源（如超级电容器、飞轮等高效储能器）汽车等。非常规的车用燃料指除汽油、柴油之外的燃料。

2012 年，深圳坪山区获批国家级新能源汽车产业基地，依托这块"国字号"金字招牌，近 300 家新能源企业扎堆坪山，形成了科技含量高、创新能力强、示范效应突出的新能源产业链和产业集群，成为支撑"创新坪山"的三大主导产业之一。

如果新能源汽车得到快速发展，以 2020 年中国汽车保有量 1.4 亿计算，可以节约石油3 229 万吨，替代石油 3 110 万吨，节约和替代石油共 6 339 万吨，相当于将汽车用油需求削减 22.7%。到 2030 年，新能源汽车的发展将节约石油 7 306 万吨、替代石油 9 100 万吨，节约和替代石油共 16 406 万吨，相当于将汽车石油需求削减 41%。届时，生物燃料、燃料电池在汽车石油替代中将发挥重要的作用。

2. 建筑节能

建筑节能是一门综合性学科，它涉及建筑、施工、采暖、通风、空调、照明、电器、建材、热工、能源、环境、检测、计算机应用等许多专业内容，是在许多学科边缘交叉和结合后形成的。我国自 1986 年开始推行建筑节能，然而数字显示，目前全国每年城乡新建房屋建筑面积近 20 亿平方米，其中 80% 以上为高耗能建筑。建筑能耗不断地增加，目前已占全国总能耗的 27.8%。

垂直森林环保建筑

环保的开放式 3D 办公空间

在建筑结构方面采用新型建筑材料，可使建筑物具备一定的保温性，目前着重在外墙体、门窗、屋面的处理方面。例如，采用断热幕墙、复合隔热墙体、双层隔热玻璃窗、屋顶平改坡等。这些新技术虽然可能使建筑造价略有提高，但运行成本却大为降低。

在现代化楼宇中，中央空调的能耗占总能耗的 50% ~ 70%，且效率不高。因此，中央空调的节能大有作为。主要方法有：

（1）中央空调智能模糊控制节能。

中央空调智能模糊控制系统采用先进的计算机技术、模糊控制技术、系统集成技术和变频调速技术，在保障空调效果舒适性的前提下，减少了空调系统的能源浪费，达到了节能的目的。

（2）中央空调冰蓄冷节能。

"冰蓄冷"是一种通过蓄能空调来节约能源的新技术。其基本工作原理是，在夜间开启制冷主机，将建筑物空调所需要的冷量全部或部分制备好，以冰的形式储存起来。当白天用电高峰时，可融冰降温，实现用电的"移峰填谷"，这样白天就可以少开或基本不开耗电量大的中央空调。

（3）区域供冷供热节能。

区域供冷技术是指集中生产并输配冷量，区域供冷系统可视为大规模的中央空调系统。冷量以冷冻水为载体被中心制冷工厂生产出来，通过埋入地下的管道输往办公写字楼、工业建筑和住宅建筑。通过地下冷冻水管网络向区域内的多幢大厦传送冷冻水以带走室内空气的热量，从而提供冷却服务，无须在每幢大厦安装独立的制冷机。在某些需要大量暖气及热水供应的城市或大型区域，可以将上述装置同时设计成供应热水，成为区域采暖冷冻供应系统。区域供冷系统与传统的中央风冷式空调系统相比，一般可节约大约35%的能源；与水冷式空调系统相比，可节省约15%的能源。

3. 可再生能源

可再生能源指太阳能、风能、水能、生物质能、地热等。

（1）太阳能作为可再生能源，主要用于太阳能热水器、太阳能空调降温、太阳能热发电、太阳房等。目前，太阳能发电和太阳能空调的成本较高，商业化进程正在加紧进行。

对于太阳能的利用，主要问题是占地面积较大。一座100兆瓦的光伏电池或太阳能发电站，占地面积达1~3平方千米。

（2）生物质能的开发尚处于起步阶段，但是应用前景广阔，各国对这方面都制订了计划。全球植物每年贮存的能量，相当于世界主要燃料消耗的10倍，而目前仅开发了1%。相对石油和煤，生物质能洁净，有利于优化生态环境，将是21世纪的主要能源之一。

对生物质能的利用，主要问题是：①生物质能对健康和环境的影响，如传统炉灶燃用柴和秸秆引起的室内空气污染，会对居民健康产生危害。②生物质能对生态的影响，主要是占用大量土地，可能导致土壤养分损失，生物多样性减少，以及用水量增加。

（3）地热发电产业已具有一定基础。国内可以独立建造30兆瓦以上规模的地热电站，单机可以达到10兆瓦，电站可以进行商业运行。全国已实现800万平方米地热供暖面积，在天津地区单个地热供暖小区面积已达80万~100万平方米。

地热开发利用对环境的影响，主要是地热水直接排放造成地表水污染，含有害元素或盐分较高的地热水污染水源和土壤，地热水中的H_2S、CO_2等排放到大气中，地热水超采造成地面沉降等

（4）我国西部地区的水电资源十分丰富，根据最新水能资源复查结果，全国水电资源技术可开发量为1.25亿千瓦。目前我国水电。的开发量为20%左右，预计到2030年，我国水电资源将开发完毕，届时可形成1亿千瓦的装机水平。

据调查统计，我国沿海和海岛附近可开发潮汐能资源、波浪能资源和潮流能资源。其中潮汐能资源理论装机容量达2 179万千瓦时，理论年发电量约624亿千瓦时，波浪能资源理论平均功率为1 285万千瓦，潮流能资源理论平均功率为1 394万千瓦。这些资源90%以上分布在常规能源严重缺乏的华东、沪、浙、闽沿岸。

水力发电修建水库对生态环境有多方面的不利影响：淹没土地、地面设施和古迹，影响自然景观，诱发地震；泥沙淤积引起河道变化；大坝截断鱼类洄游通道；水库使下游地下水位升高，造成土地盐碱化，甚至形成沼泽，导致环境卫生条件恶化而引起疾病流行。

（5）大中型风力发电机组并网发电，已经成为世界风能利用的主要形式。随着并网机

组需求持续增长，生产成本下降，风力发电已经具备与常规能源竞争的能力。

风力机对环境的不利影响，主要是噪声和影响景观，还有电磁干扰，以及对鸟类的影响等。

可再生能源开发利用潜力极大，可满足人类对能源日益增大的需求。

风力发电

第二节　能源对环境的影响

一、城市大气污染

随着世界能源消耗的急剧增加，排入大气的 CO_2、SO_2、NO_x 等气体越来越多。纯净的雨雪溶有 CO_2，形成 H_2CO_3，因而具有微酸性，降落的雨水 pH 值约为 5.6。当大气中的 SO_2、NO_x 和氯化物等空气污染物在一定条件下通过化学反应转变为 H_2SO_4、HNO_3 和 HCl，并附着在水滴、雪花、微粒物上随降水落下，就有可能形成酸雨。雨水的 pH 值小于 5.6 时都称为酸雨。化学分析表明，我国酸雨的 HNO_3 含量不及 H_2SO_4 的 1/10，所以我国酸雨主要是由大气中的 SO_2 造成的，这与我国燃料以煤为主所造成的大气污染有关。

二、温室效应

CO_2 等温室气体允许太阳辐射的能量穿过大气到达地表，同时防止地球反射的能量逸散到天空，其作用如一个温室的罩子，故称"温室效应"。

化石燃料的使用是 CO_2 等温室气体增加的主要原因。科学观测表明，地球大气中 CO_2 的浓度已从工业革命前的 280ppm 上升到了目前的 379ppm；全球平均气温也在近百年内升高了 0.74℃，特别是近 30 年来升温更为明显。全球变暖对地球自然生态系统和人类赖以生存的环境的影响总体上是负面的，需要国际社会认真对待。

三、水体的热污染

火电站通过冷却水把"余热"排入河流、湖泊或海洋中，引起热污染。这种废热水进入水域时，水域温度平均升高7℃～8℃，会造成有关生态系统中食物链的中断，破坏生态平衡。

要解决火电站的热污染，最好采用冷却池和冷却塔，使一次用水经空气或自然蒸发冷却后重复使用，同时补充新水。这样，热量随蒸汽进入大气既减少了对周围水域的热污染，又可节约用水。

由于核能发电的热效率较火力发电低，故核能发电的热污染较火力发电严重。热污染导致海温剧增，会使当地的生态环境改变。以台湾为例，核二厂排水口附近曾出现秘雕鱼（变异鱼）；因核三厂排放温水，导致附近珊瑚产生白化等。近年台湾核电厂方面虽已出台改善的防护措施，但已无法复原。

要减少核电站的热污染，可以通过提高发电机组的热效率来实现。虽然提高热效率必须增加相当多的设备，但设备的装置费用可以从因热效率提高而节省下的燃料中获得补偿。

四、核废料问题

核能发电的热量并非来自燃烧，所以不会造成空气污染，也不会排放二氧化碳。但是核电厂在正常运转时，仍然会将微量的放射性物质排到外界环境，而且核能发电使用的是具有高强度放射性的核燃料并会产生中低阶的放射性废料，上述物质皆会影响生物细胞及染色体，使其发生基因突变。使用过的核燃料中尚有许多可回收利用的铀及钸元素，在可见的未来均有可能成为珍贵的能源。如果这些放射性物质有机会在环境中扩散，亦会威胁到人类的健康。一般而言，使用过的核燃料中的某些超铀元素（如钸）的半衰期长达数万年，必须长期与生物的食物链隔离，才能避免对人类造成伤害。

核电站

核废料桶的储存

最令人头痛的是核废料的安置问题，到目前为止，放射性"三废"尚未找到绝对安全、有效的处理方法。目前，国内外公认比较好的处理技术是深部地层埋藏。但是，谁能够保证在将来它不会因为意外而泄漏呢？或许，它不会影响我们这一代，但是我们的子孙后代会不会受到影响呢？

五、能源运输和使用过程中的环境污染

煤炭运输过程不仅需要消耗大量的能源，而且在堆存和装卸中还会因扬尘和浸水而造成煤的损失和大气与水体的污染，甚至增加环境噪音。但比较起来，目前石油的运输对环境影响更为严重。特别是近几十年来，随着油船吨位和石油海运量的增加，因油船事故和油船外排洗舱水而进入海洋的石油量已明显增加，造成了严重的海洋污染。

陕北石油现已探明储量 11 亿吨，是中国重要的能源基地，陕西省也因此成为原油产量增长最快的省区之一。随着陕北石油资源开发力度的不断加大，石油开采、运输、加工、销售等过程中造成的环境污染和生态破坏日趋严重。2000 年以来，陕北由于输油管线腐蚀穿孔、断裂造成的环境污染事故达几十起。

案例： 2005 年 5 月 30 日，一场大雨席卷陕西省延长县郭旗乡王仓村。大雨过后，村里 30 多亩田地被混杂着雨水的石油污染，很多玉米苗由于石油的浸泡已变成灰黑色，不少农作物死亡，村民们顺着水印发现原来是村旁一处选油点的石油泄漏造成的。

小资料

揭开藏羚羊减少之谜——沙图什披肩

20 世纪末，西方上流社会流行一种叫"沙图什"的披肩。这种披肩极其轻柔、保暖，价格十分昂贵。"沙图什"披肩，可以从一枚戒指中轻松穿过，因而又被称为"戒指披肩"。用来制作披肩的原材料，居然是珍稀动物藏羚羊的绒毛。藏羚羊长期生活在高寒地带，为了适应环境，抵御严寒，它们身上生长着一层保暖性极强的绒毛，能抵御零下 50 摄氏度的严寒。做一条女式披肩要用 3 只藏羚羊的绒，做一条男式披肩要用 5 只藏羚羊的绒。巨大利益的诱惑，使得一些不法分子铤而走险，疯狂杀戮藏羚羊。

藏羚羊

第三节　各国发展再生能源的前景

根据科学家的普遍预测，到 2050 年左右，石油资源将会开采殆尽，其价格将升至很高，将不适于大众化普及应用。到那时，如果新的能源体系尚未建立，能源危机将席卷全球，尤以欧美等极大依赖于石油资源的发达国家受害为重。最严重的状态，莫过于工业大幅度萎缩，甚至因为抢占剩余的石油资源而引发战争。

为了避免上述窘境，目前美国、加拿大、日本、欧盟等都在积极开发如太阳能、风能、海洋能（包括潮汐能和波浪能）等可再生新能源，或者将注意力转向海底可燃冰（水合天然气）等新的化石能源。同时，氢气、甲醇等燃料作为汽油、柴油的替代品，也受到了广泛关注。目前，国内外的研究热点——氢燃料电池电动汽车，就是此类能源应用的典型代表。

再生资源就是在人类的生产、生活、科教、交通、国防等各项活动中被开发利用一次并报废后，还可反复回收加工再利用的物质资源。它包括以矿物为原料生产并报废的钢铁、有

色金属、稀有金属、合金、无机非金属、塑
料、橡胶、纤维、纸张等。

20世纪80年代以来，世界许多发达国
家从可持续发展理念出发，提出了许多新思
想，特别是1992年联合国环境发展大会提出
"可持续发展道路"之后，德国等欧洲国家
率先提出了循环经济发展战略，并得到其他
发达国家的积极响应。同时，再生资源产业
受到各国政府的高度重视，被许多国家作为
发展循环经济的关键产业而得到迅速发展。

废金属回收站

国际能源署（IEA）发布的《可再生能源信
息2015》和《电力信息2015》指出，2013年可再生能源发电量超过天然气成为全球第二大
电源，占发电总量的22%。

1. 可再生能源开发建设规模逐步扩大

到2016年底，中国水电装机达到3.3亿千瓦，其中常规水电站30 542万千瓦，抽水蓄
能2 669万千瓦，位居世界首位。风电并网容量连续7年领跑全球，到2016年底，全国风电
并网装机1.49亿千瓦，年发电量2 410亿千瓦时，占全社会用电量的4%。从2013年起，
我国太阳能产业成为全球最大的新增光伏应用市场，2015年、2016年连续两年位居世界首
位。2016年全国光伏并网装机容量在2015年4 300万千瓦的基础上，增加到7 818万千瓦，
发电量600多亿千瓦时，太阳能热利用面积超过4亿平方米。另外，生物质能利用规模达到
3 500万吨标准煤，开发建设规模已经走在世界前列。

2. 可再生能源技术日趋成熟

在水电方面，中国建成了世界上最高的300米及以上混凝土双曲拱坝；在风电领域，
1.55兆瓦的风机已经实现批量生产；在光伏领域，依托国家光伏领跑示范基地，推动了光
伏产品先进性指标的提升。另外，为了发展新能源，在储能技术、多能互补技术以及微电网
等方面也进行了有效的示范。我国水电、风电、光伏产业的制造能力已经位居世界首位，正
在从"制造大国"向"制造强国"迈进。

3. 可再生能源产业体系逐步健全

国家出台了可再生能源法以及一系列配套政策，成立了水电、风电、光伏领域的标准化
委员会，推进了标准体系的建设。认证、建设、勘察能力不断加强，支撑水电、新能源等产
业的规模化发展。

思考题

1. 能源的开发及利用对环境有何影响？

2. 有哪些可再生资源？

3. 能源问题的实质是什么？应如何解决能源问题？

参考文献

1. 叶奕乾．心理学．北京：中央广播电视大学出版社，1990．
2. 江城子．人生逆境应变术．北京：中国纺织出版社，2008．
3. 夏伟东．思想道德修养．北京：中国人民大学出版社，2003．
4. 陈选华．挫折教育引论．合肥：中国科学技术大学出版社，2006．
5. 冯林．积极心理学．北京：九州出版社，2009．
6. 陈国鹏．做个高情商的人．北京：中国发展出版社，2006．
7. 陈忞．学生心理健康与社会适应．北京：国际文化出版公司，教育科学出版社，2002．
8. 肖永春，齐亚丽．成功心理素质训练．上海：复旦大学出版社，2005．
9. 傅佩荣．哲学与人生．北京：东方出版社，2005．
10. 唐坚．改变思路改变出路．北京：石油工业出版社，2007．
11. 舒天戈．百年哈佛教给学生的人生哲学．北京：石油工业出版社，2009．
12. 红日．人一生要懂得的人生哲理全集．沈阳：白山出版社，2009．
13. 赵月华．向自己挑战，对自己负责．北京：朝华出版社，2008．
14. 刘守燕，王良民．体育与健康．北京：科学出版社，2008．
15. 彭倩薇．全面认识自我枕边书．北京：中国致公出版社，2008．
16. 夏国乘，施修华，罗国振．人生哲学新编．上海：上海科学普及出版社，1989．
17. 和月英．能打败你只有你自己．北京：北京工业大学出版社，2008．
18. 骆郁廷，周叶中，佘双好．思想道德修养与法律基础．武汉：武汉大学出版社，湖北人民出版社，2006．
19. 祖嘉合．思想道德修养与法律基础案例及分析．北京：北京大学出版社，2006．
20. 庞德．法律与道德．陈林林，译．北京：中国政法大学出版社，2003．
21. 凌志军．成长比成功更重要．修订版．西安：陕西师范大学出版社，2009．
22. 柯君．善待自己的一生．北京：新世界出版社，2007．
23. 王鼎钧．开放的人生．北京：国际文化出版公司，2007．
24. 刘墉．把握我们有限的今生．桂林：漓江出版社，2007．
25. 张向葵，刘秀丽．发展心理学．长春：东北师范大学出版社，2002．
26. 江光荣．选择与成长．武汉：华中师范大学出版社，2004．
27. 饶淑园，等．大学生心理健康．广州：暨南大学出版社，2009．

28. 塞缪尔·亨廷顿. 文明的冲突与世界秩序的重建. 周琪，等译. 北京：新华出版社，2002.

29. 杜兰. 世界文明史. 幼狮文化公司，译. 北京：东方出版社，1998.

30. 拉尔夫，等. 世界文明史. 赵丰，等译. 北京：商务印书馆，2006.

31. 马克垚. 世界文明史. 北京：北京大学出版社，2004.

32. 弗雷德·卢森斯，理查德·霍杰茨，乔纳森·多. 跨文化沟通与管理. 6 版. 北京：人民邮电出版社，2008.

33. 胡锦涛. 在纪念党的十一届三中全会召开 30 周年大会上的讲话. 北京：人民出版社，2008.

34. 中国（海南）改革发展研究院. 强国之路：中国改革步入 30 年. 北京：中国经济出版社，2008.

35. 中共中央关于构建社会主义和谐社会若干重大问题的决定. 北京：人民出版社，2006.

36. 张岱年，方克立. 中国文化概论. 北京：北京师范大学出版社，2004.

37. 冯友兰. 中国哲学简史. 赵复三，译. 天津：天津社会科学院出版社，2008.

38. 赵荣光. 中国饮食文化概论. 北京：高等教育出版社，2008.

39. 袁行霈. 中国文学概论. 北京：高等教育出版社，2006.

40. 李永健，展江. 新闻与大众传媒通论. 北京：中国人民大学出版社，2003.

41. 张国良. 现代大众传播学. 成都：四川人民出版社，1998.

42. 刘友芝. 现代传媒新论. 武汉：武汉大学出版社，2006.

43. 中华孔子学会，云南民族学院. 经济全球化与民族文化多元发展. 北京：社会科学文献出版社，2003.

44. 宁金彪. 经济全球化与中国对策探讨. 石家庄：河北人民出版社，2002.

45. 余永定，李向阳. 经济全球化与世界经济发展趋势. 北京：社会科学文献出版社，2002.

46. 托马斯·弗里德曼. 世界是平的：21 世纪简史. 何帆，等译. 长沙：湖南科学技术出版社，2008.

47. 方世南. 时代与文明：和平与发展的时代主题与各国文明的多样性. 北京：人民出版社，2006.

48. 中共中央宣传部舆情信息局. 推动建设持久和平共同繁荣的和谐世界. 北京：学习出版社，2007.

49. 张蕴岭. 构建和谐世界：理论与实践. 北京：社会科学文献出版社，2008.

50. 魏智勇，赵明. 环境与可持续发展. 北京：中国环境科学出版社，2007.

51. 陈宏. 发展与环境. 重庆：西南师范大学出版社，2007.

52. 卢昌义. 现代环境科学概论. 厦门：厦门大学出版社，2005.

53. 张凯. 人与环境：环境卷. 济南：山东科学技术出版社，2007.

54. 陈日文. 大学生安全教程. 广州：华南理工大学出版社，2004.

55. 夏立平. 和平与发展为主题的时代与建立和谐世界. 同济大学学报（社会科学版），2006（2）.

56. 周学红. 新时期大学生挫折教育琐议. 河南教育学院学报（哲学社会科学版），

2001（3）.

57. 吕邦安. 经济全球化的影响日趋增强. 学习时报，2007 – 10 – 20.

58. 李平. 浅析体育锻炼对学生全面发展的促进作用. 科学咨询（科技·管理），2012（6）.

59. 人民教育出版社课程教材研究所，体育课程教材研究开发中心. 体育与健康，北京：人民教育出版社，2019.

60. 张将星，曾庆. 大学生心理健康教育. 广州：暨南大学出版社，2013.

61. 武志红. 你就是答案：活出独一无二的自己. 北京：北京联合出版公司，2016.

62. 斯托曼. 情绪心理学：从日常生活到理论. 5 版. 王力，译. 北京：中国轻工业出版社，2006.

63. 卢森堡. 非暴力沟通实践篇. 梁欣琢，译. 南京：江苏人民出版社，2014.

64. 帕特森，等. 关键对话：如何高效能沟通（原书第 2 版）. 毕崇毅，译. 北京：机械工业出版社，2012.

65. 金焱，魏传光. 大学与人生导论. 广州：暨南大学出版社，2014.

66. 暨南大学华文学院预科部. 通识教育读本. 广州：暨南大学出版社，2010.

后　记

　　随着中国内地教育体制改革的进一步深入，以及香港从 2009 年起实行新的学制，通识教育越来越受到社会的关注和重视。2010 年，我们编写了大学预科《通识教育读本》。此教材的出版，填补了国内大学预科通识教育的空白。现在，我们对这本书进行了修订，并改名为《通识教育》。

　　我们编写的《通识教育》针对港澳台及海外学生，以素质教育为主线，以中华文化教育为重点，从人文社会科学、自然科学来阐述自我与个人成长、社会与文化、科技与环境的有关内容。帮助预科学生树立正确的世界观、人生观、价值观、道德观和法制观，提高自我修养，为其尽快适应大学预科的新生活，并为其健康成长，逐渐成为社会的公民打下基础。

　　本书由岑文主编并统稿，具体编写分工如下：叶茜茜，第一编第一章、第二章、第四章、第六章；成志雄，第一编第三章、第五章；邱赛兰，第二编第七章；岑文，第二编第八章至第十一章；李莹，第三编第十二章至第十六章。

　　本教材在编写过程中，得到了一些领导、专家的指导和帮助。责任编辑姚晓莉为本书的出版付出了辛勤的劳动。在此，我们一并表示衷心的感谢！

　　在编写过程中，我们参阅了有关文献，受益颇多。在此，也谨致谢意！由于时间仓促，水平有限，书中错漏在所难免，希望有关专家和师生能提出宝贵的意见和建议。

编　者

2024 年 3 月